어린이집 대신
완벽한
엄마 품 놀이터

365일 걱정 없는 홈스쿨링 레시피

어린이집 대신 완벽한 엄마 품 놀이터

원초롱 지음

체인지업

이 책을 사랑하는 딸 소유에게 바칩니다.

소유야,
너와 함께 하는 모든 시간, 엄마는 늘 행복하단다.
엄마의 딸이 되어주어서,
엄마와 소중한 시간을 함께 보내주어서 정말 고마워.

이 책은 너와 함께 한 시간을 담은 책이란다.
그래서 이 책의 주인공은,
그리고 진짜 저자는 바로 너 '김소유'야!

사랑해. 축복해.

추천사

내 아이의 눈빛, 말, 태도가
엄마에게 나가야 할 길을 알려줄 것입니다

— 지에스더(《공부머리가 쑥쑥 자라는 집안일 놀이》 저자)

"엄마 학교 다녀오겠습니다."

올해 아홉 살이 된 첫째 아이가 큰 소리로 씩씩하게 인사를 하고 뛰어갑니다. 학교 다니는 게 너무 재밌고 좋다고 그럽니다. 이 애가 어린이집 가기 싫다고 울고불고하던 아이가 맞나 싶습니다.

왜냐하면 첫째 아이는 세 살부터 네 살까지, 2년 동안 힘겹게 어린이집을 다니다 퇴소했거든요. 억지로 다닌 시간이 지나고 아이에게 남은 것은 '어린이집 싫다!!'는 기억뿐이었습니다. 워킹맘의 아이로 살 때는 선택권이 없었기에 운명처럼 받아들이며 다녔을 뿐.

그 뒤에 둘째 아이를 낳고 육아휴직하고, 애 둘을 3년 동안 홈스쿨링했습니다. 2018년에 시작할 때만 해도 어린 애를 집에서 키우는 엄마를 찾기 힘들었습니다. 가이드도 별로 없었습니다. 어린이집에 안 보내는 사람을 오히려 이상하게 여길 정도였으니까요.

"어린이집 가지 않을 거예요." 아이의 말로 저는 어린이집을 과감하게 퇴소한 용감무쌍한 엄마가 되었습니다. 그런데 시간이 지날수록 불안했습니다. 홀로 거대한 바다에 둥둥 뜬 기분이었습니다. 어디로 가면 좋을지, 무엇을 하면 좋을지, 목적지가 보이지 않았습니다.

'이러다가 내 아이를 망치면 어떡하지? 그래도 어린이집에 보내야 하는 거 아닐까.'

그때 《어린이집 대신 완벽한 엄마 품 놀이터》를 만났다면 얼마나 좋았을까요. 그러면 아이와 뭘 하면 좋을지 덜 헤매고, 차근차근 하나씩 해나갔을 테니까요. 가이드가 있는 것과 없는 것의 차이는 정말 큽니다. 맨땅에 헤딩하며 하나부터 열까지 스스로 깨우쳐갈지, 누군가 한 것을 보면서 거기에서 아이디어 얻어서 나와 아이에게 맞는 방법을 찾아갈지. 두 개는 난이도가 너무나 다르니까요.

아주 쉬운 요리 레시피가 있으면 아무리 요리 곰손이라도 간단하게 먹을 수 있는 음식을 만들 수 있죠. 이처럼 우리 아이에게 뭐가 좋은지 걱정하고 불안한 엄마들에게 따라 하기 쉬운 유아 홈스쿨링 레시피가 있다는 것은 유익한 일입니다. 고민될 때 언제라도 펼쳐보면서 우리 아이와 내 입맛에 맞게 요리하면 되니까요. 《어린이집 대신 완벽한 엄마 품 놀이터》는 딱 그런 책입니다.

1. 크게 돈을 쓰지 않아도 아이와 재미있게 할 수 있는 것들이 가득합니다.
2. 엄마가 머리를 싸매지 않아도, 녹색창에 밤새워 검색하지 않아도 책 안에 놀거리가 무궁무진합니다.
3. 따라 하기에 아주 쉽고 편안한 방법이 많아서, 어느 곳을 펼쳐도 바로 시작할 수 있습니다.
4. 남의 아이가 아닌 가장 중요한 내 아이의 눈과 마음을 바라보게 합니다.

그건 정말이야. 비단 금침보다 엄마의 팔이 더 따뜻하거든.

박경리 님의 소설 《토지》에 나오는 문장입니다. 엄마를 일찍 떠나보낸 기화가 한 말이에요. 우리는 모두 알고 있습니다. 아이에게 가장 좋은 것이 무엇인지 아는 사람은 엄마라는 걸요. 엄마 품은 이 세상에서 제일 따뜻한 곳이라는 것도요. 그렇기에 육아의 책임감, 어려움, 힘겨움으로 엄마로 사는 게 지칠 때가 있습니다.

하지만 돌아보면 나만 아이를 키운 게 아니었습니다. 아이 역시 나를 키우고 있었습니다. 나만 아이를 사랑하는 게 아니었습니다. 오히려 아이가 나를 더 많이, 조건 없이 사랑하고 있었습니다. 엄마가 되지 않았다면 결코 느낄 수 없었을 겁니다. 아이는 나를 더 성숙하게 해주기 위해서 온 선물이라는 진실을 말이죠.

확실한 건 아이가 엄마 껌딱지로 내 곁에서 졸졸 따라다니는 시간은 언젠가 끝이 온다는 겁니다. 점점 엄마보다는 밖으로 나가서 친구를 찾으려고 하니까요. 그러니 아이가 먼저 엄마를 찾고 필요로 하는 한정된 시간 동안 우리의 할 일은 이겁니다.

지금, 여기에서 아이 곁에 있으면서요. 오늘을 함께 놀면서 보내는 겁니다. 남의 집 아이가 아닌 내 아이의 눈을 바라보고요. 가만히 아이가 하는 말에 귀를 기울여 듣는 거죠. 잘 모르는 것은 바로 거기에서 답을 찾으면 됩니다. 내 아이의 눈빛, 말, 태도가 엄마에게 나가야 할 길을 알려줄 것입니다.

엄마로 살면서 고민되고 한없이 흔들리고 있을 때 언제라도 이 책을 펼쳐보세요. 《어린이집 대신 완벽한 엄마 품 놀이터》가 독자분들께 나침반과 위로가 되어줄 겁니다.

차례

추천사 6
들어가는 글 15

1장
엄마가 필요한 시간

1. 내 아이, 어린이집에 꼭 보내야 할까? 25
2. '어린이집'이라는 탈출구 33
3. 아이의 마음을 생각해보면 아이의 마음이 느껴진다 40
4. 내가 어린이집 앞을 서성거린 이유 47
5. 다시는 오지 않을 너와 나의 시간 54
6. 나는 나답게, 아이는 아이답게 살면 돼 62

2장
엄마 품 놀이터에 온 것을 환영해

1. 아이와 베프 되는 엄마 품 놀이터 **73**
2. 언제나 네가 주인공이란다 **82**
3. 마음껏 빠져들어도 괜찮아 **90**
4. 마음 끌리는 대로, 발걸음 가는 대로 **98**
5. 엄마에게만 하고 싶은 이야기 **105**

3장
놀이로 오감을 자극하는 엄마 품 놀이터

1. 엄마 품 놀이터를 위한 환경 설정 **117**
2. 아이에게는 모든 것이 놀잇감 **126**
3. 온몸으로 느끼며 놀자 **134**
4. 발길 닿는 곳마다 설렘과 기쁨이 가득한 놀이터 **142**
5. 일상이 모두 놀이 주제 **150**
6. 아빠와 함께 놀면 더 신나요 **158**
7. 엄마 품 놀이터 운영 매뉴얼 **166**

4장

책의 바다에 빠지는 엄마 품 놀이터

1. 엄마 품 '책' 놀이터를 위한 환경 설정 **177**
2. 책이랑 친구 하기 **185**
3. 내 아이를 책의 바다에 빠뜨리는 법 **193**
4. 어떻게 읽어줘야 하나요? **201**
5. 책과 돗자리만 있으면 어디든 도서관 **209**
6. 읽기만 하는 것은 반쪽짜리다 **217**
7. 엄마 품 '책' 놀이터 운영 매뉴얼 **225**

5장

음악으로 감성을 키우는 엄마 품 놀이터

1. 엄마 품 '음악' 놀이터를 위한 환경 설정 **237**
2. 모든 아이는 타고난 음악가 **245**
3. 노래로 만나는 세상 **252**
4. 너와 내가 함께 하는 연주 **261**

5. 우리 집 음악 감상실 **269**
6. 오늘도 버스킹 중입니다만 **277**
7. 엄마 품 '음악' 놀이터 운영 매뉴얼 **284**

6장

단단한 엄마가 행복한 아이를 만든다

1. 옆집 엄마가 내 아이를 키워주진 않는다 **295**
2. 엄마와 애착이 형성되면 사회성 갑이 된다 **303**
3. 당장 꺼라. 핸드폰, TV, 컴퓨터 **311**
4. 수당 없는 초과 근무지만 괜찮아 **319**
5. 남편은 항상 내 편이다 **328**
6. 엄마로만 살지 마라 **336**

들
어
가
는

글

아이에게 행복한 매일을 선물해주는
따스한 엄마의 품

내 손은 하루 종일 바빴지.
그래서 네가 함께 하자고 부탁한 작은 놀이들을
함께 할 만큼 시간이 많지 않았다.
너와 함께 보낼 시간이 내겐 많지 않았지.
(중략)
인생이 짧고, 세월이 쏜살같이 흘러갔기 때문에
한 어린 소년은 너무도 빨리 커버렸지.
그 아인 더 이상 내 곁에 있지 않으며
자신의 소중한 비밀을 내게 털어놓지도 않는다.

그림책들은 치워져 있고
이젠 함께 할 놀이들도 없지.
잘 자라는 입맞춤도 없고, 기도를 들을 수도 없다.
그 모든 것들은 어제의 세월 속에 묻혀버렸다.

한때는 늘 바빴던 내 두 손은
이제 아무것도 할 일이 없다.
하루하루가 너무 길고
시간을 보낼 만한 일도 많지 않지.
다시 그때로 돌아가, 네가 함께 놀아달라던
그 작은 놀이들을 할 수만 있다면.

— 작자 미상의 시 〈성장한 아들에게〉 중에서

아이와 함께 있는 순간은 너무 힘들고 지쳐 시간이 더디 가는 것처럼 느껴지곤 한다. 하지만 아이가 엄마 품에 머물러 있는 시간은 생각보다 길지 않다. 지금은 엄마가 없으면 아무것도 하지 못할 것 같아 보이는 아이지만, 언젠가 엄마의 품을 떠날 날이 올 것이다. 그리고 그 순간은 엄마의 예상보다 훨씬 빠르게 찾아올 것이다.
'그때 조금 더 놀아줄걸. 그때 한 번 더 안아줄걸.'
아이가 엄마 품을 떠나고 난 뒤에 뒤늦은 후회를 하기보다는 아이가 원할 때 마음껏 나의 품을 내어주고 싶다. 다시는 돌아오지 않을 아이와 나의 시간. 나는 이 시간을 놓치고 싶지 않다.

"어떻게 그렇게 애 둘을 다 데리고 있니? 너는 육아 체질인가 봐. 나는 진짜 육아가 안 맞아. 나는 육아 체질이 아니야."

한 친구가 나에게 한 말이다. 육아가 체질인 사람이 과연 있을까? 물론 세상 어딘가에는 육아가 잘 맞고, 육아하면서 즐거운 사람도 있을 수 있다. 하지만 분명한 것은, 나는 육아 체질이 아니라는 것이다. 아이들을 끼고 키운다고 평생 없었던 체질이 생기는 것도 아니고, 갑자기 체질이 180도 바뀌는 것도 아니다. 그런데도 내가 아이들을 끼고 키우기로 한 것은 온전히 아이들을 위한 선택이었다. 육아는 너무 힘들고 지치지만 아이들과 함께 있는 것이 좋다고 생각했기에, 그렇게 살기로 한 것이다. 프랑스의 작가이자 사상가인 장 폴 사르트르$^{\text{Jean-Paul Sartre}}$가 말했듯이 인생은 B^{Birth}와 D^{Death} 사이의 C^{Choice}다.

"진정한 육아의 신!"

아이들을 집에서 돌본다고 하니 지인이 나에게 보낸 메시지다. 친구들은 나를 보면서 대단하다고 말한다. 내가 직장에서 좋은 성과를 내도, 박사과정 공부를 할 때도 이런 칭찬을 받아보지 못했다. 아이들을 끼고 키우는 것은 정말 어려운 일이다. 공부하는 것보다, 일하는 것보다 더 어렵게 느껴질 수 있다. 그래서 나는 의도치 않게 그 어느 때보다 많은 찬사를 받았다.

한번은 워킹맘인 친구가 찾아왔다. 아이 둘을 다 데리고 있는 내가 너무 힘들 것 같다며 위로하러 온 것이다. 한참 수다를 떨고, 우리 가족과 인사도 나누고 간 친구가 이야기했다. 내가 지쳐 있을 줄 알았는데 아이들과 너무 잘 지내고 있어서 부럽고 존경스럽다고 말이다.

남들과는 다른 길을 가는 것은 언제나 어렵다. 그리고 항상 외롭다. 이게 맞는지, 어떻게 해야 할지 모르겠다는 생각이 들 때도 있다. 주변 사람에게 힘들다고 하면 되돌아오는 말은 하나같이 이렇다.

"그럼 그냥 애 어린이집 보내."

사서 고생하면서 뭘 어쩌라는 것이냐는 표정이다.

하지만 아이들과 함께 있는 시간만큼 아이들과 나의 관계는 끈끈해지고 단단해졌다. 세상 어디에서도 경험할 수 없는 사랑과 기쁨을 누릴 수 있었다. 그래서 이 시간을 포기할 수 없었다.

아직 어린아이들을 키우는 이 시간, 일해서 돈을 버는 것보다 아이들과의 시간을 벌기로 했다. 아이들에게는 엄마가 더 필요하다고 생각했다. 일해서 번 돈을 영어 유치원에, 어린이집 등·하원 도우미에게 다 주고 정작 아이들과는 함께 보낼 시간조차 없는 것보다 허리띠를 졸라매고 살더라도 아이들과 부대끼며 사는 편이 낫다고 여겨졌다.

이것은 나와 아이들의 미래를 위한 투자이기도 했다. 단단한 애착을 통해 아이들이 건강하게 자립할 수 있도록 하고, 이를 통해 나도 내가 하고 싶은 일을 할 수 있는 미래의 시간을 만들어가는 투자인 셈이었다.

아이를 어린이집을 보내는 것은 엄마들에게 참 많은 고민을 안겨준다. 특히 아이를 처음 어린이집에 보내는 엄마들은 모든 것이 어렵고 두렵게 느껴질 수 있다. 처음으로 아이와 떨어지는 것, 엄마의 일을 다시 시작하는 것 하나하나가 엄마에게는 쉽지 않은 결정이고, 부담 가득한 도전이다.

그래서 나는 이처럼 고민하는 초보 엄마들에게 힘이 되고 싶다. 어린이집을 고민하는 엄마들에게 좋은 길잡이가 되어주고 싶다. 남들이 다 어린이집에 보내라고 해도, 다시 한번 생각해보라고 말해주고 싶다. 어린이집 외에 다른 길도 있다는 것을 알려주고 싶다. 내가 어떻게 아이들을 끼고 키웠는지 말해주고 싶다. 그래서 이 책을 쓰기로 했다.

이 책은 내가 아이를 어린이집에 보내지 않고 끼고 키우며 지낸 시간에 대한 이야기다. 유아 홈스쿨링의 가능성과 방향을 제시하고 있다. 그렇지만 이 책이 홈스쿨링을 하는 부모만을 위한 책은 아니다. 아이를 어린이집에 보내는 엄마도, 워킹맘도 실천 가능한 이야기를 담았다. 또한 서툰 엄마로서의 고민과 시행착오가 고스란히 담겨 있다. 그래서 아이를 사랑하는, 아이를 잘 키우고 싶은 모든 부모에게 나와 내 아이의 이야기를 소개한다.

　1장은 어린이집에 대한 나의 고민을 담았다. 나는 두 번이나 아이를 어린이집에 보냈다가 퇴소시켰다. 그 과정에서 경험하고 느낀 것들을 상세히 담았다. 이를 통해 어린이집에 대해 고민하는 부모에게 위로와 용기가 되어주고 싶다.

　2장에서는 어린이집 대신 선택한 '엄마 품 놀이터'를 소개했다. '엄마 품 놀이터'가 무엇인지, '엄마 품 놀이터'에서 무엇을 하는지 안내했다. 그리고 어떤 특징과 장점이 있는지 보여주었다.

　3장부터 5장까지는 놀이, 책, 음악을 중심으로 '엄마 품 놀이터'를 만드는 구체적인 방법을 소개했다. 놀이, 책, 음악으로 어떻게 아이와 함께 즐기며 성장했는지 우리 아이들의 이야기를 들려주었다. 각 장마다 아이와 함께 직접 실천해볼 수 있는 구체적인 내용을 담았다.

　6장은 후배 엄마들에게 꼭 필요한 조언을 담았다. 엄마들이 많이 고민하는 주제에 대해, 엄마로서 살며 흔들리지 않는 방법에 대해 조금 먼저 시작한 선배 엄마로서 이야기했다.

"홈스쿨링이 정답은 아니에요. 어떤 '홈Home'이냐가 중요하죠."
　채널A의 프로그램 〈요즘 육아 금쪽같은 내 새끼〉에서 11년째 홈스쿨링을 하고 있는 엄마가 자신의 경험을 이야기하면서 한 말이다. 이 책은 아이를 어린이집에 보내지 말고 홈스쿨링을 해야 한다고 주장하는 책이 아니다. 아이를 위한 따스한 엄마의 품, '홈Home'을 만들어가는 방법을 제시한 책이다.

    이 책은 나와 우리 아이들의 이야기지만, 누구나 이와 같은 이야기를 만들어갈 수 있다. 우리의 이야기가 당신과 아이의 행복한 매일을 만들어갈 수 있는 작은 씨앗이 되기를 소망한다.

2022년 봄

원초롱

1장
엄마가
필요한
시간

내 아이,
어린이집에 꼭 보내야 할까?

"아이 어린이집 신청하셨어요? 저는 오늘 아이사랑에서 신청했거든요. 아이 태어나면 바로 어린이집을 신청해야 해요."

"정말요? 벌써 어린이집을 신청해야 하는 거예요? 저만 모르고 있었나 봐요. 어린이집은 어떻게 신청하는 거예요? 아, 그리고 '아이사랑'이라고 하셨죠? 그건 뭐예요?"

같이 식사를 하며 가까워진 조리원 동기가 건넨 말 한마디에 마음이 급해졌다. 그녀는 둘째 아이 엄마이고, 육아는 당연히 한 수 위라고 여겨졌다. 그런 이의 말이어서 그런지 서둘러 어린이집을 알아봐야만 할 것 같았다. 육아에 대한 정보가 별로 없는 나 때문에 내 아이만 뒤처진다는 생각이 들었다. 아이를 낳은 지 막 일주일이 넘은 시기였는데 말이다.

곧바로 집 주변의 어린이집을 찾아보았다. 또 동네 카페에 올라온 어린이집 관련 글들도 꼼꼼하게 읽어보았다. 고심 끝에 어린이집 세 군데를 마음에 정했다. 하지만 그것으로는 성이 차질 않았다. 내 아이를 보낼 곳이니 직접 가서 건물과 교실도 살펴보고, 선생님들이나 다른 아이들도 만나봐야 직성이 풀릴 것 같았다.

아직 겨울의 칼바람이 매섭던 어느 날, 산후 한 달 된 몸으로 어린이집 상담을 하러 갔다. 중대한 일을 위해 멀리 사시는 친정엄마께 아이를 돌봐달라고 부탁하고 길을 나섰다. 전화로 미리 연락하고 찾아갔지만, 어린이집 원장님은 정말 왔냐는 듯한 눈빛으로 나를 바라보았다. 아직 입소 대기 신청조차 하지 않은, 이제 막 아이를 낳은 엄마가 찾아와서 이것저것 물으니 기가 찼을 것이다.

나는 내 아이를 누구보다 잘 키우고 싶었다. 남들이 하는 만큼, 아니 그 이상을 해주고 싶었다. 하지만 아이를 어떻게 사랑해야 하는지 몰라 다른 엄마들의 길을 따라가기에 바빴다. 그래서 열심히 어린이집을 알아보고 답사까지 다녀왔다. 그런데 과연 어린이집이 내 아이를 잘 키울 수 있는 길일까?

어린이집에 보내는 것은 정말 필수일까?

어린이집은 어느새 아이들의 필수 코스가 되었다. 보건복지부의 보육통계에 따르면 2019년 0~2세 아동의 국내 어린이집 이용률(어린이집을 이용하는 0~2세 아동 수/전체 0~2세 아동 수×100)은 80.5%에 달한다. 0~2세의 아이 대부분이 어린이집에 다닌다는 통계 결과다.

하지만 내가 어렸을 적에는 '어린이집'이라는 것이 있는 줄도 몰랐다. 어린이집과 같은 보육 기관이 많지도 않았을 뿐 아니라, 그런 기관에 다니지 않아도 잘만 컸다. 실제로 2001년만 해도 0~2세 아동의 국내 어린이집 이용률은 9.4%에 불과했다. 그런데 20여 년 동안 어린이집에 보내는 비율이 엄청나게 증가했다. 20년 전이나 지금이나 아이들이 성장하는 것은 똑같다. 그런데 요즘은 왜 이렇게 어려서부터 아이를 어린이집에 보내는 것일까? 어린이집에 보내는 것은 정말 필수일까?

'어린이집은 언제부터 보내는 게 좋을까요?', 'OO 어린이집 어떤가요?', 'OO 어린이집이 좋을까요, OO 어린이집이 좋을까요?' 맘 카페에 들어가면 이런 질문을 쉽게 볼 수 있다. 엄마들에게 '어린이집'은 정말 큰 고민거리다. 대학 입시를 앞둔 엄마처럼 초보 엄마들은 어린이집 정보에 사활을 건다. 그리고 합격자 발표를 기다리듯이 어린이집 입소 대기를 기다린다.

그런데 언제 어린이집에 보내고, 어떤 어린이집에 보내는지가 정말 중요한 문제일까? 그 질문들에 앞서 '어린이집에 꼭 보내야 할까?' 하는 질문에 답을 하는 것이 먼저가 아닐까?

어린이집에 가기 싫어요

첫째 아이가 두 살이던 해에 둘째를 임신했다. 만나는 사람마다 축하 인사와 함께 비슷한 이야기를 했다.

"그럼 이제 소유는 어린이집에 가야겠네. 내년이면 동생도 태어나니까."

"세 살 되면 어린이집 가야지."

마치 무슨 수학 공식이라도 되듯이 동생이 태어나면, 세 살이 되면 어린이집에 가야 한다고 말했다. 자연스레 나는 그 말들을 당연한 법칙처럼 받아들였다. '내년이면 소유가 세 살이고, 동생도 태어나니까 어린이집에 보내야 해'라고 말이다. 아이의 마음이나 상태는 고려하지도 않은 채 어린이집에 보내는 것이 당연하다고 생각했다. 그리고 어린이집 이외의 다른 대안은 생각조차 해보지 않았다. 남들이 그렇다고 하니, 나름 먼저 아이를 키워본 선배 엄마들이 그렇게 했다고 하니, 나도 당연히 그래야 한다고 여겼다.

그렇게 동생이 태어난 지 한 달 만에, 나는 26개월짜리 첫째 아이를 어린이집에 보내게 되었다. 이것이 나와 아이의 삶을 어떻게 바꾸어놓을지 모른 채로 말이다. 돌이켜보면 아이에게 가장 미안한 일이고, 후회되는 일이다. 하지만 그때는 잘 몰랐다. 엄마의 선택이 아이의 삶에 얼마나 큰 영향을 미치는지 말이다. 육아에 대한 철학이 분명하지 않았기에 다른 엄마들의 흐름에 떠밀려가다가 정작 내 아이를 보지 못했다.

적응 기간 한 달 동안 첫째 아이는 즐겁게 어린이집에 다녔다. 여러 놀잇감이나 처음 접해보는 활동들은 아이의 관심을 끌기에 충분했다. 그리고 갑자기 자신의 사랑을 빼앗아간 동생 없이 엄마와 단둘이 외출하는 것만으로도 아이는 즐거워했다.

하지만 어린이집 적응 기간은 금세 끝났다. 게다가 둘째 아이를 돌봐주시던 산후도우미 이모님의 도움을 받는 기간도 같은 시기에 끝났다. 나는 혼자 두 아이를 돌봐야 했고, 아침이면 첫째 아이의 등원 준비로 전쟁을 치러야 했다. 엄마 껌딱지인 첫째 아이는 언제나 나를 따라다녔기에 작은 행동을 보고도 엄마가 무엇을 하려는지 알아차렸다. 등원 준비를 시작하면 아이는 보란 듯이 옷을 벗었다. 옷을 입히려면 도망가고, 옷을 입히면 금세 훌러덩 벗었다. 간신히 옷을 입혀 밖으로 나가면 아이는 어린이집 반대 방향으로 뛰어가버렸다. 날이 갈수록 아이와의 이런 대치 상황은 더 길어지고 힘들어졌다.

아이는 왜 아침마다 옷을 벗는 것일까? 이유는 간단했다. 어린이집에 가기 싫었던 것이다. 아직 말을 잘하지 못하던 시기라 아이는 행동으로 자신의 의견을 표현했다. 매일 한결같이, 온몸으로 이렇게 말하고 있었다.

'엄마, 어린이집에 가기 싫어요!'

사실 나도 알고 있었다. 하지만 애써 아이의 생각을 무시했다. 그리고 꾸역꾸역 아이를 어린이집에 보냈다. 나 역시 행동으로 아이에게 이렇게 말하고 있었다.

'어쩔 수 없어. 이미 어린이집에 다니기로 했으니 가기 싫어도 가야 해. 엄마는 동생도 돌봐야 하고 집안일도 해야 하니 너는 잠깐이라도 어린이집에 다녀와야 해.'

남편이 다른 여자를 데리고 왔을 때 아내가 느끼는 스트레스와 비슷하다는 동생과의 만남, 아이 인생에서 처음으로 겪는 엄마와의 짧은 이별의 시간, 어린이집이라는 낯선 공간과 사람들, 때마침 시작된 배변 훈련. 이 수많은 변화 속에서 아이는 지쳐가고 있었다. 그리고 매일 실랑이하는 가운데 아이와 나 사이에는 보이지 않는 벽이 만들어지고 있었다.

동생을 안고 인사하는 엄마를 바라보는 아이의 눈빛이 애처로웠다. 날 두고 가지 말라고, 나도 엄마와 함께 있고 싶다고 말하고 있었다. 동생이 태어난 지 얼마 안 된 시기였기에 아이는 더 예민했고, 엄마가 고팠을 것이다. 그런데 그런 핏덩이 같은 것을, 말도 못 하는 어린 것을 억지로 떼어놓다니. 아이의 눈을 바라볼 때마다 죄책감이 들었다. 이런 상황을 만든 나 자신이 싫었다. 그제야 '어린이집에 꼭 보내야 할까?' 하는 생각이 들었다. 남들이 다 어린이집에 보내니 내 아이도 당연히 보내야 한다고, 지금이 보내야 할 때라고 생각했다. 하지만 다른 아이들은 어떨지 몰라도 내 아이는 지금 어린이집에 보내야 할 때가 아니라는 생각이 들었다.

아이의 눈이 말하는 대로

둘째를 낳고 몸조리하면서 한동안 첫째에게 책 읽어주는 일을 놓고 있었다. 그러다가 다시 책을 꺼내 아이에게 읽어주었다. 밤이고 낮이고 목이 쉬도록 책을 읽어주었다. 둘째 아이에게 모유를 먹이면서, 안아주면서, 때로는 재우면서 첫째 아이를 옆에 끼고 계속 책을 읽어주었다. 갑자기 나타난 동생이 얄미워 보란 듯이 동생을 괴롭히던 첫째 아이였다. 그런데 따스한 품에 안고 책을 읽어주는 엄마의 목소리에 아이는 마음의 안정을 찾아갔다.

아이는 밤이 늦도록 책을 읽어달라고 했고, 아침에 눈을 뜨자마자 책을 들고 와 내밀었다. 거실 바닥을 온통 책으로 쌓아놓고 책을 읽어달라고 했다. 책을 읽고 또 읽었다. 내 아이가 말로만 듣던 '책의 바다'에 빠져 있었다. 그제야 아이의 눈이 보였다. 어린이집에 가기 싫어서 몸부림치던 아이에게서는 볼 수 없던 맑고 반짝이는 두 눈이 말이다.

그래서 아이의 눈이 말하는 대로 따라가주기로 했다. 남들이 하는 대로가 아니라 내 아이가 원하는 대로 선택할 용기가 생겼다. 그러자 모든 것이 간단해졌다. 아이의 어린이집 퇴소를 결정했다. 그렇게 두 달 만에 어린이집 생활은 끝이 났고, 아이와 나의 삶은 정상 궤도로 돌아왔다.

남들이 다 어린이집에 보내니 내 아이도 보내야만 하는 것이 아니다. 어린이집에 보내는 것은 의무가 아니다. 전적으로 부모의 선택 문제다. 아이의 어린이집에 대해 고민하고 있다면 다른 무엇보다 이 질문에 먼저 답해봐야 할 것이다.

"내 아이, 어린이집에 꼭 보내야 할까?"

'어린이집'이라는 탈출구

아이들은 아침부터 밖에 나가자고 졸라댔다. 오전 9시 30분, 다른 아이들은 등원할 시간에 우리는 당당히 놀이터로 향했다. 아이들은 놀이터가 제 집인 것처럼 신나게 놀았다. 그때 지인이 지나가는 모습이 보였다. 아이를 등원시키고 어딘가 가는 모양이었다.

"안녕하세요. 어디 가시나 봐요."

"안녕하세요. 저는 아이 등원시키고 이제 운동하러 가요. 소유 엄마는 아침부터 이렇게 놀이터에 오신 거예요?"

멋쩍은 웃음으로 인사를 하며 헤어지는데 마음이 이상했다. 아이를 어린이집에 보내고 운동도 할 수 있다니! 혼자만의 여유로운 시간을 보낼 수 있다는 것이 너무 부러웠다. 나는 눈뜰 때부터 눈 감을 때까지 혼자만의 시간이라곤 찾을 수가 없는데 말이다. 그녀 역시 아침부터 웬 고생이냐는 눈빛으로 나를 짠하게 바라보았다. 하지만 돌아서는 그녀의 뒷모습에 왠지 모를 부러움 같은 감정이 느껴졌다. 엄마와 함께 놀며 즐겁게 웃고 있는 우리 아이들을 보면서 말이다.

운동? 나도 하고 싶었다. 친구를 만나 밀린 수다도 떨고, 카페에서 혼자 커피도 마시고 싶었다. 공부도 하고, 책도 읽고 싶었다. 하고 싶은 것은 너무 많았다. 그리고 아이를 어린이집에 보내면 그것들을 다 할 수 있을 것이라고 생각했다. 그래서 아이를 어린이집에 보내는 상상은 언제나 달콤했다. 언젠가는 직장에 복직해야 하는 상황이기에, 복직하기 전에 아이를 어린이집에 보내고 휴직 생활을 즐기고 싶었다. 이때가 아니면 평생 이런 시간을 갖지 못할 것 같았다.

육아는 시작 휘슬은 있는데, 종료 휘슬이 없다

MBC 예능 프로그램 〈쓰리박〉에서 전 축구선수 박지성에게 축구와 육아 중 어느 것이 더 힘드냐는 질문을 했다. 그는 1초도 망설이지 않고 육아라고 대답했다. '육아는 시작 휘슬은 있는데, 종료 휘슬이 없다'는 것이다. 그는 심지어 차라리 연달아 두 경기를 뛰는 게 낫다고 말할 정도였다. 박지성에게만 그런 것이 아니다. 모든 엄마, 아빠에게 육아는 어렵다. 육아는 힘들다.

육아의 시작은 자기 포기다. 나의 시간, 나의 에너지, 나의 관심을 포기하고 아이에게 헌신해야 한다. 물론 그렇다고 아이를 키우면서 내 삶을 모두 포기하라는 말이 아니다. 평생 아이를 위해 헌신하라는 말도 아니다. 하지만 아이가 어린 시기, 특히 만 3세 이전에는 부모의 손길이 꼭 필요하다. 그런데 그것이 참 어렵다. 특히 아이를 위해 자신의 것을 포기하기란, 요즘 시대의 엄마들에게 너무 힘든 일이다.

2018년 한국보건사회연구원에서 실시한 '전국 출산력 및 가족보건·복지 실태조사'에 따르면, 기혼 여성의 교육 수준은 대졸(전문대 포함)이 57.9%로 가장 많았고, 고졸은 35.3%였다. 또한 이처럼 여성의 교육 수준이 높아질수록 출산율이 낮다고 했다. 여성의 교육 수준은 높아졌고, 그만큼 여성의 자아실현 욕구가 커졌다. 실제로 내 주변만 보아도 대학교를 졸업하지 않은 지인은 찾아보기 힘들다. 또 대학 졸업 후에는 직장생활을 하고, 결혼 이후에도 직장생활을 계속하는 이들이 대부분이다. 오늘날의 여성들은 이미 배울 만큼 배운 사람이고, 충분히 능력을 발휘하며 일을 할 수 있는 사람이다. 결혼하고 아이를 낳아도 이 사실은 바뀌지 않는다. 그래서 앞의 조사에서 취업한 기혼 여성들에게 일을 지속하기 희망하는 기간에 대해 조사한 결과, '자녀 출산 및 양육과 관계없이 일할 수 있을 때까지 하고 싶다'는 의견이 81.6%에 달했다. 엄마로서 출산과 양육도 중요하지만, 자신의 일도 중요하다는 것이다.

평생 나를 위해 살아왔다. 공부도 할 만큼 했고, 직장생활도 10년이나 했다. 무언가를 이루고 성취하는 삶이 나를 위한 삶이라고 생각했다. 바쁘게 살아온 지난 30여 년의 시간을 묻어두고 아이와만 지내는 동굴과 같은 삶은 버거웠다. 아이 돌보느라 내 눈에 낀 눈곱 하나 살필 여유가 없었다. 온종일 쉬지 않고 무언가를 하는데 아무것도 한 것 같지 않았다. 아이는 왜 우는지, 왜 칭얼대는지, 왜 안 자는지 알 수 없어 답답하기만 했다. 집은 집대로 엉망이고, 내 몸과 마음도 엉망이 되었다.

일도 하고, 사람답게 살고 싶었다. 옷도 제대로 갖추어 입고, 화장도 하고 밖에 나가고 싶었다. 사람들을 만나 이야기하고, 커피도 즐기고 싶었다. 아이들 시중드느라 입으로 들어가는지 코로 들어가는지도 모르는 식사 말고, 제대로 된 식사를 하고 싶었다.

과거에는 대부분 가족이 모여 살았다. 꼭 엄마가 아니어도 아이를 돌봐줄 어른이 많았다. 할머니나 할아버지, 삼촌이나 이모, 때론 형이나 누나가 육아를 도왔다. 그런데 요즘은 육아가 오롯이 엄마의 몫이다. 양가 부모님이 도와주시는 집도 있지만, 엄마의 역할을 대신하기는 어렵다. 그런데 요즘 엄마들은 육아가 낯설다. 아이 키우는 것을 가까이에서 보지도 못했을뿐더러 가르쳐주는 사람도 없다. 게다가 출산 이전에는 대부분 사회생활을 하던 사람들이다. 여태 밖에서 공부하고 일하던 사람이 갑자기 집에만 틀어박혀 있어야 한다고? 그것도 말도 통하지 않는 아이와 함께? 이건 정말 쉬운 일이 아니다. 당장이라도 뛰쳐나가고 싶은 마음이 굴뚝같다.

육아의 세계는 또 어떠한가? 모유 수유부터 시작해서 기저귀 갈기, 이유식 해 먹이기, 청소, 빨래…. 여태 나와는 상관없는 일이라 여기던 것들이 일상이 되어간다. 그것마저도 해보지 않던 일이라 온통 서툴다. 아이가 커갈수록 아이와 놀아주는 것도 일이다. 무얼 하고 놀아줘야 할지 몰라 인터넷만 들여다본다. 사실 육아는 지루하다. 답답하다. 그리고 귀찮다. 재미없다. 그래서 엄마들은 탈출구를 찾는다. 잠시라도 육아의 틈을 벗어나 숨을 쉴 '어린이집'이라는 탈출구를 말이다.

많은 엄마가 이렇게 이야기한다.

"어린이집에서 이것저것 많이 배워 오더라고요."

"우리 어린이집은 식단이 좋아요. 아이가 집에서는 밥을 잘 안 먹는데 어린이집에서는 골고루 잘 먹더라고요. 역시 어린이집에 보내면 아이가 달라져요."

"아이가 어린이집을 정말 재미있어해요."

"아이 사회성을 키우려면 어린이집에 보내야죠."

어린이집이 좋다는 이유는 가지각색이다. 하지만 정말 그럴까? 엄마 대 엄마로 솔직하게 이야기해보고 싶다. 그것이 어린이집을 보내는 '진짜' 이유일까? '아이와 떨어져 쉬고 싶어서', '육아가 힘들어서'는 아닐까?

아이에게는 아직 엄마가 필요하다

첫째 아이가 네 살이 된 3월에 아이를 다시 어린이집에 보냈다. 그리고 다음 해에는 복직을 계획했다. 하지만 두 번째 어린이집 생활도 순탄치 않았다. 결국 두 달여 만에 다시 퇴소하고, 나의 복직 또한 한 해 더 미루기로 했다.

왜 일을 하고 싶은지 나 자신에게 물었다. 사실 일을 하고 싶은 것보다 육아에서 벗어나고 싶은 마음이 컸다. 늘어진 티셔츠에 떡진 머리로 아이만 바라보는 내 삶은 한없이 초라해 보였다. 육아보다는 일이 나를 더 나답게 할 것이라고 생각했다. 돈도 벌고, 승진도 해야 내 삶이 가치 있을 것이라 여겼다.

일과 육아. 정말 중요한 것은 무엇일까? 그런데 다시 생각해보니 나의 선택 기준이 잘못된 것이었다. 나를 기준으로 일과 육아를 저울질할 것이 아니었다. 선택의 기준은 내가 아니라 아이였다. 내가 아니라 아이를 중심으로 생각하니 아이들에게는 아직 엄마가 필요했다. 그래서 나는 조금 더 아이들과 함께 있기로 했다. 직장인으로서의 나보다 엄마로서 나의 모습이 갖는 가치를 찾아보기로 했다.

물론 형편상 어쩔 수 없이 어린이집에 보내야 하는 가정도 있을 것이다. 그런 상황도 이해한다. 하지만 중요한 것은 아이의 어린이집을 결정할 때 부모가 아니라 아이가 그 선택의 기준이 되어야 한다는 것이다.

이탈리아의 교육자 마리아 몬테소리 Maria Montessori는 "우리는 단호하게 '사랑이 가득한 판단이 곧 현명한 판단'이라고 말할 수 있다"라고 말했다. 세상에 정답은 없다. 하지만 엄마의 선택은 사랑을 기초로 해야 한다. 따라서 엄마 스스로가 먼저 자신에게 물어보아야 한다.

'내 아이를 왜 어린이집에 보내려고 하지?'

'아이를 어린이집에 보내고, 나는 무엇을 하고 싶은 거지?'

그리고 그 선택의 기준에 나 자신이 아니라 아이를 놓고 다시 한번 생각해보아야 한다.

'내 아이는 어린이집에 가고 싶어 할까?'

3

아이의 마음을 생각해보면
아이의 마음이 느껴진다

두 번째로 어린이집에 보냈을 때, 네 살이었던 첫째 아이는 일부러 방바닥에 오줌을 싸기도 하고, 똥을 싸기도 했다. 기저귀를 뗀지 일 년이나 지난 시기였는데 말이다. 이건 분명 이유가 있는 행동이었다. 밤에 잠을 자다가도, 때론 낮에 깨어 있을 때도 소리를 지르고 발버둥을 치곤 했다.

나는 궁금했다. 어린이집에 가는 아이의 마음이 어떨까? 아이는 어떤 생각을 하고 있을까? 그래서 나는 아이의 하루를 쫓아보기로 했다. 그리고 아이의 마음을 되짚어 생각해보았다. 그러자 아이의 마음이 느껴지기 시작했다.

아이의 마음 따라가기

'이제 한번 놀아볼까? 아침밥도 먹었겠다, 이제 제대로 놀아봐야지. 오늘은 뭐 하고 놀까?'

그런데 엄마가 옷을 가지고 다가온다.

"소유야, 어린이집 가야지. 친구들이랑 선생님 만나러 가자. 예쁜 옷 입고 가볼까?"

'뭐야. 또 어린이집이야? 어제도 갔잖아. 이제 놀려고 했는데.'

멍하니 서 있으니 엄마는 어느새 내 곁에 다가와 내복을 벗기고 있다.

"싫어! 옷 안 갈아입을 거예요."

"그래도 옷 갈아입어야지. 내복을 입고 가면 창피하잖아. 친구들이 기다리고 있어. 얼른 옷 갈아입자."

'또 시작이다. 어린이집. 어린이집! 엄마는 왜 또 어린이집에 가라고 하는 거야? 온유는 어린이집에 안 가는데 왜 나만 가야 하는 거야? 나도 가기 싫은데 말이야. 옷 안 갈아입을 거야. 그냥 집에 있을 거야.'

엄마와의 실랑이가 시작된다. 하지만 아직 엄마를 이길 힘은 없다. 어쩔 수 없이 옷을 갈아입고 가방을 멘다.

"늦었어. 얼른 가자."

'난 어린이집 가기 싫어. 집에 있고 싶다고. 엄마랑 있고 싶어.

동생이랑 놀고 싶어. 어린이집에 왜 가야 하지?'
　어린이집에 가기 싫은 마음이 한가득이다. 하지만 이미 표정이 굳어진 엄마에게 아무 말도 할 수가 없다.
　'들어가기 싫은데. 진짜 들어가기 싫은데. 어떻게 하지? 휴.'
　"엄마가 나랑 같이 어린이집에 들어가면 안 돼요?"
　"어린이집은 아이들만 가는 곳이야. 엄마는 들어갈 수가 없어. 친구들이랑 잘 놀다 와."
　엄마는 나를 어린이집으로 들이민다. 뒤를 돌아보니 엄마 품에 안긴 동생이 웃고 있다.
　'치, 엄마는 나만 싫어해. 왜 나만 떼놓고 동생하고만 있으려고 하는 거야? 김온유 미워. 엄마도 미워.'

　"안녕, 소유야. 어서 와. 오늘도 선생님이랑 친구들이랑 재미있게 놀자."
　선생님이 반가운 얼굴로 인사를 한다. 교실에 들어가니 친구들이 다 와 있다. 다들 뭔가 하며 놀고 있다.
　'아, 시끄러워. 난 뭘 하지? 어디로 가지?'
　선생님이 준비해놓은 촉감 놀이를 하자며 데리고 가신다. 그리고 옷소매를 걷어주신다.
　'어? 나는 이거 만지는 거 싫은데. 옷에 묻는 거 싫은데.'
　하지만 이미 늦었다. 손에도, 옷에도 묻어버렸다. 옆에 있는 친구들이 움직이니 재료가 자꾸 튄다.

'나한테 다 묻었잖아. 아, 화가 나. 그런데 어떻게 해야 해? 아, 진짜 싫은데.'

겨우 손을 씻고 장난감이 있는 곳으로 간다. 좋아하는 포클레인 장난감을 가지고 놀려고 하는데 남자 친구 하나가 다가와 장난감을 획 가져간다.

'뭐야. 내가 가지고 놀던 건데.'

친구를 바라보며 이야기한다.

"내가 놀고 있었잖아."

"아니야. 내 거야. 내가 놀 거야."

"내가 할 거라고. 빨리 줘."

"싫어. 내가 할 거야."

친구가 장난감을 가지고 웃으며 뛰어간다. 속상한 마음에 다른 장난감을 보러 가는데 또 다른 친구가 따라온다. 그리고 뒤에서 나를 밀친다.

"하지 마."

말을 해도 그 아이는 계속 밀친다. 선생님은 다른 친구들을 돌봐주고 있다.

'아, 너무 힘들어.'

친구들이 가득한 교실에서 정신없이 있는데 갑자기 선생님이 겉옷을 입으라고 한다. 교실에 들어와 옷을 벗은 지 얼마 안 되었는데 말이다. 선생님이 도와주셔서 겉옷을 입는다. 그런데 아직 옷을 못 입은 친구들이 많다. 멍하니 앉아서 기다린다. 또 친구들 신발 신는 것을 기다리느라 나가고 싶어도 나가지 못한다. 겨우 밖에 나왔다.

'밖에 나왔으니 신나게 뛰어가야지.'

후다닥 달려 나간다.

"김소유, 어디 가니? 친구랑 손잡고 같이 가야지."

선생님이 친구 손을 잡게 하신다. 엄마 오리를 따라가는 아기 오리 떼처럼 선생님을 따라 줄지어 놀이터로 간다. 활짝 핀 꽃도 보고, 즐겁게 공놀이도 한다.

'오, 재미있는데! 친구들이랑 하는 공놀이, 좋네.'

공놀이에 재미를 느낄 즈음, 선생님은 다시 어린이집에 들어가자고 하신다.

'어, 더 놀고 싶은데. 이건 진짜 재미있는데.'

더 놀고 싶은 마음에 뭉그적대자 선생님이 손을 잡고 들어간다.

"친구들, 모두 선생님 앞으로 오세요. 책 읽을 시간이에요."

'오, 책도 읽네. 재미있겠다.'

선생님 앞으로 가서 앉았는데 친구들이 달려온다. 옆 친구가 자꾸 밀치고 얼굴을 가까이 들이댄다. 다른 친구가 앞을 가려 책이 안 보인다.

'아, 친구들이 자꾸 미니까 답답하고 짜증이 나. 책은 하나도 안 보이고 말이야. 엄마는 나를 안고 책 읽어줬는데. 이게 뭐지? 갑자기 엄마 생각이 나. 아, 엄마가 보고 싶어. 엄마가 책 읽어주는 게 좋은데.'

엄마 생각이 떠올라 눈시울이 붉어진다.

점심시간이다. 맛있는 냄새가 코를 찌른다.
'아까 공놀이한 친구 옆에 앉아서 같이 얘기하면서 먹어야지.'
기쁜 마음으로 자리에 앉는다. 그런데 선생님이 친구와 나 사이에 가림판을 놓으신다.
"코로나 때문에 밥 먹을 때 이야기하면 안 돼요. 밥 먹고 다시 마스크를 쓰세요."
친구들과 눈이 마주치지만, 선생님 눈치에 이야기도 못 하고 밥만 먹는다. 뛰어놀았더니 배가 고프다. 그런데 밥이 너무 조금이다.
"선생님, 밥 더 주세요."
밥을 더 먹었는데도 배가 고프다.

점심을 먹고 나자 선생님이 바닥에 이불을 깔고, 불을 끄신다.
'나는 낮잠 자는 것이 싫어. 잠이 안 와. 나는 더 놀고 싶단 말이야. 이렇게 캄캄한 건 너무 싫어. 무서워.'
친구들이 옆에 누웠지만 잠이 오지 않는다. 일어나서 두리번거

렸더니 선생님이 다시 눕히신다.

'정말 싫어. 난 자기 싫다고. 여긴 너무 캄캄해서 더 싫어. 집에 가고 싶어.'

잠을 한숨도 안 자고 눈을 말똥말똥하게 뜬 채로 두 시간을 버틴다.

친구들이 하나둘 일어난다. 잠은 안 잤지만 계속 누워 있었더니 몽롱하다.

"딩동!"

'우와! 엄마다! 엄마!! 오예! 드디어 집에 간다! 야호!'

기다리던 엄마를 향해 달려 나간다.

'엄마, 왜 이제 온 거야? 얼마나 보고 싶었다고!'

어린이집에 가는 아이의 마음은 행복할까? 아이는 어린이집을 좋아할까? 아니었다. 물론 모든 순간 그렇지는 않겠지만, 아이의 마음을 헤아려보니 아이를 위해 내가 무엇을 해야 할지 명확해졌다. 아이에게는 어린이집이 아니라 엄마가 필요하다는 사실을 분명히 알 수 있었다.

한번쯤은 엄마가 아닌 아이가 되어, 아이의 눈과 마음으로 아이의 삶을 돌아보아야 한다. 그때야 비로소 엄마로서 아이에게 꼭 해 줘야 할 것이 무엇인지, 하지 말아야 할 것이 무엇인지 알게 될 것이다.

내가 어린이집 앞을 서성거린 이유

"선생님, 저희 아이가 어린이집에서 잘 지내나요?"

"네, 아주 잘 지내요. 놀이도 즐겁게 하고, 밥도 잘 먹고요. 씩씩하게 잘 지내고 있어요."

"아, 그래요? 그런데 아이가 집에서는 많이 힘들어하거든요. 그래서 걱정이 돼요. 흐흑 흑흑흑."

아이도 울지 않았는데, 내가 울고 있었다. 정신없이 바쁜 등원 시간에 선생님을 붙잡아놓고 울고 있다니. 하지만 멈출 수 없었다. 가슴 깊은 곳에서부터 쏟아져 나오는 눈물이기에 막을 수 없었다.

분리불안을 느끼는 엄마

아이가 엄마나 아빠 같은 애착 대상과 떨어져 있는 것에 불안을 느끼고 그 대상과 떨어지지 않으려 하는 것을 분리불안이라고 한다. 많은 아이가 부모, 특히 엄마와 떨어질 때 힘든 시간을 경험한다. 그런데 엄마도 이와 같은 분리불안을 겪을 수 있다고 한다.

나 역시 그랬다. 아이를 어린이집에 보내면서 불안했다. 사실 아이를 보내기 전부터 이미 마음이 무거웠다. 세 살 때 어린이집을 퇴소한 후 다시 보내는 것이라 그랬다. 이전에 경험한 힘든 적응 시간이 반복될까 봐 걱정이 되었다.

하지만 아이는 생각보다 쿨하게 헤어졌다.

"엄마, 잘 다녀오겠습니다. 재미있게 놀다 올게요."

큰 소리로 인사를 한 다음 뒤도 안 돌아보고 선생님 손을 잡고 교실에 들어갔다.

불안한 건 오히려 나였다. 아이가 어린이집에 들어가고 나서도 집에 돌아갈 수가 없었다. 몸은 밖에 있지만, 신경은 온통 어린이집 안에 있었다. 어린이집 주변을 서성이며 까치발을 하고 창문 너머 아이의 모습을 보려고 했다. 숨죽여 내 아이가 무슨 말을 하는지, 혹시 울지는 않는지 들어보려고 했다. 아무것도 보이지도, 들리지도 않는데 말이다. 재미있는 것은, 이렇게 어린이집 주변을 서성이는 사람이 나 혼자만이 아니었다는 사실이다. 아이를 어린이집에 처음 보내는 엄마나 할머니들이 어린이집 주변을 서성이는 모습을 자주 보았다. 그렇게 지나가다 눈이 마주치면 서로의 마음을 다 안다는 듯 마음을 담아 눈인사를 나누었다.

'지금은 무얼 하고 있을까?', '친구들과는 잘 지낼까?', '특별한 일은 없겠지?' 집에 와서도 온통 아이 생각뿐이었다. 왠지 모를 미안한 마음과 죄책감이 내 안에 가득했다. 시계를 보며 아이를 데리러 갈 생각만 했다. 어린이집은 우리 집 바로 옆에 있어 베란다에서도 훤히 내려다보였다. 산책하러 나갈 시간이 되면 둘째 아이와 베란다에서 놀면서 창밖을 바라보았다. 멀리에서라도 아이가 잘 있는지 보고 싶었다. 그리고 아이가 잘 지나가는 모습을 보면 안도의 한숨을 내쉬었다.

아이는 보통 어린이집에서 두세 시간 동안 생활했다. 그런데도 그 짧은 시간의 이별이 나는 힘들었다. 그리고 어린이집에서 어떻게 지내는지 궁금했다. 그래서 온종일 선생님의 알림장을 기다렸다. 선생님께서 알림장에 써주시는 말과 사진들로 울고 웃었다. 그런데 언제부터인가 그런 나 자신이 한심하게 느껴졌다. 다른 사람에게 내 아이 이야기 듣기를 기다리고 있다니. 다른 사람이 찍어주는 내 아이 사진을 기다리고 있다니. 지금 워킹맘도 아닌데 말이다. 언젠가 어린이집 교사로 일하는 지인이 한 말이 떠올랐다. "아이들 제일 예쁜 시기에 엄마들이 하나도 못 봐. 우리가 그 예쁜 거 다 보고 있지."

등원을 거부하는 아이

아이는 그럭저럭 잘 적응한 듯했다. 먼저 어린이집에 가겠다고 하며 웃으며 등원했다. 집에서는 인형으로 어린이집 놀이를 하기도 했다. 다음 날 쓸 식판과 수저도 스스로 가방에 챙겼다. 아이가 즐겁게 생활하니 나도 마음이 놓였다.

하지만 그 평화는 오래가지 않았다. 아이는 또다시 등원을 거부했다. 하루는 아이가 옷을 갈아입으려 하지 않고 계속 버텼다. 어쩔 수 없이 내복 바람에 점퍼만 입혀 나왔다. 아이는 들어가기 싫다고 하는데 억지로 어린이집에 데리고 들어갔다. 반갑게 인사해 주시는 선생님을 보자마자 아이는 큰 소리로 울기 시작했다. 아이가 이렇게 우는 것은 처음이었다. 자존심이 세서 다른 사람 앞에서는 잘 울지 않는 아이다. 집에서 온갖 부적응 행동을 해도, 어린이집에서는 눈물 한 방울 보이지 않고 늘 잘 지낸다는 이야기를 들었다. 그런 아이가 갑자기 울다니. 그것도 대성통곡을. 무척이나 당황스러웠다. 선생님과 내가 달래보기도 하고 안아주기도 했지만 소용없었다. 아이는 더 크게 울었다. 둘째를 아기 띠에 안고 있어서 무얼 더 해주기가 어려웠다. 그러자 선생님은 아이를 들쳐 안고 교실로 들어갔다. 아이는 발버둥을 쳤다. "싫어. 싫어! 어린이집 안 갈래. 안 갈 거야!" 소리를 치며 발악하는 아이의 뒷모습을 바라만 보고 있었다.

나는 집에 돌아갈 수가 없었다. '그냥 아이를 데리고 나왔어야 했나?', '지금이라도 들어가서 데리고 와야 하나?' 별의별 생각이 다 들었다. '아이가 괜찮을까?', '이게 맞는 걸까?' 하며 어린이집 앞을 한참 동안 서성였다. 보다못한 원장님이 밖으로 나오셨다.

"어머니, 걱정하지 마세요. 소유 괜찮을 거예요. 소유가 어린이집에서 얼마나 잘 지내는데요. 걱정되시면 들어와서 복도에서 한번 보세요. 그럼 어머니 마음도 조금 편해지실 거예요."

망설임 없이 안으로 들어갔다. 그리고 교실 안에 있는 내 아이를 바삐 찾았다. 아이는 아직도 울고 있었다. 고개를 숙인 채 흐느끼는 작은 몸이 계속 흔들렸다. 아이는 그렇게 구석에 혼자 있었다. 잠시 후에 선생님이 오셔서 달래주시고 친구들도 한 번씩 다가와주었다. 하지만 아이는 한참 동안 웅크려 있었다.

그날 아이의 모습을 잊을 수가 없다. 울며 몸부림치던 아이의 모습, 교실 구석에서 홀로 울고 있는 아이의 모습. 그것은 나에게 트라우마가 되어버렸다.

사람들은 말한다. 어린이집 적응 기간이 필요하다고. 아이도, 엄마도 그 시기를 잘 이겨내면 괜찮아질 거라고. 아이가 울어도 단호하게 떼어놓고 나와야 한다고. 그게 적응이라고 말이다. 그런데 아이를 보면서 다시 생각해보게 되었다. 울고 힘들어하는 아이를 굴복하게 하고, 체념하게 하는 것이 과연 적응일까? 그것은 적응이라는 이름의 폭력이 아닐까?

가슴이 터질 듯이 답답했다. 나 때문에 아이가 힘든 것 같아 더 괴로웠다. 어린이집 생각만 해도 눈물이 났다. 작년에도 어린이집에 보내 아이 마음에 상처를 주고 퇴소까지 시켰다. 그런데 왜 또다시 어린이집에 보내서 아이를 힘들게 하는지. 나 자신이 싫었다. 모든 게 다 내 탓 같았다. 죄책감과 후회가 쓰나미처럼 밀려왔다.

사실 어린이집에 보내야 할지 고민할 때부터 힘들었다. 그런데 어린이집에 보내는 하루하루는 더욱 버거웠다. 밤마다 '내일은 아이가 어린이집에 잘 갈까?' 하는 걱정이 가득했다. 아이를 보내놓고도 마음은 아이에게 가 있었다.

차라리 아이와 함께 있는 게 나았다. 아직 어린 두 아이를 온종일 나 혼자 키우는 것은 힘든 일이었다. 그래도 아이들을 다 데리고 있는 것이 더 마음 편할 것 같았다. 걱정과 불안으로, 죄책감과 후회로 가득한 마음의 짐을 훌훌 벗어버리고 싶었다. 그래서 두 달 반 만에 다시 어린이집 퇴소를 결정했다. 그것은 아이만이 아니라 나를 위한 일이기도 했다.

물론 어린이집에 보내는 것이 나쁜 일이라는 것은 아니다. 어린이집에 보내야 하는 가정의 상황은 각기 다르다. 나 역시 복직을 해야 하기에 언젠가는 아이를 어린이집이나 유치원에 보내야 한다. 또한 아이마다 어린이집이라는 환경을 받아들이고 적응하는 것이 다를 수 있다. 어린이집에 가서 금세 잘 적응하는 아이도 있다. 아이가 즐겁게 어린이집에 간다면 좋은 일이다. 하지만 그렇다 해도 엄마의 걱정은 끝나지 않을 것이다.

아이가 태어나면서부터 엄마는 아이와 매일 24시간 붙어 지낸다. 아이가 엄마 없는 삶을 상상하지 못하듯이, 엄마도 아이가 없는 삶을 상상할 수 없다. 그렇기에 아이와 떨어지는 것은 상당히 어려운 일이다. 아이가 보고 싶고 걱정되는 것이 자연스러운 엄마의 마음이다. 그 마음을 당연하게 받아들이고 엄마의 마음을 돌보는 시간이 필요하다. 엄마의 불안은 아이에게 고스란히 전달된다. 엄마의 마음이 불안하다면, 그 불안 요소를 없애고 엄마가 마음의 평안을 찾도록 먼저 노력해야 한다.

그래서 엄마들에게 묻고 싶다.
'오늘 엄마의 마음은 안녕하십니까?'

다시는 오지 않을
너와 나의 시간

"학교가 너무 일찍 끝나요."

초등학교에 입학한 자녀를 둔 부모들이 하나같이 하는 말이다. 학교가 일찍 끝나는 것일까, 일찍 끝난다고 느끼는 것일까? 아이들과 산책을 하다 보면 초등학생도, 중학생도 벌써 하교했는데 어린이집 아이들은 아직 하원하지 않은 경우가 많다. 그렇게 오랜 시간 엄마와 떨어져 어린이집에 있는 것이 얼마나 힘이 들까? 아직 너무 어린아이인데 말이다.

어린이집에서 보내는 시간에 따른 일상적 스트레스에 관한 연구 결과를 많이 찾아볼 수 있다. 그에 따르면, 어린이집에서 오래 지낼수록, 귀가 시간이 늦을수록 유아의 스트레스가 높아진다고 한다. 또한 오전보다 오후에 스트레스 호르몬이 증가한다고 한다.

엄마 품에서 떨어져 오랜 시간 동안 어린이집에서 생활하고 싶은 아이가 몇이나 있을까? 실제로 자녀를 어린이집에 보내는 지인들도 이런 이야기를 자주 한다.

"저희 아이도 매일 어린이집 가기 싫다고 그래요."

"아직도 울면서 어린이집에 가요."

하루가 다르게 자라는 아이들

통계청이 발표한 '2020년 육아휴직 통계 결과'에 따르면, 2020년 기준 전체 육아휴직자 수는 16만 9,345명이다. 이는 전년에 비해 3.7% 증가한 수치다. 2010년 이후 육아휴직 통계 결과를 살펴보면 부모의 육아휴직 사용률은 지속적으로 증가하고 있다. 또한 최근에는 육아휴직을 하는 아빠의 수가 증가하고 있다. 하지만 2020년 기준 육아휴직자 중 아빠는 22.7%, 엄마는 77.3%로 아빠보다 엄마가 육아휴직을 많이 하는 편이다.

아이를 키우는 엄마라면 대부분 육아휴직을 해보았거나, 육아휴직 중일 것이다. 혹은 육아휴직을 계획 중일 수도 있다. 그렇다면 아이를 위해 언제 어떻게 육아휴직을 하는 것이 좋을까? 육아휴직의 시간과 기간은 제한되어 있기에 그 시간을 효율적으로 활용하는 것은 자신의 몫이다. 주변 지인들을 보면 출산 후에 육아휴직을 하고, 자녀가 초등학교에 갈 때 다시 육아휴직을 하는 경우가 많다. 혹은 영어 유치원을 보내거나 다양한 체험을 시키고 싶다고 아이가 6~7세일 때 육아휴직을 하는 경우도 있다. 아이가 어릴 때도 부모의 보살핌이 필요하지만 조금 더 커서 교육적으로 도움이 필요할 때 육아휴직을 하고 싶다는 의견이다.

실제로 통계청이 발표한 '자녀 연령별 육아휴직 사용현황'에서도 비슷한 결과가 나타난다. 부모는 자녀가 만 0세일 때 59.6%로 가장 많이 육아휴직을 사용하고, 이어 만 6세(8.4%), 만 7세(5.8%) 순으로 육아휴직을 사용했다. 엄마는 만 0세, 만 6세, 만 1세의 순으로 육아휴직을 사용했다. 아빠는 만 7세, 만 8세, 만 6세 순이었다. 결국 육아휴직을 하는 것도 선택과 집중의 문제다. 어느 때에 아이와 함께 할지에 대한 엄마의 결정이다.

아이를 키우다 보면 아이가 정말 놀랍게 커간다는 생각이 들 때가 있다. '도대체 언제 일어나 걸을 수 있을까?', '언제쯤 엄마라고 불러줄까?' 하던 생각이 무색해질 정도로 아이들은 하루가 다르게 자란다.

나 또한 아이가 한 살 한 살 커갈 때마다 쑥쑥 자라는 모습을 보았다. 참 신기했다. 첫 돌이 지나고 모유, 이유식을 떼고 밥을 먹기 시작했다. 그리고 아장아장 걷기 시작했다. 두 돌이 지나고 서서히 정든 기저귀와도 이별했다. 세 돌이 지나면서 아이는 훌쩍 커버렸다. 더는 크지 않으면 좋겠다는 마음이 들 정도로 아기 티를 많이 벗었다. 옷도 혼자 입을 수 있게 되었고, 대화가 가능해졌다. 내가 그토록 좋아하던 아기 냄새를 더는 아이의 몸에서 맡을 수 없게 되었다. 뽀뽀를 부르던 작고 귀여운 얼굴은 어느새 예쁜 숙녀가 되어갔다.

수많은 책이, 수많은 학자가, 수많은 선배 엄마들이 세 돌까지의 시기가 매우 중요하다고 강조한다. 말로만 들을 때는 왜 그런지 잘 납득이 되지 않았다. 3년은 너무 긴 시간 같았다. 하지만 실제로 이렇게 변화하며 커가는 아이를 보니 왜 그런지 알 것 같았다. 엄마의 품이 필요한 시기에 엄마의 자리를 잘 지켜주고 싶었다. 물론 아이에게 엄마가 필요하지 않은 시기는 없을 것이다. 하지만 조금 더 엄마의 손길과 따스한 품이 필요한 시기는 분명히 있다.

애착 이론을 제시한 존 보울비 John Bowlby 는 영아와 양육자가 특별한 정서적인 유대관계를 형성하는 것을 애착이라고 했다. 특정 대상에게 애착을 느낀 영아는 그 대상을 안전기지로 삼고 세상을 탐색하려고 한다. 그의 연구에 따르면, 안정적인 애착 관계를 경험한 영아는 이를 토대로 긍정적인 인간관계 및 사회적 관계를 형성하게 된다. 이렇게 형성된 애착은 인간의 전 생애에 걸쳐 직접적이고 지속적으로 영향을 준다. 또한 이때 형성된 애착의 질은 평생 유지된다.

언제까지 아이 옆에 붙어 있을 수는 없다. 육아휴직을 할 수 있는 기간은 정해져 있다. 그래서 아이를 위해 어느 때에 나의 시간을 투자할지 결정해야 했다. 나는 아이에게 엄마의 손길이 꼭 필요할 때, 아이가 엄마의 품을 원할 때 충분히 아이 곁에 있어주기로 했다. 그리고 아이가 어린이집이라는 환경에서 스트레스받지 않고 엄마 품에서 자유롭고 편안하게 생활할 수 있도록 도와주고 싶었다. 그래서 아이를 최대한 내 손으로 키워보기로 했다. 다시는 오지 않을 아이와 나만의 시간. 언젠가 아무리 그리워해도, 되돌리고 싶어도 오지 않을 시간임을 안다. 그래서 이 시간이 더 소중하게 느껴졌다.

어른들이 '아이는 태어나서 세 살까지 평생 할 효도를 다 한다'고 말씀하신다. 이 시기는 부모가 아이에게 사랑을 주는 것 같지만 사실 아이에게 매우 큰 사랑을 받는 때이기도 하다. 나 또한 아이의 사랑을 넘치게 받고 있다. 아이는 온종일 나만 바라본다. 애교를 떨고, 사랑 고백을 한다. 평생 이런 사랑을 언제 받아볼까 싶을 정도로 사랑을 받는다. 그런데 아이가 언제까지 나를 바라봐줄까? 아이가 언제까지 나에게 뽀뽀를 해줄까? 아이가 언제까지 나와 놀아줄까? 그 시간은 절대 길지 않다.

유아 홈스쿨링의 시작

아이에게 엄마 품이 꼭 필요한 시기가 있다는 것을 알게 되었다. 아이는 절박하게 엄마 품을 원했다. 그래서 나는 아이를 위해 두 번이나 어린이집 퇴소를 결정했다. 아이가 엄마를 필요로 할 때 아이 곁에 있어주기로 했다. 그러자 불안해하고, 짜증을 부리고, 엄마와 떨어지지 않으려고 하던 아이의 온갖 부적응 행동들은 엄마 품에서 모두 사라졌다.

그렇게 어린이집 대신 유아 홈스쿨링을 시작했다. 하지만 이것이 그리 대단한 결정은 아니다.

"어린이집 안 갈래요. 엄마랑 놀고 싶어요. 나는 엄마랑 노는 게 재미있어요."

아이의 말에 그저 반응한 것뿐이다.

성인이 된 자녀를 둔 지인을 만났다. 그분의 이야기를 듣고 큰 용기를 얻었다.

"저도 아이들 어렸을 때 직접 키웠어요. 힘들었지만 지금 생각해보면 정말 잘했다 싶어요. 그 시간이 만들어준 끈끈함이 있어요. 그 시간의 힘, 끈끈한 관계의 힘으로 육아하는 거예요. 저도 그 덕에 아이들 질풍노도의 사춘기 시기도, 대학 입시의 어려움도 다 견뎌낼 수 있었죠. 그러니 힘들어도 아이 어렸을 때 잘 데리고 키워요. 그 시간을 놓치지 말아요. 아이가 더 크면 그렇게 하고 싶어도 못 해요."

아이와 함께 하는 시간은 정말 소중하다. 아이가 어릴수록 그 시간은 더 큰 의미를 갖는다. 아이를 키우는 것이 힘든 일임은 분명하지만, 지금이 아니면 경험할 수 없는 소중한 시간이다. 다시는 오지 않을 아이와 나의 시간이다.

내가 지금 아이를 어린이집에 보내지 않는다고 해서 평생 아이를 끼고 키우겠다는 말은 아니다. 내 육아의 목표는 '아이의 건강한 자립'이다. 그래서 아이를 어린이집에 보내지 않고 내 손으로 키우는 이 시간은 아이의 자립을 위한 첫 번째 단계다. 지금 내가 아이와 이렇게 붙어 있는 이유는 아이와 잘 떨어지기 위해서다. 아이는 엄마와 함께 한 시간을 발판 삼아 아이의 때에, 아이에게 가장 잘 맞는 방법으로 건강하게 홀로 설 수 있을 것이다. 간증과도 같은 지인의 이야기를 통해 꿈을 꾸었다. 아이와 함께 하는 지금 이 시간을 통해 더욱 단단해질 아이와 나의 미래를 말이다.

독일의 저명한 천재 법학자 칼 비테 주니어^{Jr. Karl Witte}를 길러낸 아버지 칼 비테^{Karl Witte}는 아내에게 이런 글을 담아 편지를 보냈다.

칼이 천재가 될지 바보가 될지는 날 때부터 결정된 게 아니라 우리가 교육하기에 달렸소. 그중에서도 가장 중요한 건 태어난 순간부터 5세까지의 교육이오.

아이에게 엄마가 필요한 시기는 언제일까?

그 시간을 놓치지 말자. 다시는 오지 않을 아이와 엄마의 시간이다.

나는 나답게,
아이는 아이답게 살면 돼

"종일 애들이랑 뭐 하고 놀아요?"
"어린이집 안 가니까 아이가 심심해하지 않아요?"
"다른 거 뭐 안 시키세요?"

아이들을 어린이집에 보내지 않고 키우는 것을 아는 지인들은 나에게 이렇게 묻는다. 그게 정말 가능하냐는 듯한 표정으로 바라보면서 말이다.

어린이집에 가지 않아도 우리 아이들은 바쁘다. 심심할 틈이 없다. 노느라 바쁘고 새로운 세상을 탐색하느라 지루할 틈이 없다. 어린이집뿐 아니라 다른 어떤 사교육도 시키지 않는다. 그래도 아이들은 책에서, 자연에서, 예술을 통해, 대화 안에서 배우며 성장하고 있다.

코로나보다 무서운 가정 보육

코로나바이러스감염증-19$^{COVID-19}$로 사회적 거리두기가 4단계로 격상되었다. 일상이 마비되었다. 어린이집 역시 휴원이 결정되었다. 모든 사람은, 특히 어린아이를 키우는 부모들은 더욱 조심했다. 그래서 힘들어도 아이들을 어린이집에 보내지 않는 부모들이 많았다. 그런데 두 주가 지나고, 또 두 주가 지나도 사회적 거리두기는 여전히 4단계를 유지했다. 코로나가 걱정되어 아이를 어린이집에 보내지 않던 부모들이 긴급돌봄을 신청하며 하나둘씩 다시 어린이집에 보내기 시작했다. 그리고 한 달쯤 후에는 대부분의 아이가 다시 어린이집에 등원한다는 이야기를 들었다. 코로나보다 무서운 것이 가정 보육이다. 하루 종일 아이를 집에 데리고 있는 것은 정말 어렵기 때문이다.

나도 그랬다. 계속 두 아이를 끼고 키우고 있었지만, 어린이집을 퇴소하니 막막했고, 힘에 부쳤다. 하루에 겨우 두세 시간, 두어 달 다녔는데도 말이다. 밤이 되면 내일 할 놀이 시간표를 짜야 할 것 같았다. 아니면 아이들과 갈 수 있는 곳의 리스트라도 뽑아놔야 할 것 같았다. 유재석과 이적이 부른 〈말하는 대로〉라는 노래의 가사가 꼭 내 마음과 같았다.

'하루를 견디고 불안한 잠자리에 누울 때면 내일 뭐하지 내일 뭐하지 걱정을 했지.'

어린이집에 보내지 않으니 무언가 더 해줘야 한다는 생각에 부담이 되었다. 하지만 그만큼 내가 해줄 수 있는 것은 별로 없는 듯해 답답하기만 했다. 긴긴 하루를 도대체 어떻게 보내야 할지, 어떻게 놀아줘야 할지 막막했다.

하지만 아이와 보내는 삶은 생각보다 단순했다. 아이의 흥미와 호기심만 따라가면 되었다. 아이를 위해 무언가를 해주려는 마음을 접었다. 아이가 하고 싶어 하는 것을 잘 살피고, 함께 해주었다. 아이가 만나는 세상은 호기심 천국이었다. 그래서 아이는 알고 싶은 것도, 하고 싶은 것도 정말 많았다. 나는 그저 아이의 눈을, 아이의 손을, 아이의 발을 따라가주었다.

집에서 아이들과 함께 하는 일상

어린이집에 보내지 않고 집에서 아이들과 함께 하는 일상은 어떨까? 우리는 이렇게 하루를 보낸다.

아침에 바쁘게 나갈 일이 없으니 서둘러 아이들을 깨우지 않는다. 아이들은 푹 자고 기분 좋게 일어난다. 거실로 나와 조용히 책을 읽기도 하고, 지난밤에 남겨둔 놀잇감을 가지고 다시 놀기도 한다. 둘째도 돌 이후부터는 누나 옆에 앉아 책을 읽기도 하고, 놀기도 한다. 나는 아침 식사를 준비한다. 그리고 음악을 듣거나 여러 번 읽은 책의 이야기 CD를 들으면서 여유롭게 밥을 먹는다.

밥을 먹고 나면 아이들은 거실과 방을 쭉 훑어본다. 생기 가득한 눈빛으로 놀거리를 찾는다. 매일 노는 것은 다르다. 집에 있는 물건이나 장난감은 똑같은데 매일 노는 방법이 다르니 참 신기하다. 블록 놀이를 하기도 하고, 자동차 놀이를 하기도 한다. 역할 놀이를 무한 반복하고, 패션쇼도 연다. 집 안을 다 살피고 다니며 놀거리를 찾아온다. '이걸 가지고 어떻게 놀지?' 싶은 것도 아이들은 잘만 가지고 논다. 놀다가 신나는 음악이 나오면 함께 일어나 춤을 춘다. 노래를 부르며 악기를 연주하기도 한다.

충분히 놀고 나면 책을 들고 와 엄마 무릎에 앉는다. 두 아이를 양쪽 다리에 앉히기도 하고, 양옆에 앉히기도 한다. 한참 동안 책 읽기에 빠져든다. 아이들은 가끔씩 털썩 주저앉아 혼자 책을 보기도 한다.

놀이터에 나가서 놀거나 동네 산책을 한다. 정해진 시간이나 장소는 없다. 그날그날 아이와 이야기를 하며 가고 싶은 곳을 정하고, 하고 싶은 것을 한다.

점심 메뉴는 아이들과 함께 정한다. 함께 재료 준비를 하기도 하고, 쉬운 요리는 다 같이 하기도 한다. 때로는 점심 준비를 위해 오전에 장을 보러 가기도 한다. 엄마가 요리하는 동안 아이들은 싱크대 밑에 자리를 잡고 논다.

점심을 먹고 둘째가 낮잠을 잘 때면 첫째 아이와 데이트를 한다. 어린 동생이 있어서 마음껏 하지 못하던 것을 충분히 한다. 물감으로 색칠 놀이를 하고, 만들기도 한다. 아이는 하고 싶던 이야기 보따리를 마음껏 풀어놓는다.

첫째 아이는 세 살 후반부터 낮잠을 자지 않는다. 재우려고도 해보았지만, 더 스트레스받는 모습을 보여 억지로 낮잠을 재우지 않는다. 게다가 동생 없이 엄마를 독차지할 수 있는 시간이기에, 아이는 이 시간을 늘 기다린다.

어떤 날은 아침부터 밖에 나간다. 공원으로, 박물관으로, 동물원으로, 식물원으로. 아이들이 가고 싶어 하거나 관심을 보이는 곳으로 간다. 도시락을 챙겨 나가 아침부터 온종일 논다. 밖에서 오랫동안 놀고 온 날이면 아이들은 집에 와서 더 책을 찾는다. 혼자 앉아 한참 동안 책을 본다. 아이들이 읽고 나서 산처럼 쌓인 책을 보면 깜짝 놀랄 때도 있다.

저녁밥을 준비하며 아빠를 기다린다. 종종 지하 주차장까지 마중을 나간다. 아빠를 기다리는 우리에게도, 도착해 안아주는 아빠에게도 모두 설레는 시간이다. 때론 엘리베이터 앞에서 기다리다 아빠를 깜짝 놀라게 하기도 한다. 집 안에서 숨어 있다 아빠가 오면 바로 술래잡기를 시작하기도 한다.

한바탕 더 신나게 놀고 온 가족이 함께 놀잇감을 정리한다. 아이들이 더 놀고 싶어 하는 물건은 굳이 치우지 않는다. 안방으로 들어와 아이들이 고른 책을 한 권씩 읽는다. 그리고 함께 누워 기도한다. 음악을 들으며 도란도란 이야기를 나누다 잠이 든다.

어떠한가? 대단하거나 특별한 것은 없다. 그저 아이의 눈높이에서 아이와 함께 놀기 위해 노력하고, 아이의 눈빛을 보며 아이의 마음을 헤아리려 노력하는 것이다.

휴직을 하고 있지만, 직장에 다닐 때보다 더 바쁘게 하루를 보내고, 더 많은 일을 기꺼이 감당해내고 있다. 이런 일상을 통해 엄마의 내공이 길러지고 있다. 당장 눈에 보이는 성과는 없을지라도, 분명히 이 시간을 통해 아이들뿐 아니라 나 또한 훌쩍 커 있을 것이라 믿는다.

어린이집 안 보내도 괜찮아

어린이집 퇴소를 결정하고 유아 홈스쿨링을 시작하려 할 때 주변에 의견을 묻거나 도움을 받을 사람이 별로 없었다. 이 결정이 맞는지, 어떻게 해야 할지 몰라 고민할 때 아이를 어린이집에 보내지 않는 엄마를 찾기가 어려웠다. 주변에서 어린이집에 안 보내는 엄마를 볼 수 없으니 정말 그렇게 해도 될지 확신이 서질 않았다. 내 마음은 아이들을 데리고 있는 것이 맞다고 말하고 있었다. 하지만 사람들이 잘 가지 않는 길에 발을 내딛기까지는 크나큰 용기가 필요했다. 그래서 여러 책을 찾아보았다. 그리고 아이의 눈빛을 보며 결정했다.

아이의 어린이집 문제를 두고 고민하는 부모가 많을 것이다. 그런데 아무것도 모르는 어릴 때부터 어린이집에 보내야 한다거나 초반에 어떻게 적응시켜야 한다는 등의 조언을 해주는 사람은 많아도 어린이집에 보내지 않아도 된다고 말해주는 사람은 거의 없을 것이다. 하지만 나는 이렇게 말해주는 선배 엄마가 되고 싶다.

"어린이집? 안 보내도 괜찮아. 엄마 품이 필요한 시기에는 엄마가 데리고 있는 것이 좋아. 나도 우리 애들 어린이집 안 보내고 끼고 키웠어. 집에 데리고 있는 거? 어렵지 않아. 어린이집에 보내지 않고도 아이와 행복하게 잘 지낼 수 있어."

누군가는 나에게 이렇게 물을 것이다. 그래서, 그렇게 악착같이 애 끼고 키워서 애가 얼마나 잘 컸냐고, 어떤 결과가 있냐고 말이다. 하지만 그런 아웃풋이 하루아침에 나올 수도 없고, 그것을 기대하고 시작한 것도 아니다. 어린이집에 다니는 다른 아이들과 비교할 수도 없고, 비교하고 싶지도 않다.

그저 나는 나답게, 내 아이는 내 아이답게 잘 살고 있을 뿐이다.

하루하루를 즐기고, 감사하며 오늘도 룰루랄라~ 씰룩쌜룩~ 행복하게 잘 살고 있다. 그것으로 충분하다.

2장
엄마 품 놀이터에 온 것을 환영해

아이와 베프 되는
엄마 품 놀이터

"소유는 왜 어린이집 안 보내요?"

첫째 아이와 함께 어린이집에 다니던 아이가 내게 다가와 물었다. 네 살짜리 아이의 질문에 나는 순간 할 말을 잃었다.

"어, 소유는 엄마랑 집에서 놀아. 그래서 어린이집에 안 가."

그랬더니 아이는 엉뚱한 이야기를 꺼냈다.

"나도 책 읽는 거 좋아해요. 나도 도서관 갈래요."

아이가 하는 말이 무슨 뜻인지 알 수 없어 고개를 갸우뚱하며 아이를 바라보았다. 그러자 아이의 엄마가 이야기했다.

"소유가 왜 어린이집에 안 오냐고 묻더라고요. 그래서 소유는 엄마랑 집에 있고, 도서관에도 간다고 이야기했어요. 그랬더니 자기도 엄마랑 집에 있고 싶다고 하더라고요. 도서관도 가고 싶다고요. 그럼 어린이집 친구들을 못 만난다고 하니, 그래도 괜찮다고 하더라고요. 소유처럼 엄마랑 집에 있고 싶다고요."

그 아이에게도, 아이 엄마에게도 책 육아나 홈스쿨링에 관해 이야기한 적이 단 한 번도 없었다. 그런데 그 아이는 내 육아를 꿰뚫고 있는 것만 같았다. 엄마와 함께 있는 것, 책으로 키우는 것 말이다. 하지만 더욱더 놀라운 것은 시시하고 재미없어 보일 수도 있는 우리 딸의 일상을 그 아이가 부러워하고 있었던 것이다.

엄마와 함께 언제나 마음껏 놀 수 있는 아이들의 놀이터

나는 아이들에게 어린이집 대신 '엄마 품 놀이터'를 만들어주었다. 엄마와 함께 언제나 마음껏 놀 수 있는 아이들의 놀이터, 그곳이 바로 '엄마 품 놀이터'다. 나와 우리 아이들은 어린이집에 가지 않고도 매일 바쁘다. 늘 새롭고 즐겁다. 그렇다면 아이들은 '엄마 품 놀이터'에서 무엇을 할까? 지금부터 '엄마 품 놀이터'에서 우리 아이들이 하는 것들을 소개한다.

미국 보스턴에서는 모든 아이가 인생에서 훌륭한 출발을 할 수 있도록 '보스턴 베이직스Boston Basics'를 시행한다. 이는 인종 간, 계층 간의 격차를 해소하고 사회적 성취를 높이기 위해 하버드대학교에서 개발한 것이다. 보스턴 베이직스는 생후 3년 동안 뇌 성장의 80%가 이루어진다는 사실을 기초로 한다. 그래서 출생부터 세 살까지의 아이들에게 부모와의 상호작용을 통해 평등한 삶을 시작할 기회를 제공하고자 한다. 이를 바탕으로 보스턴 베이직스에서는 뇌 발달을 위한 다섯 가지 습관The Basics을 일상화하도록 제시하고 있다.

이때 제시한 습관은 첫 번째, 사랑 극대화 및 스트레스 관리maximize love, manage stress, 두 번째 말하기, 노래하기, 가리키기talk, sing, and point, 세 번째 수 세기, 그룹화, 비교count, group, and compare, 네 번째 움직임과 놀이를 통한 탐구explore through movement and play, 다섯 번째 독서 및 토론read and discuss stories이다.

나는 이것을 '엄마 품 놀이터'에 적용해보기로 했다. 다섯 가지 내용 중 특별히 놀이, 책, 음악과 관련된 활동에 중점을 두고 실천해보았다. 이를 바탕으로 한 '엄마 품 음악 놀이터'의 목표는 다음과 같다.

> **'엄마 품 놀이터'의 목표**
>
> 1. 자유롭게 놀면서 즐거움을 경험한다.
> 2. 스스로 책을 찾아 읽고, 책 읽는 것을 즐긴다.
> 3. 음악의 아름다움을 느끼고 즐기며, 자유롭게 표현한다.

놀이로 오감을 자극하는 엄마 품 놀이터

세계 최초의 놀이연구소 '영국 케임브리지대학교 부설 놀이 발달연구소 Center for Research on Play in Education, Development and Learning' 소장 데이비드 화이트브레드 David Whitebread는 놀이에 대하여 이렇게 말했다.

인간이 이렇게 진화할 수 있었던 이유는 놀이에 대한 자유를 허용해줬기 때문입니다. 놀이는 인간의 성장과 다양한 발달에서 매우 중요한 역할을 합니다. 놀이의 긍정적 효과가 아이들에게만 국한되는 것도 아닙니다. 사실 놀이는 아동뿐 아니라 우리 모두의 정신 건강에 도움을 줍니다.

삶에서 놀이는 정말 중요하다. 잘 놀아야 공부도 잘하고 일도 잘할 수 있다. 특히 어린아이들에게 놀이는 삶의 전부라고 해도 과언이 아니다. 연세대학교 김명순 교수는 "아이에게 놀이를 빼앗는 것은 세상을 배울 기회를 앗아가는 것이다"라고까지 말했다.

'엄마 품 놀이터'의 첫 번째 요소는 바로 '놀이'다. 나와 아이들은 매일 마음껏 논다. 나는 우리 아이들이 잘 놀 수 있게 도와주고 싶다. 물론 어린이집에도 '놀이 시간'이 있다. 하지만 조금 더 자유롭게, 아이가 스스로 놀 수 있도록 해주고 싶다.

EBS 교육다큐멘터리 〈놀이의 힘〉에서는 진짜 놀이의 4가지 요소를 제시했다. 그것은 '자발성', '주도성', '즐거움', '무無목적성'이다. 무엇을 하겠다거나 무엇을 얻겠다는 목적 없이 스스로 주도하며 즐겁게 시간을 보내는 것이 진짜 놀이라는 것이다. 그리고 그 진짜 놀이와 가짜 놀이를 가늠하는 기준은 바로 아이들에게 있다고 했다.

나는 우리 아이들이 '진짜 놀이' 하는 것을 꿈꾼다. 정해진 시간표대로, 누군가가 시키는 대로, 다른 친구들이 해서 어쩔 수 없이 하는 놀이가 아니라 아이가 주인공이 되어 스스로 즐겁게 노는 것 말이다. '엄마 품 놀이터'에서 우리 아이들은 그렇게 놀고 또 논다.

책의 바다에 빠지는 엄마 품 놀이터

생체학자 리처드 E. 스캐몬Richard E. Scammon은 연령에 따른 뇌 발달 정도를 성장곡선으로 제시했다. 그에 따르면 생후 6세까지 인간의 뇌는 폭발적으로 성장하며, 성인의 90% 수준까지 발달한다. 전문가들은 이러한 시기를 '결정적 시기critical period'라고 부른다. 따라서 이 시기에 아이들에게 좋은 책을 많이 읽어주며 지적인 자극을 해주는 것은 매우 중요하다.

미국소아과학회는 생후 6개월 이상의 아이에게 책을 지속적으로 읽어준 경우, 아이의 머리가 좋아졌다는 연구 결과를 발표했다. 부모가 책을 읽어줄 때마다 수천 개의 뇌세포가 반응했다. 그를 통하여 시냅스 간의 연결 구조가 밀접해지고 단단해지며 새로운 세포가 만들어진다는 것이다. 또한 뉴질랜드 오클랜드대학교에서도 비슷한 연구 결과를 발표했다. 부모가 책을 읽어준 시기가 빠른 아이는 그렇지 않은 아이에 비해 언어 및 수리 능력이 크게 앞섰다.

'엄마 품 놀이터'의 두 번째 요소는 바로 책이다. 아이에게 넓은 세상이 있음을 알게 해주고 싶다. 그리고 세상에서 스스로 생각하고 현명하게 판단할 수 있는 아이로 자라나도록 도와주고 싶다. 그래서 나는 아이가 다양한 세상을 접하고 더 넓은 세상으로 나갈 수 있도록 책을 발판 삼아 길을 열어주고자 한다.

나는 아이에게 매일 책을 읽어주고, 책으로 놀며, 책과 삶을 연결하려고 노력한다. 아이가 크게 성장하는 시기에 좋은 책들로 아이의 삶을 풍요롭게 채워주고자 한다. 이를 통해 아이가 스스로 책을 찾아 읽고 책 읽는 것을 즐기는 건강한 독자로 성장하기를 기대한다.

음악으로 감성을 키우는 엄마 품 놀이터

인류 역사상 가장 위대한 발명품은 클래식 음악이다. 음악 지능은 8가지 지능 중 가장 먼저 계발되어 모든 지능 개발에 영향을 준다.

다중지능이론을 제시한 하워드 가드너 Howard Gardner 는 이처럼 여러 지능 중 음악 지능의 중요성을 강조했다. 또한 뇌과학자 다키 야스유키 瀧 靖之 는 뇌의 발달 측면에서 생애 첫 학습은 반드시 음악이어야 한다고 말했다.

나는 부모님 덕분에 어렸을 때부터 음악을 자주 접했다. 피아노와 첼로를 배우며 아름다운 소리에 반했다. 음악은 나의 마음을 표현하고 정화하는 좋은 도구였다. 초등학교, 중학교 시절에 스트레스를 받거나 힘든 일이 있을 때면 방에 들어가 피아노를 쳤다. 한 시간이든 두 시간이든, 밤이든 낮이든 상관없이 쳤다. 배운 연주곡을 치기도 하고, 노래를 부르며 연주하기도 하고, 즉흥적으로 떠오르는 것을 표현하기도 했다. 온 마음의 감정을 온몸에 담아 건반을 눌렀다. 얼굴이 새빨개지고 땀이 날 정도로 피아노를 치고 나면 모든 것이 다 괜찮아졌다.

'엄마 품 놀이터'를 채우는 세 번째 요소는 바로 '음악'이다. 나는 아이와 노래를 부르고, 악기를 연주한다. 음악을 들으며 춤을 추고 즐긴다. 음악은 말이나 글, 표정이나 행동으로 표현할 수 없는 깊고 세밀한 것까지 모두 표현할 수 있다. 음악 안에서 우리는 자유롭고 무한하다. 그리고 무엇보다 음악은 아름답다. 그래서 나의 삶에 가득했던 음악을 아이의 삶에도 가득 채워주고 싶다. 아이가 음악으로 인해 자유롭고 풍요롭게 살아가기를 바라면서 말이다.

이처럼 엄마 품 놀이터는 놀이, 책, 음악으로 구성된다. 많은 것을 하지 않아도 된다. 이 세 가지만으로도 아이와의 시간은 풍요롭게 채워진다. 세 가지 활동뿐이지만 이를 통해 경험하고 느끼고 즐기는 일상은 매일 다채롭고 새롭다.

"아~ 엄마 품에 있어서 좋아요. 엄마는 내 친구예요. 엄마, 나랑 짝꿍 해요."

"나는 엄마랑 같이 놀아서 정말 기뻐요. 내일도 엄마랑 놀고, 다음 주에도 엄마랑 놀고 싶어요."

아이가 나에게 한 이야기다. 아이에게 이런 고백을 받고 싶지 않은가? 아이의 친구가 되고 싶지 않은가? 지금부터 각자의 '엄마 품 놀이터'를 만들어보는 건 어떨까? 앞으로 제시하는 엄마 품 놀이터의 특징과 내용을 참고하면서 누구나 멋진 아이와의 시간을 만들 수 있다.

언제나 네가
주인공이란다

　동물원에서 길을 걷다가 한 아빠의 목소리를 들었다.
　"애들아, 너희들 뭐하니? 동물을 보기는 하는 거니? 여기, 여기. 동물 좀 봐봐! 응?"
　내가 보기에도 아이들은 동물에 관심이 없는 듯했다. 동물 쪽으로는 아예 고개도 돌리지 않고 있었다. 일부러 동물원에 데려왔는데 동물은 쳐다보지도 않고 딴짓만 하는 아이들을 보면, 아빠는 얼마나 화가 나고 답답할까? 관심도 없는 동물을 자꾸 보라고 하는 아빠의 잔소리가, 아이들은 얼마나 듣기 싫고 짜증이 날까? 아빠의 마음에 공감되면서도, 아이들의 입장이 이해되었다.

엄마가 아니라 아이를 위한 시간표

부모는 누구나 자신의 아이가 잘 놀고, 깊이 배우고, 많이 경험하기를 바란다. 그래서 아이를 위해 이런저런 일을 계획하고 준비하고 실행한다. 그런데 그것들이 정작 아이에게는 전혀 와닿지 않을 때가 있다.

둘째가 태어난 지 백일 만에 온 가족이 나들이를 떠났다. 막히는 도로를 뚫고 두 시간여 만에 바다에 도착했다. 그런데 아이는 신발에 모래가 들어간다며 모래사장에 들어가는 것부터 싫어했다. 아이를 안고 바닷물 가까이에 갔는데 물에 안 들어간다며 발버둥을 쳤다. '두 시간 넘게 차를 타고 바다에 왔는데. 뭐지? 이 반응은?' 아이는 몸에 바닷물 한 방울조차 묻히지 않으려 했다. 어쩔 수 없이 우리는 바다에 들어간 지 10분도 안 되어 발걸음을 돌려야만 했다. 점심을 먹고 다시 긴 자동차 여행 끝에 집으로 돌아왔다.

바다에 가고 오는 내내 그네를 타러 가자고 조르던 아이를 데리고 집 앞 놀이터에 갔다. 아이는 세상을 다 얻은 듯한 환한 미소로 신이 나서 그네를 탔다. "야호!" 소리를 지르며 해가 질 때까지 그네를 탔다.

무엇이 아이를 위한 것일까? 아이가 좋아하리라 생각해 나들이를 준비했다. 하지만 정작 아이에게 나들이는 그 어떤 재미도, 의미도 없었다. 굳이 멀리 가서 고생할 필요가 없었다. 언젠가 바다를 좋아할 날이 오겠지만, 이때는 아니었다. 아이에게는 바다보다 그네가 더 재미있는 것이었다. 아이가 좋아하는 것을, 하고 싶어 하는 것을 하게 해주었어야 했다.

나는 상당히 계획적인 사람이다. 스케줄을 짜고 계획대로 실행하는 것에 만족을 느낀다. 처음 아이를 키울 때, 이런 나의 성향을 아이에게 그대로 적용하려 했다. 육아 서적에 나오는 시간표대로 아이를 재우고, 먹이려 해보았다. 하지만 아이는 재우려고 한 시간에 자지 않았다. 그리고 생각지도 않았던 시간에 배고파했다. 다른 것은 몰라도 잠만은 정해진 시간에 재우고 싶었다. 하지만 아이는 낮에도, 밤에도 내 계획대로 자주지 않았다. 내가 아무리 시간표를 짜고, 시간표대로 키워보려고 해도 되지 않았다.

아이와 함께 있는 시간에는 계속 무언가를 해줘야 할 것 같았다. 매일 책을 보고, 놀이를 하고, 영어도 들려줘야 할 것 같았다. 온종일 아이와 할 거리가 있어야 할 것 같았다. 그래서 열심히 준비했다. 하지만 아이는 엄마가 시키는 것에는 금세 흥미를 잃었다. 아무리 비싼 장난감도, 좋은 책도, 억지로 들이미는 것은 아이의 관심 밖이었다.

나의 시간표가 아이의 시간표가 될 수 없다는 것을 깨달았다. 내가 시켜서 하는 것은 아이에게 즐거움이 될 수 없다는 것을 알게 되었다. 그래서 엄마의 시간표를 없애기로 했다. 아이가 하고 싶은 것을, 아이가 원하는 때에, 아이가 원하는 방법으로 할 수 있게 했다. 이와 같은 엄마 품 놀이터의 첫 번째 특징은 '자유'다.

엄마 품 놀이터의 특징 1 : 자유

'자유'라고 해서 아이를 방치하는 것은 아니다. 엄마의 관심과 의도가 없는 자유는 아이에게 아무런 의미가 없다. 그렇다면 엄마의 역할은 무엇일까? 나는 독창적인 교육관과 방법으로 아들을 키운 칼 비테Karl Witte의 교육 원칙에서 해답을 얻었다. 칼 비테는 부모의 시간표대로 자녀를 키우지 않았다. 아들의 흥미와 호기심을 따라가면서 스스로 배우고 익힐 수 있게 했다.

> 내 기본 원칙은 첫째 칼이 배우고 싶어 해야 하고, 둘째 칼에게 가장 필요한 것을 가르쳐야 하고, 셋째 가장 이해하기 쉽게 가르쳐야 한다는 것이다. 우리는 부모로서 칼에게 그저 용기를 북돋우고 동기를 부여하고 칭찬을 하고 보상을 주었다. 나머지는 칼이 스스로 했다.

나 역시 아이가 자유롭게 놀며 배울 수 있도록 몇 가지 원칙을 세웠다.

☼ 첫째, 아이가 흥미와 호기심을 갖도록 유도하되, 강요하지 않는다

아이는 집에서 생활하면서 늘 주변을 관찰하고 놀거리를 찾았다. 나는 아이가 더 재미있게 놀고 새로운 것에 도전할 수 있도록 집 안 환경에 변화를 주었다. 책이나 물건, 가구의 배치를 자주 바꾸었다. 아이가 관심을 보이는 주제에 관한 책이나 물건을 무심히 툭, 아이 눈에 잘 보이는 곳에 두기도 했다. 그리고 아이가 좋아하는 주제에 대해 아빠와 자주 대화를 나누었다. 아이가 듣다가 언제든 대화에 참여할 수 있도록 했다. 한참 빠져 있는 놀잇감이나 책은 아침에 일어나자마자 놀이나 독서를 이어갈 수 있도록 굳이 치우지 않았다. 또 아이가 다양한 경험을 할 수 있도록 노력했다. 매일 밖에 나가 나무와 꽃을 관찰하고, 버스나 차도 지켜보았다. 공원, 박물관, 동물원, 식물원에 가서 다양한 것을 보고 느끼도록 했다. 그리고 집에 돌아오면 관련된 책을 찾아보고, 이야기를 나누었다.

하지만 그 어느 것도 절대 강요하지 않으려고 노력했다. 새로 사 준 책에 아이가 눈길 한번 주지 않아도 아무 말도 하지 않았다. 억지로 읽으라고 책을 들이밀지 않았다. 일부러 예약까지 하고 보러 간 공연이 무섭다며 나가자고 해도 아무렇지도 않게 돌아섰다. 억지로 더 있어보라고 밀어붙이지 않았다. 그러다 보니 아이는 부담 없이 하고 싶은 것을 했다. 그리고 처음에는 관심조차 없던 것에 대해 한참 후에 흥미를 보이기도 했다. 엄마가 하라고 하지 않아도 아이는 알아서 놀고, 책을 읽고, 배웠다.

☀ 둘째, 허용한다

아이가 하고 싶어 하는 것은 위험하지 않은 이상 되도록 허용해주었다. 시간, 장소, 방법 등 모든 면에서 아이가 하고 싶은 것은 해보게 했다. 집 안 어디서든 놀 수 있도록 해주었다. 쓰레기든 엄마 물건이든 가지고 놀고 싶으면 놀고, 무언가를 만들고 싶으면 만들어 놀도록 해주었다. 이른 아침이든 늦은 밤이든 아이가 원하면 놀이터에 가서 놀았다. 책을 보고 싶으면 새벽까지 책을 쌓아놓고 읽기도 했다. 무언가를 열심히 만들었는데 딱 한 번 놀고 말아도, 혹은 일주일 내내 가지고 놀아도 허용해주었다. 실수해도, 끝까지 다 하지 않아도, 엉성해 보여도 허용해주려 노력했다.

하지만 도움이 필요할 때는 도움을 주었다. 배움이 필요할 때는 가르쳐주었다. 대신 해줘야 할 때는 대신 해주기도 했다. 그리고 시도해본 것에 관해 이야기를 나누었다. 어떻게 해보았는지, 느낌이 어땠는지 대화를 나누었다. 아이는 안전한 엄마 품에서 다양한 것을 계속 시도하고, 도전해보았다.

☀ 셋째, 뜨겁게 반응해준다

아이가 빙그르르 돌며 멋진 춤사위를 보여줄 때, 서툴지만 정성껏 그린 그림을 보여줄 때, 핏대를 세워가며 노래를 불러줄 때, 재활용품으로 새로운 물건을 만들어 올 때, 엄마에게 책을 읽어줄 때, 그 언제든 물개박수를 쳐주었다. 감격해주고, 놀라워해주었다. 나도 함께 웃으며 춤을 추기도 하고, 노래를 부르기도 했다. 아이가 만든 작품은 집 안 곳곳에 붙이고, 전시해놓았다.

아이는 엄마의 칭찬에 춤을 추는 고래처럼 즐거워했다. 아이는 자신의 작품이나 공연을 두 번, 세 번 보여주고 또 보여주었다. 아이는 엄마의 환호와 함께 음악이든, 미술이든, 독서든, 춤이든 더 즐기게 되었다. 성취감을 경험하고, 자신감을 얻게 되었다.

인천 재능대학교 부속유치원에서 재미있는 실험을 했다. 유치원생을 두 그룹으로 나누어 30분 동안 '특정 놀이'와 '자유 놀이'를 하게 한 뒤 반응을 확인한 것이다. 첫 번째 그룹의 아이들에게는 30분 동안 '블록 놀이'를 하도록 했다. 그리고 두 번째 그룹의 아이들에게는 30분 동안 자유롭게 하고 싶은 놀이를 하도록 했다. 놀이가 끝난 뒤 교사는 아이들에게 지금까지 하던 놀이를 계속해도 되고, 다른 놀이를 선택해도 된다고 말하며 추가로 30분의 놀이 시간을 주었다. 그러자 첫 번째 그룹의 아이들은 모두가 블록 놀이가 아닌 다른 놀이를 하며 놀았다. 반면에 두 번째 그룹 아이들은 기존에 하던 놀이를 그대로 이어서 했다. 이 실험에서 두 그룹의 차이점은 놀이를 선택할 수 있는 '자유'뿐이었다.

전 세계에서 놀이에 대해 가장 활발하게 연구하는 나라는 바로 영국이다. 영국 정부는 2008년부터 3년 동안 많은 돈을 투자하여 놀이에 대한 새로운 정의를 내리고자 했다. 이러한 놀이 혁명을 통해 그들은 아이들의 놀이에서 가장 중요한 것은 바로 '자유'라고 결론 내렸다.

어른이 시켜서 하는 놀이는 진짜 놀이가 아니다. 아무리 '놀이'라는 이름을 붙이고, 장난감이나 교구를 넘치게 제시해도 아이에게 그것은 강요이고 과제일 뿐이다. 아이에게 자유를 줄 때 비로소 진짜 놀이가 시작된다.

어린 시절에 내가 한 공부는 내가 좋아서 스스로 선택한 것입니다.

칼 비테 주니어Jr. Karl Witte가 한 말이다. '엄마 품 놀이터'에서 나는 아이의 흥미와 호기심을 유발하고, 허용하며 반응하도록 노력했다. '엄마 품 놀이터'의 주인공은 엄마가 아닌 바로 아이이기 때문이다. 잠깐 욕심냈던 주인공의 자리를 아이에게 기꺼이 내어주었다. 주인공인 아이에게 스포트라이트를 비추어주자, 아이는 칼 비테 주니어처럼 스스로 놀면서 배웠다.

"엄마 품 놀이터에서는 언제나 네가 주인공이란다!"

3

마음껏 빠져들어도 괜찮아

"어머, 아이가 어쩜 이렇게 자전거를 잘 타요? 몇 살이에요?"
"네 살이에요."
"정말요? 저희 아이도 네 살인데 아직 자전거 못 타거든요. 진짜 잘 타네요. 운동신경이 좋은가 봐요."

자전거를 타고 아파트 단지를 돌고 있는 아이를 보고, 지나가던 아주머니가 내게 말을 걸었다. 그녀는 네 살 아이가 어쩜 저렇게 자전거를 잘 탈 수 있냐고 몇 번이나 이야기하며 아이에게서 눈을 떼지 못했다.

엄마 품 놀이터의 특징 2 : 몰입

우리 아이는 자전거를 잘 탄다. 아이가 뽐내는 화려한 스피드와 코너링을 보면 나도 깜짝 놀란다. 운동신경이라고는 눈곱만큼도 없는 엄마, 아빠 딸이 맞나 싶다. 아이가 대단한 능력을 갖추고 태어난 것은 아니다. 그런데도 어떻게 잘할 수 있냐고? 비결은 몰입이다. 그리고 연습이다.

김연아 선수 같은 대단한 운동선수도 아니고, 꼬맹이가 자전거 타는 것을 가지고 이런 이야기를 하느냐고 코웃음을 칠 수도 있다. 하지만 나는 아이의 하루하루를 보며 분명히 알게 되었다. 몰입의 힘을 말이다.

자전거 연습의 시작은 유모차 자전거에서부터였다. 유모차 자전거는 유모차처럼 엄마가 뒤에서 밀어주면 움직이는 세발자전거다. 두 살 때 아이는 사장님처럼 편안히 앉아 유모차 자전거를 탔다. 하는 것이라곤 손잡이를 잡고 폼을 잡는 것뿐이었다. 아이는 그것만으로도 자전거 타는 기분을 냈다.

그러다 세 살이 되었다. 키가 크면서 꽤 멀리 있는 페달에 발이 닿게 되었다. 그때부터 아이는 페달을 밟고 발 구르는 연습을 하기 시작했다. 집 베란다에서 연습을 했다. 아이는 매일같이, 하루에도 여러 번씩 베란다에 나가 자전거 타는 연습을 했다. 처음에는 내가 조금씩 밀어주었는데, 아이는 혼자서 하겠다고 했다. 잘 굴러가지 않던 바퀴가 조금씩 조금씩 앞으로 나가기 시작했다. 그 이후로 아이는 자전거 타기에 몰입하여 매일같이 연습하고 또 연습했다.

네 살이 되고 아이는 보조 바퀴가 있는 어린이 자전거를 타기 시작했다. 아이는 자전거에 앉자마자 바로 페달을 굴리며 앞으로 갔다. 밀어줄 필요도, 잡아줄 필요도 없었다. 연습의 내공은 어마어마했다. 아이는 새로운 자전거에 흠뻑 빠졌다. 마침 봄부터 새 자전거를 타기 시작한 터라 봄, 여름, 가을 내내 하루도 빼놓지 않고 자전거를 탔다. 아이는 더욱 몰입했다. 아파트 놀이터에서, 공터에서, 동네 산책길에서 자전거를 탔다. 날이 좋으면 당연히 자전거를 타러 밖으로 나갔다. 혹 비라도 오는 날이면 아파트 필로티 공간에서 자전거를 탔다. 아이는 자전거를 타면 날개라도 단 듯 훨훨 날아다녔다. 집에 들어가자고 해도 계속 페달을 밟고 달렸다. 아이는 자전거 타는 것에 깊이 빠져 있었다.

아이가 몰입한 것은 자전거뿐이 아니었다. 아이가 한참 공주에 관심을 보일 때, 아쿠아리움에 갔다가 인어공주 공연을 보았다. 그 시간을 계기로 아이는 인어공주에 빠져들었다. 매일 인어공주로 변신을 했다. 아이는 방에 들어가서 한참 동안 옷장을 뒤졌다. 그러고는 통이 넓은 바지 한쪽에 두 다리를 넣고 나타났다. 때로는 엄마 스타킹 한 짝에 두 다리를 넣은 채로 나타나기도 했다. 인어공주의 꼬리를 만들기 위해서였다. 바닥에 누워 수영하듯 온몸을 움직이기도 했다. 무릎으로 콩콩 뛰어 앞으로 가보기도 했다. 인어공주처럼 움직여보고 싶어서였다. 매일매일 인어공주는 진화했다. 누가 봐도 한눈에 '인어공주구나'라고 할 만큼 완벽하게 인어공주로 변신했다.

어느 날은 집에서 음악을 듣는데 인어공주 공연에서 들은 것과 비슷한 음악이 나왔다. 아이는 인어공주 노래라면서 그 노래를 흥얼거렸다. 노래에 맞추어 춤을 추며 아이만의 공연을 시작했다. 인어공주 공연에서 나온 대사를 따라 하기도 했다. 주인공이 쓰고 나왔던 선글라스나 왕관과 비슷한 소품을 찾아와 패션쇼를 하기도 했다.

도서관에 가서 인어공주 책을 찾았다. 아이는 그 책을 읽고 또 읽었다. 내용을 줄줄 다 외울 때까지 읽어달라고 했다. 그러고는 다시 인어공주 역할 놀이를 시작했다. 아이는 인어공주, 아빠는 왕자, 엄마는 마녀 역할을 했다. 책의 내용을 완벽하게 재현해냈다. 역할 놀이는 한번 시작하면 무한 반복이었다. 나는 여러 번 반복하면 지루해지기도 했지만, 아이는 여전히 즐거운 모습을 보였다. 밤이 되면 잠자리에 누워 인어공주 이야기를 했다. 내가 인어공주 책의 내용을 이야기하다가 아이에게 바톤을 넘기면 아이는 이야기를 이어갔다.

아이는 틈만 나면 인어공주 그림을 그려달라고 했다. 아직 자기가 표현하고 싶은 것을 다 그리지 못해서 그림을 그릴 때는 내가 도움을 주었다. 바닷속 모습과 인어공주를 그렸다. 그림을 그리는 동안 즉석에서 새롭게 꾸민 인어공주 이야기를 하기도 했다.

인어공주에 한껏 빠져 있는 아이를 위해 대학로에 가서 인어공주 뮤지컬을 보여주었다. 그리고 바닷속 동물들과 인어공주 모형이 예쁘게 꾸며져 있는 카페에 찾아갔다. 그럴수록 아이는 더 깊이 인어공주에 빠져들었다.

공주 이야기는 어떤 여자아이나 좋아한다고 할 수도 있을 것이다. 하지만 인어공주에 대한 아이의 관심은 책, 음악, 미술, 연극 등 수많은 분야의 활동으로 넓혀졌다. 아이는 좋아하는 것에 깊이 빠져들면서 다른 다양한 것들도 함께 배우고 경험해갈 수 있었다. 두려움 없이 새로운 것을 시도하고 도전할 수 있었다. 인어공주 덕이다.

엄마 품 놀이터의 두 번째 특징은 바로 무언가에 흠뻑 빠져드는 '몰입'이다. 클레어몬트대학교 심리학과 및 피터 드러커 경영대학원 석좌교수인 미하이 칙센트미하이^{Mihaly Csikszentmihalyi}는 쉽지는 않지만 그렇다고 버겁지도 않은 과제를 극복하는 데 자신의 실력을 쏟아부을 때 나타나는 현상을 몰입이라고 했다. 그는 몰입할 때 물이 흐르는 것과 같이 편안한 느낌, 혹은 하늘을 날아가는 것과 같이 자유로운 느낌을 경험한다고 했다.

아이들은 언제 어떻게 몰입을 경험할까?

아이는 자전거나 인어공주 외에도 책, 만들기, 킥보드, 춤, 자동차 등 다양한 영역에 몰입했다. 그 시간을 통해 아이는 배우고 성장했다. 이처럼 아이가 무언가에 몰입할 수 있도록 나는 다음의 네 가지를 실천했다.

☼ 첫 번째, 엄마가 항상 아이 곁에 있어주었다

미하이 칙센트미하이는 《몰입^{Flow}》에서 플로우를 느낄 수 있는 '자기 목적적 가정환경'을 제시했다. 목표와 피드백의 명료한 제시, 당면한 과제에 대한 집중, 내적 동기화, 통제감, 도전 의식을 독려하는 가정에서 성장한 아이들은 그렇지 않은 환경에서 자란 아이들에 비해 플로우를 경험할 수 있는 더 나은 기회를 얻는다고 했다. 이런 가정은 가족 구성원을 위해 많은 심리적 에너지를 쏟기에 곳곳에서 즐거움을 경험할 수 있다. 또한 아이들은 자유롭게 자아를 계발하는 데 관심을 쏟을 수 있다.

아이는 엄마와 함께 있으면서 하고 싶은 것은 무엇이든 했다. 하고 싶을 만큼 충분히 만들어보고, 망가뜨려보기도 했다. 그렇게 도전하며 성공도, 실패도 해보았다. 그때마다 나는 아이를 칭찬해주고, 때론 격려해주었다. 아이는 엄마라는 보호막 안에서 편안하고 자유롭게 이런저런 실험을 하며 몰입하고, 즐거움을 만끽할 수 있었다.

☼ 두 번째, 여유로운 시간을 만들어주었다

어린이집도, 다른 어디에도 다니지 않는 아이는 시간이 많았다.

꼭 해야 할 무언가가 있는 것도 아니고, 정해진 일정이 있는 것도 아니었다. 그래서 아이가 하고 싶은 것이 있을 때는 충분히 만족할 때까지 할 수 있게 했다. 오전이든, 오후든, 밤이든 아이가 원하면 했다. 오늘 다 못하면 내일도, 모레도 또 했다. 집이든 밖이든, 어디든 아이가 원하면 갔다. 시간이 많으니 아이를 재촉할 필요가 없었다. '빨리 해라', '그만 해라' 잔소리할 필요가 없었다. 그러니 아이는 어떤 방해도 없이 충분히 몰입할 수 있었다.

아이는 멍 때리는 시간도 많았다. 가만히 앉아서, 때론 누워서 멍하니 있었다. 그러다 갑자기 벌떡 일어나 무언가를 했다. 그럴 때는 어느 때보다 더 열중하는 모습을 보였다. 목욕탕 안에서 멍 때리다가 '유레카'를 외치며 알몸으로 거리에 뛰쳐나간 고대 그리스 수학자 아르키메데스처럼 말이다.

☼ **세 번째, 엄마인 나도 함께 몰입했다**

미하이 칙센트미하이의 《몰입의 즐거움 Finding Flow》에서는 모성과 몰입의 관계를 조사한 연구를 소개했다. 이를 통해 어머니가 육아에 정성을 쏟고 몰입하면서 즐거움을 얻을 수 있다고 했다. 실제 그 연구에 참여한 한 어머니는 아이와 함께 할 때 세상만사를 잊어버리고 푹 빠져든다고 했다.

나는 아이가 무엇에 관심을 두는지, 무엇에 빠져 있는지 알려고 했다. 그리고 그것을 함께 했다. 그렇게 아이와 역할 놀이를 하거나 무언가를 만들다 보면 나도 모르게 빠져들 때가 있었다. '내가 원래 이런 재능이 있었나?' 하는 생각이 들 정도로 즐겁게 빠져들었다.

☀ 네 번째, 불필요한 자극을 없앴다

미하이 칙센트미하이가 한 연구에 따르면, 책을 많이 읽는 사람은 몰입 경험을 많이 하고, TV를 많이 보는 사람은 몰입 경험을 적게 하는 것으로 나타났다. 우리 아이들은 TV를 보지 않는다. 나는 아이들에게 유튜브도, 애니메이션도 보여주지 않는다. 사람은 자극을 받을수록 더 큰 자극을 원하게 된다. 그래서 나는 어린 우리 아이에게 불필요한, 부적절한 자극을 주지 않으려고 노력했다. 대신 자연에 나가고, 책을 읽었다. 진짜 재미있고 아름다운 세상을 먼저 보고 경험하도록 했다. 아이는 자연스레 그것에 빠져들었다.

미국 인구 중 15%가 살면서 단 한번도 몰입 경험을 한 적이 없다고 한다. 우리 아이들은 어떨까? 아이들은 언제 어떻게 몰입 경험을 할 수 있을까?

간단하다. 아이들은 엄마 품에서 몰입을 경험할 수 있다. 불필요한 자극은 없애고 충분한 시간을 만들어주면 된다. 그리고 때론 같이 몰입하며 아이 곁에 있어주면 된다. 그러면 아이는 마음껏 빠져들 수 있을 것이다.

마음 끌리는 대로,
발걸음 가는 대로

 가을 하늘이 유난히 맑고 푸르른 날이었다. 미세먼지도 거의 없어 창밖으로 강 건너 산까지 깨끗하게 보였다.
 "오늘 날씨 정말 좋다. 하늘도 진짜 예쁘고. 이런 날은 하늘을 보러 가야지. 소유야, 우리 하늘 보러 갈래? 하늘공원 가자."
 "하늘공원이요? 우와! 좋아요."
 말이 끝나기가 무섭게 아이는 옷장에 가서 옷을 골랐다. 나는 얼른 도시락을 챙겼다. 이렇게 훌쩍 여행을 떠나본 적이 많아 그런지 나도, 아이도 금세 뚝딱 준비를 마쳤다.
 "우와! 신난다! 고고씽! 우리 맹꽁이 차도 타는 거죠?"

"그럼. 맹꽁이 전동차도 타야지. 엄마도 너무 신난다!"

우리는 차를 타고 곧장 상암 하늘공원으로 향했다. 파란 하늘이 너무 아름다웠다. 높은 공원에 올라와 더 높은 하늘을 바라보니 가슴이 뻥 뚫리는 것 같았다. 주중 오전 시간이라 공원에는 사람이 거의 없었다. 우리는 누구 눈치 볼 것 없이 마음껏 뛰어놀았다. 첫째 아이는 킥보드를 타며 신나게 달렸다. 둘째 아이도 아장아장 걸었다. 두 아이는 마음껏 뛰어놀다가 털썩 주저앉아 풀과 꽃을 보고 있었다. 그때 한 아저씨가 다가와 말을 걸었다.

"안녕하세요. 저는 매일경제신문 기자인데요. 아이들이 노는 모습이 너무 예뻐서요. 사진 좀 찍을 수 있을까요?"

아이들은 처음에는 부끄러워하더니 재미있게 놀면서 사진을 찍었다. 그리고 다음 날인 2021년 9월 4일 〈매일경제〉 1면에 우리의 사진이 커다랗게 실렸다.

엄마 품 놀이터의 특징 3 : 즉흥

엄마 품 놀이터의 세 번째 특징은 바로 '즉흥'이다. 우리는 이렇게 즉흥적으로 즐기는 것이 많다. 시간 제약이 없기에 언제든지 하고 싶은 것을 하고, 어디든지 가고 싶은 곳에 간다. 그리고 엄마와 함께이기에 아이는 무엇이든 할 수 있다. 그날의 날씨에 따라, 그날의 기분에 따라 즉흥적으로 하고 싶은 것을 마음껏 한다. 오래전부터 계획하고 준비해서 실천하는 것보다 즉흥적으로 움직이는 것이 훨씬 흥미롭다. 예상치 못한 즐거움이나 깨달음을 경험할 수 있기 때문이다.

하늘공원에 간 것처럼 우리는 즉흥 여행을 자주 떠난다. 한번은 식물원에 가기로 하고 집을 나섰는데, 아이가 갑자기 동물이 보고 싶다고 했다. 호랑이를 보고 싶다며 동물원에 가자는 것이었다. 이미 식물원으로 가고 있었고, 동물원은 정반대 방향이었다. 하지만 그날 꼭 식물원에 가야 할 이유가 없었다. 나는 아이를 위해 기꺼이 유턴하기로 했다. 그날 우리는 정말 많은 동물을 보고, 함께 정다운 이야기를 나누었다. 동물원에 여러 번 갔지만, 그날이 특히 기억에 남는다. 그것은 아마도 즉흥적으로 바꾼 여행지에서 누린 예상치 못한 즐거움 때문이었을 것이다. 그날 우리는 정말 가까이에서 호랑이도 보고 치타도 보았다. 그렇게 보고 싶어 하던 동물들을 다른 때보다 더 오래, 가까이에서 보았다.

꼭 멀리까지 가지 않아도 우리는 훌쩍 집을 나서는 일이 많다. 책을 읽다가 그림책 속의 모래 놀이가 재미있어 보이면 모래 놀이 도구를 챙겨 공원에 간다. 공룡 책을 보고 자연사박물관에 찾아가 공룡을 보기도 한다. 할머니가 보고 싶으면 짐을 챙겨 할머니 집에 가서 시간을 보낸다. 우리는 언제든, 어디든 훌쩍 떠날 수 있다.

밖에서 놀다가 새로운 사람을 만나기도 한다. 아이는 놀이터에서 놀다가 또래가 오면 함께 논다. 처음에는 어색해서 쭈뼛거리다가도 금세 같이 놀자고 이야기하고, 놀잇감을 나눠주기도 한다. 그렇게 시간을 보내면서 함께 뛰고 웃으며 즐겁게 노는 경우가 많다. 그렇게 만난 친구와 하루만 잠깐 놀고 헤어지기도 한다. 그런가 하면 자주 만나 같이 놀며 친해진 동네 언니도 있다.

아이는 즉흥댄스를 즐긴다. 음악이 나오면 음악에 몸을 맡긴다. 때론 음악이 없어도 자유롭게 몸을 움직인다. 가끔 사람들은 아이가 춤을 추는 모습을 보고 어디에서 배웠냐고 묻는다. 혹은 어디에서 본 것을 따라 하는 거냐고 묻기도 한다. 하지만 춤을 배운 적도 없고, 영상을 보여준 적도 없다. 그래도 아이는 자유자재로 몸을 움직인다. 음악의 분위기에 따라 다양한 몸짓을 선보인다. 누군가를 보고 따라 하는 것이 아니라 몸이 움직이는 대로 동작을 만들어간다. 정해진 틀 없이 자유롭게 움직이는 몸짓은 다채롭고 아름답다. 때론 우아하고, 또 때론 파워풀하다. 아이는 집에서도 거리에서도 그렇게 느낌이 오는 대로 몸을 움직인다.

아이는 두 살 때부터 즉흥노래를 만들어 부른다. 아이는 누구보다 멋진 작곡자이자 작사가다. 집 안 어디든 무대를 만들어 노래를 부른다. 부를 때마다 새로운 느낌으로 리듬과 선율을 만들어낸다. 노래에는 아이의 영혼이 담겨 있는 것 같다. 마음껏 흥을 표현하고, 속삭이듯 부드럽게 노래하기도 한다. 또 아이와 나는 종종 여러 악기로 즉흥연주를 한다. 우리는 재즈 연주자가 된 듯이 자유롭게 연주한다. 연주할 때 아무 말 하지 않아도 음악으로, 눈빛으로 대화를 나눈다. 그렇게 음악을 즐긴다.

아이가 역할 놀이를 즐기기 시작하면서 즉흥연기 또한 즐긴다. 책을 읽고 나면 주인공이 되어 연기를 펼친다. 매우 실감 나게 말하고 동작을 하며 연기를 한다. 아이가 연기를 시작하면 나도 상대역이 되어 함께 극 속에 빠져들어간다. 아이는 연기뿐 아니라 연기에 어울리는 옷이나 소품도 찰떡같이 준비해온다. 상황에 맞는 물건을 가져오거나 환경을 꾸미기도 한다. 아이는 연기를 하면서 다른 인물로 완벽하게 변신한다.

예상치도 못한 즐거움과 깨달음을 주는 즉흥 경험

이렇게 즉흥적으로 즐기는 삶에서 경험한 유익이 몇 가지 있다.

☼ 첫 번째로 아이의 창의성이 향상된다

아이에게는 새로운 아이디어가 샘솟았다. 마음이 가는 대로 하다 보면 아이는 불현듯 영감이 떠오르는 것 같았다. 아이는 생각지도 못한 방식으로, 늘 새롭게 무언가를 표현하고 만들어냈다. 어느 것 하나 따로 가르친 것이 없기에 아이는 아이만의 창의적인 방법으로 스스로 배워갔다. 그리고 쉽게 익혔다. 나는 꽉 막힌 답답한 사람인데 아이의 톡톡 튀는 생각과 표현을 볼 때마다 신기하고 놀라웠다.

☼ 두 번째로 문제 해결력을 키울 수 있다

즉흥적으로 떠오른 것을 실행하기 위해서는 해결해야 할 문제들이 있다. 준비가 되어 있지 않은 상황에서 바로 무언가를 하기 위해서 아이는 스스로 다양한 방법을 찾는다. 떠오른 것을 함께 하기 위해 제안하거나 설득하는 말을 해본다. 즉흥 여행을 가서 미처 준비해오지 못한 물건이 있으면 스스로 대체할 만한 물건을 찾거나 만들기도 한다. 춤이나 연기에 필요한 적절한 의상이 없으면 보자기나 이불이라도 가져와서 직접 만든다. 악기가 없으면 주방에서 냄비나 그릇을 가져와 연주하기도 한다. 그렇게 가까이에서부터 스스로 문제의 답을 찾아 해결해간다.

☼ 세 번째로 아이는 충분한 만족감을 느낄 수 있다

마음껏 노래를 부르거나 연주를 할 때, 또 춤을 출 때 아이의 표정은 말로 표현할 수 없다. 아이는 때론 땀에 흠뻑 젖기도 하고, 숨을 헐떡이기도 하면서도 세상을 다 얻은 듯한 표정으로 행복해한다. 즉흥 여행을 다녀온 날이면 아이는 꼭 일기를 쓰자고 한다. 아직 서툴지만 즐거웠던 장면을 기억해서 그림을 그린다. 그리고 아이가 하고 싶은 말을 불러주면 내가 적어준다. 이렇게 남겨놓은 일기를 종종 다시 펼쳐보며 추억을 되짚어본다.

영국 칼리지 런던대의 연구팀은 모험이나 새로운 것을 접할 때의 뇌 영상을 촬영해보았다. 그 결과 정서적인 반응에 관여하는 전방 복부 선조_anterior ventral striatum_라는 영역이 활성화되었다. 또한 이 부분이 활성화되면 사람을 행복하게 하는 호르몬인 도파민의 분비가 늘어났다. 이처럼 낯설고 새로운 것의 경험은 행복과 연결되는 것이다.

아이를 잘 키우기 위해서는 많은 것을 준비해 제시해주어야 할 것 같지만, 꼭 그렇지는 않다. 때론 순간 떠오르는 생각과 마음을 따를 때, 준비하고 계획한 것보다 더 많은 것을 경험하고 배울 수 있다. 아이는 더 많이 생각하고 탐구하며 성장할 수 있다. 또한 기쁨과 만족감을 경험할 수 있다.

"바로 오늘이 일 년 중 최고의 날이다."

미국의 사상가이자 시인 랄프 왈도 에머슨_Ralph Waldo Emerson_이 한 말이다. 아이와 함께 마음 끌리는 대로 무엇이든 해보는 건 어떨까? 날씨가 좋다면, 기분이 상쾌하다면, 발걸음 가는 대로 어디든 가보는 건 어떨까? 주어진 틀에, 과정에, 남들이 하는 것에 얽매이지 말고 자유롭게, 마음 가는 대로 해보는 거다. 그 길에는 예상치도 못한 즐거움과 깨달음이 있을 것이다. 그리고 아이에게, 엄마에게 오늘은 최고의 날이 될 것이다.

5

엄마에게만
하고 싶은 이야기

하루는 첫째 아이와 둘이 앉아서 블록 놀이를 하고 있었다. 그런데 아이가 갑자기 블록을 내려놓더니 진지하게 말을 꺼냈다.

"온유가 없으면 좋겠어요."

툭 던진 아이의 말 한마디에 가슴이 철렁 내려앉았다. 나는 무척 당황했다. 하지만 애써 태연한 척하며 아이의 눈을 바라보고 물었다.

"온유가 없으면 좋겠다고? 왜?"

아이는 아무렇지도 않다는 듯이 다시 블록을 쌓으며 말했다.

"온유가 있으니까 싫어요. 온유가 다시 엄마 배 속으로 들어가면 좋겠어요."

"온유가 어떻게 엄마 배 속으로 들어가지? 소유야, 왜 그런 생각을 했어?"

"내가 블록으로 뭐 만들어놓으면 온유가 자꾸 망가뜨려요. 너무 화가 나요. 그래서 온유가 없으면 좋겠어요."

"아, 소유가 멋지게 만들어놓은 것을 온유가 망가뜨려서 소유가 화가 많이 났구나. 그랬구나."

엄마 품 놀이터의 특징 4 : 소통

아이의 마음이 궁금할 때가 많았다. 아이가 무슨 생각을 하는지, 어떤 마음인지 알고 싶었다. 그래서 잠자리에 누워서, 혹은 둘만 있는 조용한 시간에 속 깊은 대화를 해보려고 했다. 하지만 아이는 무엇을 물어도, 좋아도 안 좋아도, 그냥 좋다고만 했다. 속마음을 자세히 말해주길 바라면서 눈을 바라보며 물어도, 아이에게선 짧은 한 문장의 대답만 돌아왔다. 자기 생각을 조곤조곤 말하는 것이 아직 어려울 수도 있을 것이다. 취조하는 듯한 엄마의 질문이 부담스러웠을 수도 있을 것이다. 그런데 어느 날 갑자기 아이가 먼저 자신의 마음을 이야기했다. 놀다가 툭, 그렇게 자신의 마음속에 가득하던 감정을 털어놓았다.

어른인 우리도 그렇지 않은가? 누군가가 마음이 어떻냐고, 무슨 생각을 하느냐고 물으면 더 대답하기 싫어진다. 분위기를 잔뜩 잡은, 숨소리마저 선명하게 들리는 조용한 공간에서 이야기해야 하면 마음이 꽉 막히고 부담스럽다. 아이도 그랬을 것이다. 그래서인지 자연스러운 상황에서 아무렇지도 않게 툭 던지는 말에는 진심이 그대로 담겨 있었다. 처음에는 꽤 당황스러웠지만, 잘 듣고 있으니 아이의 마음이 고스란히 느껴졌다. 엄마에게 속마음을 솔직하게 표현해줘서 고마웠다. 그래서 아이와 함께 있는 시간, 노는 시간이 더 소중하게 느껴졌다. 놀다가 또 한 번 툭, 솔직한 마음을 던져주길 바라며 오늘도 아이와 함께 논다.

첫째 아이는 천천히 말을 배웠다. 말하는 것이 나이에 비해 아주 느리지는 않았지만, 그렇다고 빠른 편도 아니었다. 문장으로 말을 하기까지 오랫동안 기다려야 했고, 발음이 정확해지는 데도 시간이 꽤 걸렸다. 새로운 말은 여러 번 들려주어도 금방 따라 하지 못했다. 말이 많이 늘어도 자기 생각을 표현할 때는 '어~어~' 하며 버퍼링이 걸릴 때가 많았다. 그래서 아이가 자연스럽고 편안하게 말로 표현할 수 있도록 기다려주는 시간이 필요했다. 엄마의 입 모양과 목소리를 듣고 충분히 따라 하도록 했다. 말이 막혀도 천천히 모두 이야기할 수 있도록 기다려주었다. 아이의 발음이 이상해도, 문장이 어색해도 그대로 받아주었다. 그리고 나는 아무렇지도 않게 정확한 표현을 한 번만 들려주었다. 아이는 자신의 미숙한 표현을 부끄러워하지도, 이상해하지도 않았다. 그리고 엄마의 말을 보고 들으며 천천히 말을 익혀갔다.

아이는 점점 크면서 질문이 많아졌다. "이게 뭐야?", "저건 뭐야?"에서 시작된 질문은 "왜요?", "그래서 어떻게 되는데요?"로 이어졌다. 아이에게 온 세상은 호기심 천지였다. 아이는 온종일 나를 쫓아다니면서 묻고 또 물었다. 뭐가 그리도 궁금한 게 많은지 헛웃음이 나올 정도였다. 처음에는 그렇게 질문하는 모습이 귀엽기도 했지만 계속되는 질문 공세에 피곤해지기도 했다. 하지만 아이의 질문을 막거나 무시하지 않았다. 아이의 질문은 깊어졌다. 대답하기 어려운 질문을 한 적도 많았다. 그럴 땐 같이 책을 찾아보기도 하고, 아이의 생각을 물어보기도 하면서 최대한 아이의 눈높이에서 대답해주려고 노력했다.

아인슈타인의 어머니는 아이가 아무리 질문을 해도 귀찮아하거나 화를 내지 않고 정성껏 대답해주었다고 한다. 그리고 모르는 것은 모른다고 말하며 함께 답을 찾아갔다고 한다. 엄마의 이러한 지지로 아인슈타인이 재능을 발휘할 수 있었듯이 우리 아이도 질문을 통해 성장해나가길 기대했다. 아이는 엄마이기에 부담 없이 편하게 질문할 수 있었다. 그래서 아이는 언제든지, 어디서나 질문을 했다. 아이는 질문을 통해 배웠다. 그리고 질문과 대답을 이어가는 대화 속에서 아이와 나는 더 가까워졌다.

이처럼 엄마 품 놀이터의 세 번째 특징은 '소통'이다. 나는 아이와 하루 종일 함께하며 수많은 말을 나눈다. 이를 통해 아이가 성장할 수 있기를 기대한다. 그래서 특별히 많이 하는 말들이 있다. 짧고 간단하지만 이 말들은 아이와 소통하는 물꼬가 되어주었다.

아이에게 해주면 좋은 말

☀ 네 생각은 어때?

아이는 나에게 질문을 많이 한다. 그럴 때 내가 대답을 해주기도 하지만 이렇게 되묻는 경우도 많다.

"네 생각은 어때? 너는 어떻게 생각해?"

유대인 속담에 '말이 없는 아이는 배울 수 없다'는 말이 있다. 또한 《탈무드》에는 '침묵을 지키는 것은 배움을 거부하는 것과 같다'는 말이 나온다. 이처럼 유대인 가정은 아이들이 어렸을 때부터 《토라》와 《탈무드》를 읽고 토론하는 문화를 중시한다. 유대인의 전통적인 교육 방법인 '하브루타Havruta'는 짝을 지어 책이나 경험에 대해 질문하고, 대화하고, 토론하고, 논쟁하는 것이다. 이처럼 아이와 나는 짝이 되어 질문도 하고, 대화도 이어간다. 아직 어리숙하지만 이를 통해 아이는 생각의 폭을 넓혀간다.

또한 아이에게 무엇을 하자고 할 때 "이거 해!"라고 명령형으로 이야기하지 않으려 한다. "이거 해볼까? 네 생각은 어때?" 하고 아이의 의견을 묻는다. 아이는 자기 생각을 이야기한다. 그렇게 대화를 통해 할 일이나 방법을 정한다. 아이는 자신의 의견으로 결정한 일을 할 때 매우 주도적이고 적극적으로 임한다. 그리고 자신이 하고 싶은 일이 있을 때 아이는 다른 사람에게도 그렇게 의견을 묻고 권유하며 함께 한다.

☼ 그랬구나

아이는 매일 다양한 감정을 만난다. 아직 어리기에 그 감정을 어떻게 받아들이고 처리해야 할지 모르는 경우가 많다. 그래서 감정을 그대로 안고 엄마에게 달려온다. 그때 내가 할 수 있는 것은 들어주는 것, 그리고 이렇게 말한다.

"그랬구나. 소유가 화가 많이 났구나. 많이 속상했구나."

아이의 감정을 그대로 수용해준다. 그리고 그것을 공감해주려고 노력한다. 때론 안아주고, 아이가 이해할 수 있게 이야기해주는 것도 필요하다. 하지만 보통은 이러한 수용과 공감만으로도 아이는 금세 진정이 된다. 그리고 아이는 자신의 상황이나 마음을 솔직하게 이야기한다.

☼ 고마워

별것 아닌데도 일상에서 참으로 하기 어려운 말들이 있다. 가까운 사이일수록 상대가 알겠거니 하는 마음에, 혹은 부끄러워서 하지 않고 넘기기 쉬운 말이다. 하지만 그런 말일수록 꼭 해야 마음을 전할 수 있다. 특히나 어린아이에게는 그것이 중요하다고 생각한다. 그래서 나는 아이가 사소한 것을 도와주어도, 작은 것이라도 하기로 한 일을 하면 고맙다고 말하려고 노력한다. 그래서인지 아이도 나에게 종종 이렇게 말을 한다.

"엄마가 맛있게 요리해줘서 정말 고마워요."

"엄마랑 놀아서 정말 즐거워요. 고마워요."

아이의 말은 나의 하루를 화창하게 만든다. 나도 아이에게 그런 기쁨을 주고 싶다.

☼ 미안해

아이에게 화를 내거나 실수를 했을 때는 시간이 지난 후에라도 꼭 미안하다고 사과를 한다. 이때는 최대한 '나 전달법 I-message'을 사용해 마음을 표현하려고 한다. 그것이 처음에는 낯부끄럽고 불편했지만, 오히려 그 말을 통해 내 마음도, 아이의 마음도 회복되는 것을 경험했다.

☼ 사랑해. 축복해

"사랑해. 축복해."

내가 아이에게 매일 하는 말이다. 그리고 아이도 나에게 매일

하는 말이다. 우리는 자기 전에, 외출할 때, 때론 별다른 이유 없이 이런 고백을 한다. 언제부터인지는 모르지만, 이 말은 어느새 우리 가족에게 자연스러운 표현이 되었다. 처음에는 어색했지만, 마음을 가득 담아 말을 하면 모두가 그 마음을 느낄 수 있었다. 사랑 고백에는 힘이 있다.

아이는 우리 가족에게만이 아니라 소중한 시간을 함께 나눈 사람과 헤어질 때면 이렇게 인사를 한다. 인사를 받는 사람들은 깜짝 놀라면서도 행복해한다.

교육은 어머니의 무릎에서 시작되고, 유년기에 들은 모든 언어가 성격을 형성한다.

프랑스 배우이자 연출가 장 루이 바로Jean-Louis Barrault가 한 말이다. 엄마 품 놀이터에서 아이는 엄마와 충분히 이야기를 나눈다. 아이는 엄마와의 대화를 통해 언어능력뿐 아니라 다른 사람을 공감하는 능력, 다른 사람과 소통하는 능력을 배워간다. 또한 자기 생각과 감정을 적절하게 표현하면서 관계를 형성하는 방법을 익힌다.

오늘, 아이와 어떤 대화를 나누었는가? 아이는 엄마에게 자신의 마음을 솔직하게 이야기하는가? 아이와 마음을 나누고 싶다면, 먼저 아이와 놀고 뒹굴며 함께 시간을 보내자. 그리고 앞에서 제시한 것처럼 사랑을 가득 담은 말 한마디를 건네보는 건 어떨까? 엄마의 말에 아이는 마음의 문을 열 것이다. 그리고 엄마에게 자신의 이야기를 하기 시작할 것이다.

3장

놀이로 오감을 자극하는 엄마 품 놀이터

엄마 품 놀이터를 위한 환경 설정

놀이 운동가 편해문은 아이들이 충분히 놀 수 있도록 '놀 틈'과 '놀 터'와 '놀 동무'를 찾아주어야 한다고 한다. 아이를 잘 놀게 하고 싶다면, 먼저 놀 틈과 놀 터, 놀 동무를 만들어주자. 그것이 엄마의 역할이다.

놀 틈 설정 방법

놀아야 아이다. 아이들이 해야 할 일은 노는 것뿐이다. 아이들이 충분히 놀 수 있게 해야 한다. 그러려면 제일 먼저 마련해주어야 하는 것은 바로 시간이다. 여유로운 시간이 있어야 아이들은 마음껏 놀 수 있다. 영국 브리스톨대학교 공공보건정책 연구교수 엔지 페이지Angie Page는 "아이들의 놀이 시간이 줄어든 것은 어른들이 그들의 권리를 빼앗았기 때문이다"라고 말했다. 노는 시간을 아이의 삶에서 최우선순위로 마련해주어야 한다. 아이에게 놀이보다 중요한 것은 없다. 매일 밥을 먹듯, 아이들은 매일 놀아야 한다.

그래서 나는 아이들을 어린이집에 보내지 않고 데리고 있는 시간이 참 좋다. 아이들이 놀 만큼 충분히 놀게 해줄 수 있다. 하지만 아이가 어린이집에 가고, 엄마가 직장에 가도 놀 시간은 넉넉히 만들어줄 수 있다. 우선순위의 문제다. 무엇을 가르치려고, 뭐라도 하나 더 시키려고 애쓰지 말아야 한다. 오늘 아이가 잘 놀았는지를 먼저 생각해야 한다.

아이들의 시간은 어른들의 시간과는 다르다. 놀이에 빠져들었을 때는 그만하라고 해도 시간 가는 줄 모르고 논다. 따라서 아이가 놀이에 집중했을 때는 충분히 놀 수 있게 시간을 주어야 한다. 정말 중요한 일이 아니라면 아이가 놀고 있는 틈에 다른 무엇을 끼워 넣으려 하지 말아야 한다.

어린이집이나 유치원처럼 "5시부터 6시까지는 블록 놀이 시간이야" 이렇게 시간을 정해줄 필요 없다. 놀이를 위해 특별한 시간을 내지 않아도 된다. 아이들은 생활 속에서 자연스럽게 놀 수 있다. 삶이, 일상생활이 아이들에게는 재미있는 놀이가 될 수 있다. 그래서 일상이 곧 놀 틈이다. 이에 대한 내용은 뒷부분에 구체적으로 제시한다.

놀 터 설정 방법

2000년, 스미스소니언 연구소에서는 '장난꾸러기의 마음The Playful Mind'이라는 심포지엄을 개최했다. 이 심포지엄에서 중요하게 언급한 내용은 모든 놀이가 다 흉내 내기라는 것이다. 또한 아동기 때 이루어지는 가상 놀이의 발달은 자연스럽게 가상 공간 및 가상 장소 만들기로 이동한다는 것이다.

첫째 아이가 세 살 때 아이를 위한 놀이방을 만들어주었다. 놀이방은 아이의 장난감과 책으로 예쁘게 꾸며주었다. 그런데 정작 아이는 놀이방보다 다른 장소를 더 좋아했다. 그곳은 바로 화장대, 싱크대 밑이었다. 아이는 엄마의 모습을 보며 흉내 내며 노는 것을 즐거워했다. 엄마가 화장을 하고 요리를 하니, 자신도 하고 싶어 한 것이다. 그럼 어디에서 화장 놀이를 하고 요리 놀이를 하지? 아이는 엄마가 생활하는 실제 공간에서 자신만의 놀이 세상을 꾸미고 싶어 했다.

그래서 화장대 서랍 잠금장치를 풀어놓았다. 화장대는 아이의 차지가 되었다. 아이는 엄마의 화장대를 자기 것처럼 매일 열어보았다. 온갖 화장품과 장난감을 화장대 위에 세워놓고 놀았다. 화장품이 사람인 것처럼 이야기를 꾸며 결혼식 놀이를 하기도 했다. 엄마가 화장을 하면 자기도 옆에서 로션을 바르며 화장 놀이를 했다. 거울을 보면서 온갖 표정을 지어보며 공주 놀이도 했다.

아이의 장난감 싱크대를 주방으로 옮겨주었다. 아이는 며칠 동안 즐겁게 놀다가 다시금 엄마의 싱크대 밑으로 와서 놀았다. 그래서 싱크대 하부장도 정리했다. 칼이나 가위 등 위험한 물건은 모두 상부장으로 옮겨놓았다. 하부장 하나는 아예 다 비워주었다. 아이는 신이 나서 몸을 구부려 그 안에 들어가 놀기도 했다. 장난감 냄비나 프라이팬, 수저, 포크 등을 가지고 와서 그 안에 넣어놓았다. 다른 장도 수시로 열었다 닫았다 하며 놀았다. 아이는 엄마의 냄비에 장난감 블록을 넣어 요리하기도 했다. 장에 있는 김이나 참치, 두유 등을 다 꺼내 줄을 세워 기차를 만들기도 하고, 숫자를 세며 놀기도 했다.

핀란드에서는 아이들이 스스로 경험해보고 싶다는 생각이 들도록 하는 놀이 환경을 만드는 것에 힘을 쏟는다. 인위적인 환경에서 말뿐인 자유를 주는 것이 아니라, 호기심을 자극하여 놀이에 자발적으로 참여할 수 있는 환경을 만들도록 노력한다.

집에서 아이들이 놀 수 있는 공간을 만들어주어야 한다. 알록달록 예쁜 놀이방만이 아이들의 놀 터는 아니다. 놀이를 위한 방이

따로 있지 않아도 된다. 놀이 공간이 넓지 않아도 된다. 아이는 엄마, 아빠를 따라 하며 일상의 생활을 놀이로 만들어간다. 아이의 놀이에 흥미를 더해주려면, 나의 공간이라고 생각하던 곳을 아이를 위해 기꺼이 내어주면 된다. 아이가 엄마, 아빠의 어떤 모습을 흉내 내며 노는 것을 좋아하는가? 요리하는 것? 운동하는 것? 빨래하는 것? 그것을 할 수 있는 장소를 아이와 공유해보자. 아이는 그곳을 더 멋진 놀이 공간으로 만들어갈 것이다.

또한 밖은 놀 터가 천지다. 10분이면 갈 수 있는 길인데, 아이와 함께 가면 30분 넘게 걸리는 경우가 많다. 아이는 걷다가도 길가에 핀 꽃을 보고, 개미를 보고, 지나가는 버스를 본다. 관찰도 하고, 이야기도 나누고, 때론 아예 털썩 주저앉아 놀기도 한다. 그 모든 곳이 아이에게는 좋은 놀 터이기 때문이다. 특히나 자연은 아이들에게 너무나 좋은 놀 터다. 새 소리를 듣고, 나뭇잎과 줄기를 만져보고, 모래로 성을 쌓으며 아이들은 온몸으로 느끼고 논다. 아이와 즐겁게 놀고 싶다면, 밖으로 나가면 된다. 장난감 하나 없어도 괜찮다. 아이들은 뛰어놀아야 한다.

놀 동무 설정 방법

아이의 놀 동무는 바로 엄마다. 좋은 놀 동무가 되기 위해 엄마는 잠시 새로운 모습으로 변신해야 한다.

☀ **엄마는 놀이 파트너이자 놀이 모델이 되어야 한다**

처음 쌀 놀이를 할 때는 아이들에게 쌀만 주면 알아서 놀 줄 알았다. 정말 '쌀'만. 그런데 쌀 놀이에 흥미를 보이던 아이들이 5분도 채 안 되어 그만 놀겠다고 했다. 재미있어 보이기는 하는데 조금 만져보고 나니 어떻게 놀아야 할지를 몰랐던 것이다. 게다가 손과 발에 쌀이 달라붙으니 그저 불편하고 싫게 느껴진 것이다.

그 이후 아이들과 놀 때는 아이들이 충분히 탐색할 시간을 갖게 하고, 나도 뛰어들어 함께 놀았다. 밀가루 놀이를 할 때는 내가 먼저 밀가루를 얼굴에도 묻혀보고, 그릇에도 담아 요리한 것이라며 아이에게 주기도 했다. 밀가루에 따뜻한 물도 넣어보고, 차가운 물도 넣어보았다. 손으로도 비벼보고, 발로도 비벼보았다. 밀가루 범벅으로 춤을 추기도 했다. 아이들은 엄마의 모습을 보고 같이 놀면서 새로운 놀이 방법을 하나씩 만들어갔다.

"이렇게 해야 해", "이 방법대로 해"라고 말할 필요 없다. 엄마도 놀면 된다. 그러면 아이들은 엄마의 모습을 보면서 놀이를 배운다. 그렇게 아이들에게 충분한 역할 모델이 된 후에 엄마는 조용히 빠져주면 된다. 그러면 아이는 자신만의 놀이를 만들어가며 잘 논다.

☼ 엄마는 아이의 열렬한 응원 대장이 되어야 한다

아이는 푹 빠져서 놀다가도 수시로 고개를 돌려 엄마를 찾는다. 무언가를 만들거나 해내면 엄마에게 달려와 보여준다. 이때 엄마의 역할은 '그래, 엄마 여기 있어', '잘했어. 최고야'라는 메시지를 전달해주는 것이다.

명지대학교 아동심리치료학과 선유현 교수는 놀이 치료에서 부모의 역할이 있다고 이야기한다. 그것은 사소한 행동에 호들갑을 떨거나 모든 행동에 무조건 응원하는 것이 아니다. 아주 작은 응원이나 지지를 해주는 것이다. 부모의 칭찬으로 아이는 자신이 잘하고 있다거나 더 노력해야겠다는 긍정적인 생각을 하게 된다는 것이다.

내가 아이에게 가장 많이 해주는 반응은 "우와!", "잘했어", "우리 소유(온유), 최고야", "정말 멋져!" 같은 말이다. 언제나 하이 톤의 큰 목소리로 말할 필요도 없다. 때론 차분하게 말해도 웃으며, 엄지 척 손가락을 들어주며, 손뼉을 쳐주며, 꼭 껴안으며 말해주면 그 마음은 고스란히 전달된다. 엄마의 진심은 아이가 가장 잘 안다. 항상 잘했을 때만 반응해주는 것은 아니다. 무언가를 잘하지 못하고 어려워할 때도 "잘하고 있어", "할 수 있어", "김소유(김온유)! 힘내라!" 하고 이야기해준다.

아이에게 칭찬해주고 격려해주며 응원하는 것, 그리 어려운 일이 아니다. 한마디 말, 한 번의 표정, 하나의 몸짓이면 충분하다. 하지만 이 응원이 쌓이면서 아이는 더 자신 있게 도전하고, 즐겁게 논다.

☀ 엄마는 큐레이터가 되어야 한다

우리 집 곳곳에는 아이의 작품이 전시되어 있다. 냉장고, 김치냉장고의 앞면과 옆면은 아이의 그림으로 꽉 차 있고, 방문, 벽, 현관문에도 아이의 작품이 가득 붙어 있다. 식탁 위나 책장, TV장에도 아이가 만든 물건들이 있다. 그야말로 하나의 미술관이다. 형체를 찾을 수 없는 그림도, 비뚤게 오리고 붙인 것도, 너덜너덜해진 놀잇감도 버리지 않고 전시한다.

새로운 것을 만든 날은 아빠가 퇴근하고 오자마자 작품을 소개한다. 할머니, 할아버지께 영상통화로 작품을 보여준다. 그리고 집에 손님이 오면 아이가 만든 작품을 소개해준다. 나는 아이가 어떻게 멋진 작품을 만들었는지 이야기한다. 무엇으로 만들었는지, 무엇을 표현했는지, 언제 어디에서 만들었는지 말하다 보면 하나의 스토리가 된다.

그렇게 놀면서 만든 것들을 작품으로 만들어주고, 다른 사람에게 소개하면서 놀이는 놀이를 넘어선 또 다른 의미와 가치를 갖게 된다. 놀이가 놀이에서 끝나지 않는다. 아이는 놀면서 예술가가 되고 창작가가 된다. 아이가 놀면서 만들어낸 것을 작품으로 만들어주는 것이 중요하다. 이를 통해 아이의 흥미와 재능을 찾을 수 있고, 가능성을 키워줄 수 있다.

오늘도 아이와 무얼 하며 놀아줘야 하나 고민하지 않았는가? 아이의 놀이를 위해 필요한 것은 장난감이 아니다. 키즈 카페도, 놀이 프로그램도 아니다. 놀 틈, 놀 터, 놀 동무만 있으면 된다. 그것으로 충분하다. 엄마가 마련해주는 엄마 품 놀이터 안에서 아이는 마음껏 놀 수 있다.

먼저 내 아이만을 위한 놀 틈, 놀 터, 놀 동무를 마련해주자.

아이에게는
모든 것이 놀잇감

 코로나로 가정 보육을 하는 일이 많아지면서 엄마들은 바쁘다. 엄마들은 정보를 주고받느라 정신이 없다.
 "요즘 아이 뭐 가지고 놀아요?"
 "이번에 장난감 좀 들이려고 하는데, 뭐가 좋을까요?"
 "OO 놀이 키트 어때요? 아이가 재미있어해요?"
 바깥 활동에 제약이 생기다 보니 엄마는 아이를 위해 부지런히 무언가를 사다 나른다. 뭐라도 사다 주면 아이가 잘 놀고, 잘 배울 수 있을 거라는 마음으로 지갑을 연다. 놀거리가 있으면 아이와의 길고 긴 하루를 어떻게든 버틸 수 있을 거라는 심정으로 또 새로운 것을 산다. 아이 역시 새로운 장난감이나 놀이 키트에 눈이 반짝반짝해진다. 하지만 새로운 물건에 흥미를 보이는 건 잠시뿐. 그것은 이내 아주 예쁘고 비싼 쓰레기가 되고 만다.

어린이집이나 유치원에 못 가고, 밖에서 놀지 못하니 놀이 키트나 장난감이 꼭 필요할까? 아이를 돌보는 것보다 물건을 사는 것에 더 관심이 많은 엄마들, 그리고 무언가로 노는 것보다 무언가를 갖는 것에 더 관심을 보이는 아이들이 늘어나고 있다. 육아와 소비, 놀이와 소유. 주객이 전도된 것이 아닐까? 진짜 아이를 위한 육아는 무엇일까? 진짜 아이가 즐길 수 있는 놀이는 무엇일까?

놀잇감은 가까운 곳에 있다

나는 아이들에게 기차 장난감을 사주지 않았다. 그래도 아이들은 매일 기차놀이를 한다. 즐겁게, 그리고 매일 새롭게. 둘째 아이 뒤에 첫째 아이, 첫째 아이 뒤에 내가 서서 앞 사람의 허리를 잡으면 금세 기차가 만들어진다. 칙칙폭폭! 기차는 소리를 내고 노래를 부르며 마음껏 달린다. 기차는 어디든 갈 수 있다. 그리고 가다가 각각 작은 기차로 변신하기도 한다. 작은 기차들은 각자 가고 싶은 곳으로 갔다가 다시 만난다.

어떤 날은 여러 물건을 줄 세워 기차를 만든다. 엄마 화장품, 블록, 물통까지 들고 와서 기차를 만든다. 각각 다른 물건이지만 모두 모이니 완벽한 기차다. 아이들은 물건을 많이 가져와서 긴 기차를 만들기도 하고, 코끼리 인형이 운전하는 코끼리 기차를 만들기도 한다.

또 어떤 날은 모아둔 재활용 쓰레기 중에서 쓸 만한 상자를 가져와서 기차를 만든다. 상자에 색종이를 붙이고, 스티커도 붙이고, 그림도 그린다. 창문도 만들고, 바퀴도 만들고, 연기 나오는 부분도 만든다. 제법 그럴듯한 기차 모양을 만든다. 상자에 긴 끈을 매달아 기차를 끌고 다니며 기차놀이를 한다.

우리는 기차 그림을 그리며 놀기도 한다. 바퀴 하나하나 세밀하게 그리며 이야기를 만들어간다. 기차를 탄 경험을 기억하며 이야기하고, 새로운 이야기를 만들어내기도 한다. 기차에 누구를 태울지 고민하면서 동물이나 친구들을 소환하기도 한다.

이렇게 아이들은 각양각색의 기차놀이를 한다. 한번 시작하면 빠져들어서 놀고 또 논다. 아이들은 이렇게 놀 수 있다. 아이들의 놀이는 끝이 없다. 아이들의 창의성은 제한이 없다. 꼭 기차 장난감을 사 줘야 기차놀이를 할 수 있는 것이 아니다. 기차 장난감이 없는 우리 아이들도 이렇게 매일같이 기차놀이를 하고 있지 않은가? 버튼을 누르면 기찻길 위에서 기차가 움직이게 하는 것 외에 그 이상도 이하도 하지 못하는 장난감 놀이보다 직접 기차를 만들어 기차를 움직여보는 과정을 통해 더 많이 배우고 느낄 수 있지 않을까? 기차를 만들다 실패하기도 하고, 마음에 들지 않아 다시 만들기도 한다. 그 과정에서 기차의 생김새와 특징, 움직이는 원리를 배운다. 놀이의 즐거움과 함께 어울려 노는 기쁨을 누린다. 성취감과 만족감을 경험한다. 놀면서 말이다. 엄마 돈 한 푼 안 들이고도, 아이는 이렇게 놀 수 있다.

아이가 잘 놀기 위해 놀잇감은 필요하다. 하지만 그 놀잇감이 꼭 장난감은 아니다. 놀이 키트도 아니다. 놀잇감은 생각보다 가까운 곳에 있다. 아이가 그것을 찾는 방법만 알려주면 된다. 그러면 집에서도 쉽고 재미있게 놀 수 있다.

생활 속에서 놀잇감 찾기

"우와! 이거 진짜 예쁘다! 엄마, 나 이거 가지고 놀아도 돼요?"

아이가 감탄을 연발하며 꺼내든 물건은 다름 아닌 냄비! 우리 아이들은 엄마의 물건을 늘 탐낸다. 엄마가 요리하거나 설거지를 할 때면 두 아이는 싱크대 옆에 자리를 잡는다. 싱크대 하부장을 열고 냄비든, 엄마가 먹으려고 사둔 두유 팩이든, 용기든 꺼내서 논다. 다리미판 위에 그릇도 놓고 수저도 놓으며 거하게 한 상을 차린다.

아이들은 주변에서 자주 보는 것, 엄마와 아빠가 사용하는 것에 관심을 보인다. 소꿉놀이 장난감보다 엄마가 요리할 때 쓰는 진짜 냄비, 진짜 국자로 노는 것을 더 좋아한다. 아이들에게는 그것이 진짜 놀잇감이기 때문이다. 놀이란 삶과 동떨어진 미지의 세계가 아니다. 아이들에게는 놀이가 삶이고, 삶이 놀이다. 그래서 실제적이고 친숙한 것들이 더 자연스럽고 당연한 놀잇감이 될 수 있다.

아이가 생활 주변의 물건을 마음껏 탐색하게 해야 한다. 무엇이든 아이가 자유롭게 놀 수 있게 해주면 된다. 내 물건이 망가지고 집이 지저분해질까 봐 걱정되는 건 사실이다. 그래도 치우면 그만이다. 어차피 언젠가는 망가지고 버려질 물건이다. 아이가 원할 때 쿨하게 내어주자. 그때 아이의 손에서 물건은 새롭게 태어난다. 그리고 즐거운 놀이는 즐거운 삶으로 이어진다.

직접 만드는 놀잇감

언제부터인가 쓰레기를 버릴 때 한 번씩 고민하게 된다. 아이들과 놀 때 쓸 수 있지 않을까 하는 생각 때문이다. 나는 깨끗하고 예쁜 모양의 재활용품을 잘 모아둔다. 모아둔 물건은 갑자기 떠오른 아이디어를 표현할 때 유용하게 사용한다. 상자와 병뚜껑으로 자동차도 만들고, 상자나 캔으로 악기도 만든다. 플라스틱병으로 볼링 놀이도 한다.

놀잇감을 어떻게 만들지 구상하는 것부터가 놀이의 시작이다. 무슨 재료로 어떻게 만들지 고민하고 직접 재료를 찾아본다. 여러 아이디어를 총동원해서 놀잇감을 만들어본다. 예쁘게 꾸미고 장식하는 과정도 즐거운 놀이 중 하나다. 그렇게 직접 만든 것을 가지고 노는 놀이에는 몇 배의 재미와 가치가 있다. 아이는 자신이 직접 만든 장난감은 매우 소중히 한다.

《아이들은 놀이가 밥이다》에서는 비석치기를 예로 들며 놀이가 무엇인지 이야기한다. 어느 날 갑자기 선생님이 비석을 사 와서 비석치기를 하자고 하는 것은 억지 놀이고, 가짜 놀이라는 것이다. 어렸을 때 우리는 비석치기를 하기 전에 먼저 자신에게 맞는 비석을 찾아다니고, 비석을 알맞게 다듬었다. 그래서 비석치기를 할 때 비석은 '나'이기 때문에 내 비석이 맞아 쓰러지면 내가 맞은 듯한 마음이었다. 그리고 놀이가 끝나도 비석을 고이 모셔두었다. 이처럼 직접 놀잇감을 만드는 것 자체가 바로 놀이다.

몸은 가장 좋은 놀잇감

"우리, 벽에 쫙 거울을 달아볼까? 발레 하는 데처럼 말이야."
유리창에 비친 자신의 모습을 보며 춤추고 동작을 취하는 첫째 아이를 보며 남편이 한 말이다. 아이는 시도 때도 없이 춤을 춘다.

그때마다 유리창에 비친 모습을 보며 동작을 만들고 다듬는다. 아이는 재미있는 동작도, 어려운 동작도 취해본다. 나도 아이의 동작을 따라 한다. 내가 먼저 춤을 추고 아이가 따라 하기도 한다. 같이 웃으면서 몸을 움직인다. 장난감도, 어떤 도구도 없는데 모두 함께 즐겁다.

아이는 할머니 댁에 가면 할머니와 운동 놀이 하는 시간을 기다린다. 허리가 아프신 할머니를 위해 늘 아이가 먼저 운동을 하자고 한다. 운동 방법은 간단하다. 아이가 동작을 취하면 할머니가 따라 하는 것. 가르쳐준 적이 없는데도 아이는 고양이 자세도 하고, 스쿼트 자세도 한다. 할머니는 열심히 아이를 따라 동작을 취하며 운동을 한다. 웃으며 운동을 하는데, 아이에게는 그것이 놀이다. 집에서는 나와 마주 서서 거울처럼 서로의 동작을 따라 하며 운동 놀이를 한다. 날이 갈수록 동작이 다양해지고 디테일해진다. 마주 서서 서로를 바라보며 같은 동작을 하는 이 시간은 우리에게 놀이 이상의 시간이다.

아빠가 퇴근해서 돌아오면 숨바꼭질을 시작한다. 작은 몸을 웅크리고 쏙 숨기도 하고, 그림자를 보고 아빠를 찾기도 한다. 그리고 네 식구는 다 같이 거실에서 손을 마주 잡는다. 〈둥글게 둥글게〉를 부르며 빙글빙글 돈다. "두 명!" 소리에 맞춰 짝을 짓기도 한다. 그러다가 〈동동 동대문을 열어라〉 노래를 부르며 대문 놀이를 한다. 별것 아닌 놀이에도 아이들은 환호성을 지르며 계속하자고 한다.

아이들에게 몸은 좋은 놀잇감이다. 아무것도 없어도 괜찮다. 맨손, 맨몸으로 놀 수 있다. 꼬물꼬물 움직이고, 요리조리 살피면서 즐기는 것이 바로 놀이다. 무언가를 자꾸 손에 쥐여주려 할 필요 없다. 아이들은 맨몸으로 놀 수 있다.

전 세계에서 놀이의 핵심을 가장 잘 이해하는 것으로 인정받는 나라는 독일이다. 독일인들은 놀이터를 만들 때 '무엇이 있느냐?'를 묻지 않는다고 한다. 그들이 말하는 놀이터의 핵심은 '아이들이 즐거운가?'이다. 아이의 놀이에서 핵심은 무엇이 있는지가 아니다. 중요한 것은 아이의 즐거움이다. 놀이의 주인공은 아이이기 때문이다.

우리 아이들은 집 안에 있는 물건을 가지고 논다. 직접 놀잇감을 만들어서 논다. 그리고 때론 아무것도 없이 맨몸으로 논다. 화려한 장난감이 아니어도, 그럴듯한 놀이 키트가 없어도 아이들은 잘만 논다. 아이들에게는 모든 것이 놀잇감이다. 놀잇감은 주변에서 쉽게 찾을 수 있다. 놀잇감을 찾고 만드는 것부터가 놀이의 시작이다. 아이들의 놀이에 한계를 만들 필요는 없다. 무얼 더 사 줘야 할지 고민할 필요가 없다. 아이들은 누구나 놀이 천재다.

온몸으로
느끼며 놀자

　초등학교 6학년 과학 교과서에는 '지구와 달의 운동'이라는 단원이 나온다. 여기에서는 지구와 달의 자전 및 공전에 대해 배운다. 단원의 이름은 조금씩 바뀌어도 교육과정마다 꼭 나오는 중요한 과학과 학습 내용이다.

　이 단원을 학습하려면 집에서 해야 하는 과제가 많다. 하루 동안 태양과 달의 위치는 어떻게 달라지는지, 여러 날 동안 달의 모양 및 위치는 어떻게 달라지는지 관찰하는 것이 과제이자 중요한 학습 내용이다.

　나도 이 내용을 가르칠 때마다 학생들에게 태양과 달을 관찰하는 과제를 내주었다. 처음에는 하루 동안 태양과 달을 관찰하는 과제를 제시한다. 이 과제는 대부분의 학생이 잘한다. 그런데 문제는 그다음부터다. 여러 날 동안 달의 모양 및 위치를 관찰하는 것은 장장 한 달 동안 매일 관찰해야 하는 장기 프로젝트다. 같은 시간, 같은 장소에서 매일 달을 관찰해야 한다. 막상 달을 관찰하는 것은 1분이면 할 수 있는 간단한 일이지만 한 달 동안 매일 관찰하기란 쉬운 일이 아니다. 실제로 한 달 동안 하루도 빠지지 않고 달을 관찰해서 이 과제를 제대로 해온 학생은 거의 없었다.

하루 동안 태양과 달을 관찰하면 동쪽 하늘에서 남쪽을 지나 서쪽 하늘로 움직이는 것처럼 보인다. 태양과 달이 이렇게 움직이는 것처럼 보이는 까닭은 지구가 서쪽에서 동쪽으로 자전하기 때문이다. 그리고 달을 여러 날 동안 관찰하면 날마다 서쪽에서 동쪽으로 조금씩 옮겨간다. 그리고 초승달에서 상현달로, 보름달로, 다시 하현달, 그믐달로 모양이 바뀐다. 이러한 변화는 달의 공전으로 나타나는 현상이다.

초승달이니 하현달이니 하는 이름도, 자전이니 공전이니 하는 개념도 너무 어렵다. 이런 내용은 아무리 말로 설명해봐야 알 수 없다. 달을 봐야 알 수 있다. 달을 봐야 그 변화가 보이고, 왜 변하는지 알고 싶어진다. 날짜별로 달의 이름과 위치를 무작정 외우는 것은 아무 의미 없는 암기일 뿐, 공부가 아니다. 진짜 공부는 달을 보면서 시작된다.

관찰하며 놀기

어느 한여름 밤, 자려고 누웠는데 열린 창밖으로 달이 보였다.
"우와! 달님이 왔어!!"
아이와 함께 잠자리에 누워 한참 동안 달을 바라보았다. 캄캄한 밤하늘에 밝은 달이 너무 예뻐 보였다. 아이는 이전에 달이 나오는 책을 많이 읽었다. 그래서 아이와 책에 나온 달 이야기를 나누었다. 그 이후 아이는 밤이 되면 창밖의 하늘을 바라보며 달을 찾았다. 아파트에 가려 달이 잘 보이지 않는 날이면, 달을 보러 밖으로 나가기도 했다. 아이는 매일, 그리고 하루에도 계속 바뀌는 달을 보며 이렇게 물었다.
"왜 아까는 달님이 왼쪽에 있었는데 지금은 오른쪽에 있어요?"
"지난번에 봤을 때는 달이 날씬했는데, 지금은 똥그래졌네요."
밤에 차를 타고 갈 때면 달과 즐거운 동행을 했다. 창문 너머 달을 바라보며 달이 따라온다고 즐거워했다. 그리고 아이는 꼭 밤이 아니어도 하늘을 자주 올려다보았다. 그러다가 달을 발견하기도 했다. 아이는 물었다.
"아직 해님이 있는데 왜 달님이 벌써 온 거예요?"
"밤에는 달이 노란색이었는데 지금은 왜 하얀색이에요?"
아이는 달을 보면서 달라진 점을 관찰하고 호기심을 품었다. 나는 아이에게 공부를 시킨 적이 없다. 그런데 아이는 스스로 달을 보며 초등학교 6학년 과학 공부를 하고 있었다.

자연은 많은 것을 배우며 놀 수 있는 곳이다. 아이는 자연에서 온몸으로 느끼며 논다. 우리는 서울에 살지만 자연은 늘 가까이에 있다. 공원에서, 산책길에서 자연을 찾는다. 길거리를 걷다가 나뭇잎의 색이 어떻게 바뀌었는지 본다. 떨어진 낙엽은 밟아서 소리를 내어보고 만져보기도 한다. 꽃잎을 만져보고, 향기를 맡아보기도 한다. 작은 열매를 만져보고 직접 손으로 따보기도 한다.

그리고 나뭇잎이나 꽃잎, 열매를 주워 와서 새로운 작품을 만들어보기도 한다. 이 재료들은 색종이나 크레파스로는 표현할 수 없는 다채롭고 아름다운 색과 모양을 만들어낸다. 작품을 만들면서 재료들을 다시 만져보고 부스럭거리는 소리도 들어보며 집에 가져오기 전의 느낌과 비교해보기도 한다.

아이는 밖에서 자연 외에도 많은 것을 관찰한다. 어느 날은 지나가는 자동차를 보며 아이가 말했다.

"저 자동차는 화가 난 것 같아요."

졸린 자동차, 웃는 자동차, 슬픈 자동차 등. 아이는 자동차의 앞모습을 관찰하며 표정을 발견해낸다. 다른 표정의 자동차를 찾아보기도 하고, 자동차를 주제로 이야기를 꾸며보기도 한다. 아이 이야기를 듣고 나니, 이제 나도 자동차를 보면 표정이 보인다. 그저 차가운 쇳덩어리인데, 아이가 관심을 가지고 표정을 찾아주니 자동차는 살아 있는 대상이 된다. 김춘수의 시처럼 말이다.

'내가 그의 이름을 불러주었을 때 그는 나에게로 와서 꽃이 되었다.'

아이가 자동차의 표정을 살펴봐주었을 때 자동차는 아이에게로 와서 친구가 되었다.

오감으로 느끼며 놀기

촉감 놀이를 하게 한다고 많은 엄마나 선생님이 아이에게 점토를 준다. 그런데 나는 아직 한 번도 아이에게 그런 것을 사 주지 않았다. 아무리 부드럽고 색이 다양하다고 해도 인위적이라는 생각이 들었다. 아무리 안전검사를 통과한 제품이라고 해도 아이 손에 쥐여주기에 찜찜했다. 그래서 나는 촉감 놀이를 할 수 있는 다른 재료를 찾아보았다.

밀가루에 물을 부었다. 아이가 좋아하는 색의 식용색소도 넣었다. 조물조물 반죽을 했다. 금세 멋진 점토가 되었다. 아이는 부드러운 느낌이 좋다고 했다. 밀가루 반죽으로 눈사람도 만들고 공룡도 만들었다. 원기둥 모양의 칫솔 통을 밀대처럼 사용하여 반죽을 넓게 폈다. 그리고 집에 있던 쿠키 모양 틀로 찍어 토끼와 코끼리, 사자를 만들었다. 다른 색의 색소도 넣어 또 반죽을 만들어 놓았다. 다 논 뒤에는 반죽을 비닐에 담아 냉장고에 넣어두었다. 또 놀고 싶을 때는 언제든 꺼내서 놀 수 있었다. 이렇게 우리만의 특별한 점토를 만들었다.

촉각뿐만 아니라 시각, 후각, 미각, 청각 모두 충분히 경험할 수 있는 놀이 재료는 먹거리에서 쉽게 찾을 수 있다. 내가 요리를 할 때면 아이들은 늘 싱크대 아래에서 논다. 그래서 나는 요리 재료를 조금씩 아이들에게 준다. 쌀, 콩, 미역, 두부, 가지, 호박, 계란…. 그러면 아이들은 마음껏 가지고 놀면서 보고, 냄새 맡고, 맛도 본다. 손으로 주물러보고 칼로 잘라보면서 소리도 들어보고 충분히 만져본다. 따로 무엇을 하라고 시키지 않는다. 아이들은 보자마자 알아서 신나게 논다. 냄새 맡아보라고 하거나 색깔을 보라고 하지 않아도 놀면서 다 관찰하고 느낀다.

"엄마, 이건 가지인데 바나나 냄새가 나요."

"미역을 물에 담그니까 미끌미끌하고 너무 부드러워요."

"계란을 그냥 먹으니까 좀 이상해요. 요리해서 먹어볼래요."

"사과를 잘라놨는데 색깔이 변했어요! 사과가 점점 까매지는 것 같아요."

그날 먹을 음식 재료를 조금 주었을 뿐인데 요리하는 시간 동안 아이들은 즐겁게 논다. 그리고 충분히 느끼고 즐긴 재료로 요리한 음식은 더 맛있게 먹는다.

우리 집에는 김장할 때 바닥에 까는 커다란 김장 매트가 있다. 쌀이나 콩, 보리, 밀가루, 쌀가루, 전분가루 등 집에 있는 재료를 매트 안에 넣어준다. 아이들은 매트에서 만지고 뿌리고 비비고 논다. 앉아서 놀다가 엎드리거나 눕기도 한다. 몸을 대 자로 뻗어 위아래, 좌우로 움직이며 온몸으로 재료를 느낀다. 소꿉놀이를 하기도 하고, 성을 쌓기도 한다. 나는 재료로 아이의 손이나 발을 문질러준다. 쌀을 그릇에 담아 눈이 오는 것처럼 뿌려주기도 하고, 밀가루로 놀다가 물을 부어주기도 한다.

물론 이렇게 노는 것이 결코 쉬운 일이 아니다. 신나게 놀다 보면 아이는 바닥에 쌀을 다 뿌리기도 하고, 머리부터 발끝까지 하얀 밀가루를 뒤집어쓰기도 한다. 때론 아이들과 노는 시간보다 씻기고 치우는 데 시간이 더 걸리기도 한다. 밀가루에 물까지 넣어놓은 날은 끈적거리는 밀가루를 닦아내고 옷을 빠느라 진땀을 뺀다. 그래도 그런 고생스러움을 감수하고도 아이들과 이렇게 노는 까닭은 아이들이 온몸으로 느끼며 즐기는 것이 보이기 때문이다. 아이의 웃음소리에서, 바지런한 온몸의 움직임 속에서.

밖에서 하는 촉감 놀이로는 모래 놀이가 단연 최고다. 공원에 갈 때는 모래 놀이 삽과 물뿌리개만 있어도 아이들은 한참 동안 즐겁게 논다. 모래를 조물조물 만져보고, 모래에 물을 뿌려 단단하게 산도 만들어본다. 산꼭대기에는 나뭇가지를 세우고, 다시 무너뜨리기도 한다. 모래와 물만 가지고 노는 데도 아이는 세상을 다 얻은 표정이다.

전 세계에서 놀이의 핵심을 가장 잘 이해하는 나라로 인정받는 독일의 놀이터에 가면 모래와 물이 나오는 수도꼭지가 전부인 곳이 많다. 놀이가 전부인 핀란드의 유치원 놀이터도 이와 같은 모습인 곳이 많다. 모래와 물뿐이어도 아이들은 맨손과 맨발로 잘 놀 수 있다. 맨손, 맨발이기에 더 잘 느끼며 창의적인 생각으로 새로운 것을 창조해낼 수 있다.

아이들의 오감은 깨어 있다. 그래서 보고, 듣고, 냄새 맡고, 만지고, 맛보면서 놀아야 한다. 자연을 바라보고 자연 안에서 놀면 된다. 주변에 있는 사물을 관찰하고 관계를 맺으면 된다. 집에 있는 재료로 놀면 된다. 아이들은 모든 감각을 총동원해서 세상을 느끼고 배운다. 아이들이 세상을 충분히 만나고, 세상과 깊이 친해지도록 기회를 만들어주는 것은 어떨까? 방법은 간단하다. 아이들이 온몸으로 놀도록 하면 된다.

발길 닿는 곳마다
설렘과 기쁨이 가득한 놀이터

"밖이 벌써 캄캄한데, 이 저녁에 꼬마들이 어디 놀러 가니?"
엘리베이터에서 윗집 아주머니를 만났다.
"놀러 가는 건 아니고요. 아빠 마중 나가요."
"아, 그렇구나. 그게 놀러 가는 거지. 좋겠네. 잘 다녀와."
나와 아이들은 이렇게 종종 아빠의 퇴근 시간에 맞춰 지하 주차장에 간다. 아빠를 마중하기 위해서다. 둘째가 태어나기 전부터 첫째 아이와 나는 손을 잡고 종종 아빠를 맞으러 나갔다. 종일 아이들과 부대끼고 있으면 제일 그리운 것은 남편이다. 나는 매일 남편의 퇴근 시간만을 기다린다. 아이들도 아빠를 보고 싶어 한다. 그래서 일 분이라도 빨리 아빠를 만나고픈 마음에 주차장으로 달려간다. 추운 겨울에도 우리는 패딩을 챙겨 입고 나간다.

집을 나서는 것부터가 우리에게는 설레는 놀이의 시작이다.

"아빠가 오시는 시간에 딱 맞춰 갈 수 있을까?"

"네! 아빠가 오시면 깜짝 놀라게 해드려요!"

이렇게 이야기하며 집을 나선다. 겉옷을 챙겨 입고, 신발을 신는 것 자체로 아이들은 이미 신이 난다. 집에서 놀다가 잠깐이라도 외출하는 기분을 내니 즐거운가 보다. 엘리베이터에서 버튼을 누르는 것도, 숫자가 바뀌는 것을 바라보는 것도 흥미진진한 놀이다.

주차장에 가면 아이들은 내 손을 잡고 안전한 곳에서 잠깐 걷기도 한다. 그리고 아빠가 주차할 만한 곳을 찾아 쭈그리고 앉는다. 앉은 채로 다른 차들을 관찰하고, 우리의 모습을 사진으로 남기기도 한다. 숫자를 세고, 노래를 부르며 아빠를 기다린다. 차가 내려오는 소리가 들리면 아빠 차일까 기대하는 마음으로 바라본다.

더운 여름에는 밖에서 놀면서 아빠를 기다리기도 한다. 아파트 주변을 산책하거나 킥보드를 타면서 아빠를 기다린다. 그리고 아빠를 만나면 다 함께 차를 타고 지하 주차장까지 내려간다.

엘리베이터도, 지하 주차장도, 아파트 앞도 매일 오가는 곳이다. 하지만 아빠를 기다리는 시간에는 이곳이 모두 설렘과 기쁨이 가득한 놀이터가 된다.

목적지를 정하지 않아도 되는 우리들만의 놀이터

핀란드의 유치원은 놀이가 전부다. 핀란드인들은 아이들을 위한 최고의 교육 방식이 놀이라고 말한다. 그런 핀란드의 유치원에서 가장 중요하게 생각하는 놀이는 바로 바깥 놀이다. 심한 자연재해가 일어나거나 영하 15도 이하로 떨어지지 않으면 무조건 밖으로 나간다. 아이들이 자연에서 탐색하고, 새로운 놀이를 만들고, 친구들과 어울려 노는 것이 바깥 놀이를 하는 목적이다.

핀란드의 유치원처럼 우리는 거의 매일 밖에 나간다. 날이 좋아서, 비가 와서, 눈이 와서. 둘째가 태어난 이후에는 70일 즈음부터 아기 띠를 매고 나갔다. 우리는 특별한 목적지를 정하지 않고 나가는 경우가 많다. 나가서 관찰하고 뛰면서 발길 닿는 곳에서 논다. 그러면서 새로운 친구를 만나기도 하고, 새로운 놀이를 하기도 한다. 또 웃고 즐기며 배운다. 그렇게 한 번 나가면 두세 시간은 놀아야 집으로 돌아온다.

우리가 제일 많이 간 곳은 당연히 놀이터다. 우리 집 놀이터에서 놀다가 어느 날은 친구네 집 놀이터, 어느 날은 교회 장로님 댁 놀이터, 아는 언니네 집 놀이터, 이렇게 이곳저곳 순방하며 놀러 다닌다. 내가 보기에는 놀이기구가 다 비슷해 보이는데 아이의 눈에는 전부 다르게 느껴지는 듯하다. 같은 미끄럼틀이라 해도 높이나 각도, 회전 등에 따라 아이는 모두 다르게 탄다. 그리고 모래 놀이가 하고 싶을 때는 모래 놀이터가 있는 곳을 찾아가 놀기도 한다.

비가 오는 날에도 우리는 나간다. 아이는 우산을 쓰고 장화를 신는 것만으로도 즐거워한다. 놀이터에서 놀기 어려우니 아파트 필로티 공간으로 간다. 우리는 빗소리를 듣고, 손으로 떨어지는 비를 느껴본다. 필로티 공간에서 자전거도 타고 킥보드도 탄다.

'아이들을 위한 도시', 그리고 '놀이의 성지'라고 불리는 독일 프라이부르크시 교육청장 베어나 나겔 Werner Nagel 은 바깥 놀이의 중요성을 강조한다. 아이들이 장난감으로 놀 때는 정해진 기능에 따라 놀 수밖에 없지만, 밖에서 놀 때는 아이들 스스로가 어떻게 놀아야 할지 생각해야 한다. 그래서 직접 놀이를 만들면서 사회성을 키워 간다는 것이다.

놀이터에서 놀다 보면 늘 새로운 친구를 만난다. 그날 그날 만나는 아이와 친구가 되어 논다. 꼭 동갑 친구가 아니어도 괜찮다. 때로는 동생과, 때로는 언니나 오빠와 논다. 아이는 그때 그때 규칙도 만들고 도구도 만들어가면서 논다.

우리는 산책을 즐긴다. 걷다가 아이가 관심을 보이는 것이 있으면 멈추어 살펴보고, 이야기를 나눈다. 도서관 가는 길에는 횟집이 하나 있다. 아이는 그 앞을 지날 때마다 물고기들에게 인사를 하고 말을 건넨다. 잘 잤는지, 밥은 먹었는지 묻는다. 물고기 눈도 살피고, 꼬리 모양도 자세히 본다. 물고기가 많이 움직이지 않는 날은 왜 그러냐며 걱정 어린 말투로 이야기한다. 그렇게 횟집 앞 수족관은 아이의 작은 놀이터가 된다. 아이는 물고기와 놀면서 오랜 시간을 보낸다.

꽃이 보이면 어떤 꽃이 예쁜지 살펴본다. 토끼풀꽃으로 목걸이도 만들고 팔찌도 만들어 공주 놀이를 한다. 목걸이와 팔찌 하나로 그곳은 금방 공주가 사는 아름다운 성의 놀이터가 된다.

우리는 공원에 가는 것을 좋아한다. 시간 날 때마다 한강공원, 선유도공원, 하늘공원 등 가까운 공원에 자주 간다. 공원은 아이들이 마음껏 뛰어놀 수 있는 자연 놀이터다. 아이들은 풀밭에서 뛰고 춤도 추며 자연과 하나가 되어 논다. 나무도 돌도 물도 살피며 친해진다.

버스 정류장은 우리의 좋은 놀이터다. 걷다가 지치면 앉아서 쉬면서 버스를 본다. 아이들은 버스를 좋아해 정류장에 앉아 한참 동안 버스를 본다. 그러다가 보이는 간판의 글씨를 읽어보고, 자동차 번호판의 숫자를 읽어본다.

핀란드 사람들은 아이들이 배우기 위해 노는 것이 아니라, 놀면서 배우는 것이라고 생각한다. 그래서 그들은 "놀이는 교육의 또 다른 이름이다"라고 말한다. 아이들은 놀면서 배운다. 특히 아이들은 밖에서 놀 때 더 쉽고 자연스럽게 배운다.

바깥 놀이를 위한 준비물

이렇게 아이들과 밖에 나갈 때 내가 꼭 챙기는 것들이 있다. 이것만 준비하면 어디를 가든 마음이 든든하다.

☼ 첫 번째 준비물은 돗자리다

아이들과 밖에 나가서 걷고 뛰다 보면 아이들이 쉴 공간이 필요하다. 그때 눈에 띄는 벤치나 정자, 바위에서 쉴 수도 있지만, 돗자리가 있으면 어디에서든 우리만의 공간을 만들 수 있다. 돗자리를 펴고 잠시 신발을 벗고 쉰다. 때론 돗자리에 앉아 이야기하고, 누워서 하늘을 보기도 한다. 책을 읽기도 하고 멍 때리기도 한다. 또 돗자리가 있으면 간식이나 밥을 먹을 때도 유용하게 쓸 수 있다. 둘째는 돗자리 위에서 기어 다니기도 하고, 낮잠을 자기도 하면서 컸다. 돗자리는 우리만의 쉼터이자 놀이터다.

☼ 두 번째 준비물은 도시락이다

엄마라면 누구나 아이와 밖에 나갈 때 물과 간식을 준비할 것이다. 나도 처음에는 쌀 과자나 바나나 같은 간단한 간식을 가지고 다녔다. 그런데 바깥 놀이 시간이 길어지면서 도시락을 챙기기 시작했다. 도시락이라고 해서 대단한 것을 챙기는 것은 아니다. 밥과 냉장고에 있는 반찬에 치즈 하나, 또는 계란프라이 하나만 올려 나가도 최고의 만찬이 된다. 가끔은 볶음밥이나 주먹밥을 만들어 나가기도 한다. 도시락은 놀이터에서, 정자에서, 벤치에서 먹기도 하고, 때론 공원에서 돗자리를 깔고 먹기도 한다. 집에서 먹는 것과 다름없는 밥과 반찬이지만 바깥바람 속 색다른 분위기에 아이들은 매우 즐거워한다. 간단한 도시락 하나로 우리는 더 오랫동안 즐겁게 밖에서 놀 수 있다.

☼ 세 번째 준비물은 책이다

아이가 어릴 때 밖에 나갔다가 아이가 유모차에서 잠이 들면 나는 벤치에 앉아 책을 읽었다. 아이가 책을 읽기 시작하면서부터는 아이의 책도 함께 챙겨 나간다. 때론 유모차에, 때론 가방에 아이 책을 넣어 간다. 아이는 밖에서 놀다가 벤치에서, 계단에서, 유모차에서, 혹은 돗자리에서 책 읽는 것을 즐긴다. 특히 도서관에서 새로 빌려 오는 책은 집에 들어가기 전에 밖에서 한 번 보고 가는 것을 좋아한다. 아이는 놀다가 책을 보고, 책을 보다가 새로운 놀이를 만들어내면서 생각과 경험을 키워간다.

내가 어렸을 때는 캄캄해질 때까지, 엄마가 밥 먹으러 들어오라고 부를 때까지 밖에서 놀았다. 하지만 요즘은 놀이터에서 노는 아이들이 별로 없다. 요즘 아이들은 바쁘다. 어린이집에, 유치원에, 학원까지 바쁘게 오간다. TV나 컴퓨터, 핸드폰, 휘황찬란한 장난감 등 아이들의 흥미를 빼앗는 놀거리가 너무 많다. 그래서 아이들은 점점 밖으로 놀러 나오지 않는다.

'세이브더칠드런'은 2017년에 대도시에 거주하는 만 3~8세 아이들의 놀이 비율에 대해 설문조사를 실시했다. 그 결과, 주중 실내 놀이 시간이 156.63분인 데 반해 실외 놀이 시간은 63.49분이었다. 또한 주말에는 실내 놀이 시간이 253.69분, 실외 놀이 시간이 159.01분이었다. 아이들은 평균적으로 실외 놀이에 비해 2배에 달하는 시간 동안 실내 놀이를 한다는 것이었다.

미세먼지가 많아서, 코로나 때문에, 너무 더워서, 너무 추워서. 핑계 대지 말고, 아이와 함께 밖으로 나가보는 건 어떨까? 집에서 놀 때 장난감 하나 가지고도 다투던 아이들이 밖에 나가면 장난감 하나 없어도 즐겁게 잘만 논다. TV 보여달라고, 핸드폰 하고 싶다고 징징대던 아이들이 밖에 나가면 집에 가자고 해도 더 놀겠다고 한다. 왜 그럴까? 밖에 나가면 온통 재미있는 진짜 놀거리가 가득하기 때문이다.

그렇다면 아이와 어디에 가야 할까? 여행 교육 전문가 서효봉은 《여행육아의 힘》에서 어린아이는 '어디를 가느냐'보다 '무엇을 하느냐'를 더 중요하게 여긴다고 했다. 꼭 멋진 곳에 가지 않아도 된다. 집 앞 놀이터도, 공원도, 동네 길거리도 좋다. 아이들에게는 그곳이 모두 다 최고의 놀이터다.

5
일상이 모두 놀이 주제

"엄마가 수건 다 접었어요. 아빠에게 가져다주세요."
"네, 제가 들고 갈게요."
엄마가 접은 수건을 첫째 아이가 들고 가 화장실에 있는 아빠에게 준다.
"아빠, 여기 있습니다."
"네, 고맙습니다."
둘째 아이도 웃으며 엄마 앞으로 달려온다. 엄마가 둘째 아이 손에도 수건을 하나 안겨준다. 아이는 아빠에게 달려가 들고 온 수건을 내민다.

우리 가족 넷이 모두 좋아하는 빨래 정리 시간이다. 엄마는 빨래를 개고, 아이들은 빨래를 배달한다. 그리고 아빠는 그것을 서랍장에 넣는다. 별것 아닌데 모두 즐겁다. 가족 모두가 같이 일하며 놀기 때문이다.

집안일 하며 놀기

첫째 아이는 어렸을 때부터 내 껌딱지였다. 아이는 매일같이 나만 바라보고, 나만 따라다녔다. 둘째가 태어나 움직이기 시작하면서부터는 둘이 나를 따라다녔다. 하지만 내게는 언제나 해야 할 집안일이 쌓여 있었다. 아이들 삼시 세끼에 간식도 챙겨야 했다. 청소하고 치워도 돌아서면 무언가가 계속 발에 밟혔다. 빨래는 매일 하는데도 늘 쌓여 있었다. 아이들 돌본다고 모든 집안일을 미뤄둘 수만은 없었다. 종일 남편이 퇴근하기만을 기다릴 수도 없었다. 어쩔 수 없이 아이들과 함께 집안일을 하기로 했다.

빨래할 때는 아이에게 세탁기 버튼을 누르도록 했다. 아이는 버튼 하나 누르는 것에도 환호성을 지르며 좋아했다. 세탁기 위에 있는 건조기는 리모컨으로 버튼을 누르게 하니 더욱 좋아했다. 청소할 때는 청소기와 걸레 밀대도 직접 해보도록 했다. 그저 청소기를 잡고 미는 것만으로도 아이는 즐거워했다.

밥을 할 때는 아이가 쌀통에서 쌀을 퍼 바가지에 담을 수 있도록 했다. 그리고 내가 쌀을 씻어 밥통에 넣으면 아이는 버튼을 눌러주었다. 때론 함께 요리도 했다. 가지 요리를 할 때는 아이가 빵칼로 가지를 자르고, 내가 볶아서 반찬을 뚝딱 만들었다. 계란말이를 할 때는 아이가 계란을 젓고, 내가 프라이팬에서 계란을 말았다.

음식물 쓰레기를 버리러 갈 때는 아이와 함께 나갔다. 아이는 카드 담당이 되었다. 음식물 쓰레기통이 열리고 닫히도록 카드를 대주었다. 그렇게 쓰레기를 버리고 난 후에는 둘만의 밤 산책을 하기도 했다.

그러던 중 《공부머리가 쑥쑥 자라는 집안일 놀이》라는 책을 보게 되었다. 그리고 저자인 지에스더 님이 진행하는 랜선 공동육아에도 참여했다. 첫째 아이와 비슷한 또래의 아이를 키우는 엄마들과 함께 집안일 놀이를 실천해보았다. 매일 실천한 내용을 공유하면서 새로운 아이디어도 얻고, 도전도 많이 받았다.

아이와 함께 집안일을 하기는 했지만, 놀이로 적용해보는 것은 또 새로웠다. 아이가 그토록 싫어하는 책 정리도 놀면서 즐겁게 할 수 있었다. 주사위를 던져서 나온 숫자만큼 책 넣기, 책 쌓기 대결하기 등 정리를 여러 가지 놀이로 바꾸어 시도해보았다. 아이와 함께 할 것이라고는 엄두도 내지 못하던 화장실 청소나 자동차 세차도 함께 해보았다. 그렇게 매일 해야 하는 집안일을 즐거운 놀이로 만들어보려고 노력했다. 그러자 집안일이 조금 더 쉽게 느껴졌다.

그리고 아이는 집안일로 놀 수 있었다. 그 과정에서 간단하지만 꼭 필요한 생활의 지혜와 습관을 배울 수 있었다.

이처럼 집에서 하는 모든 일이 놀이의 주제다. 밥하고 청소하는 매일의 일상도 아이에게는 놀이다. 엄마에게는 귀찮기만 한 집안일이지만, 호기심 가득한 아이의 눈에는 흥미진진한 놀이다.

놀이 운동가 편해문은 세상에서 가장 훌륭한 놀이란, 부모가 자기 일에 몰두할 때 그 옆에서 따라 하는 것이라고 했다. 부모가 김치 담그는 것을 보고, 구멍 난 타이어를 때우는 것을 보며 따라 하는 것이 최고의 놀이라는 것이다. 체험 프로그램에 보내거나 비싼 장난감을 사 줘야 아이가 노는 것이 아니다. 부모의 모습을 보고 어깨너머로 배우면서 즐기는 것, 그것이 바로 놀이다.

반복되는 일상을 놀이로 만들기

우리 집에서는 매일 패션쇼가 열린다. 아이들은 옷장에서 마음에 드는 옷을 꺼내 입는다. 멋지게 짜잔! 보여주고는 다시 새로운 옷으로 갈아입고 나타난다. 모자도 쓰고, 머리핀도 꽂아 멋지게 변신한다. 하루에도 수십 번씩 옷을 갈아입는다. 때론 아주 창의적인 패션을 선보이기도 한다. 바지를 상체에, 티셔츠를 다리에 입고 나오기도 한다. 팬티를 모자처럼 쓰고 나오기도 한다. 노끈이나 색종이로 만든 옷을 입고 멋진 런웨이를 선보일 때도 있다.

우리 집 베란다에는 아이들 신발을 모아두었다. 철 지난 신발, 동생에게 물려주려고 남겨둔 작아진 신발도 아이들은 모두 꺼내서 신는다. 이 신발, 저 신발을 신었다 벗었다 하며 뽐내기 대잔치를 펼치며 한참 동안 논다.

옷을 입고 신발을 신는 것은 우리의 일상에서 매일 하는 단순한 행동이다. 그런데 아이들에게는 이것이 곧 놀이다. 그래서 아이들이 마음껏 마음에 드는 옷을 입고 신발을 신도록 한다. 옷을 찾아 뒤지고 갈아입으며 옷장이 난장판이 되어도, 짝 없는 신발이 베란다 여기저기에 덩그러니 놓여 있어도 아이들이 마음껏 놀도록 한다. 때로는 아빠의 넥타이나 허리띠, 엄마의 옷이나 양말, 심지어는 속옷까지 입어보며 논다. 그것이 놀이다. 삶에서 매일 하는 행동을 놀이로 바꾸는 것. 그렇게 삶을 즐기는 것이 진짜 놀이다. 그래서 나는 아이들이 하는 이런 일상의 놀이를 반긴다. 아이들이 매일 반복되는 일상을 재미없게 보내지 않고, 일상에서 흥밋거리를 찾고 즐길 수 있는 것에 감사하다.

오늘의 경험이 오늘의 놀이로!

영유아 구강 검진을 받기 위해 치과에 갔다. 대기실에서부터 들리는 다른 아이들의 울음소리에 첫째 아이는 잔뜩 긴장한 모습이었다. 드디어 우리 아이의 차례가 되었다. 아이는 무서운지 내 손을 꼭 잡고 있었다. 의사 선생님은 아이에게 입을 벌려보라고 하셨다. 칙칙 물을 뿌리고 거울로 입안을 들여다보셨다. 날카로운 도구로 치아 사이에 끼어 있던 이물질을 빼주셨다. 다행히 충치는 없어서 치아 관리에 대한 이야기를 듣고 구강검진이 끝났다. 간호사 선생님은 아이가 울지 않고 씩씩하게 잘 했다고 칭찬해주셨다. 그리고 선물을 보여주며 골라보라고 하셨다. 아이는 아이스크림 모양의 반지를 골랐다.

그날 집에 돌아오자마자 우리 집에는 '소유네 치과'가 열렸다. 아이는 제일 먼저 아기 샴푸 의자를 가져왔다. 그것이 치과 의자와 가장 비슷하다고 생각한 모양이다. 동생을 의자에 눕히고 치과 놀이를 시작했다.

"환자, 어서 오세요. 어디가 아파서 왔나요? 여기 의자에 누우세요. 아~ 해보세요."

치과에서 누나가 진료받는 모습을 봐서 그런지 둘째도 자연스럽게 환자 역할을 했다. 둘째는 편하게 의자에 누워 입을 쩍 벌렸다. 첫째 아이는 칫솔을 들고 동생의 입을 살피는 시늉을 했다.

"칙칙. 물을 뿌리겠습니다. 어, 이빨에 뭐가 끼어 있네요. 빼드릴게요. 입을 벌려보세요. 어때요? 안 아프죠?"

둘째는 그저 누나를 바라보며 싱글벙글 웃었다.

"치카치카를 잘해야 해요. 치카치카를 잘 안 하면 충치가 생길 수 있어요. 알았죠? 이제 진료 끝났습니다. 선물 골라보세요."

첫째는 장난감을 여러 개 꺼내놓았다.

"잘했습니다. 다음에 또 만나요."

이렇게 시작된 치과 놀이는 엄마와 동생을 환자로 바꾸어가며 몇 번이나 계속되었다. 아이는 치과에서 경험한 것을 상당히 자세히 기억했다. 그리고 그것을 놀이에서 자연스럽게 표현했다. 그렇게 아이는 경험한 것을 놀이로 만들어냈다. 그리고 그 과정에서 계속 배우고 있었다. 치과가 무엇을 하는 곳인지, 의사나 간호사가 하는 일이 무엇인지, 양치질을 왜 해야 하는지 가르쳐주지 않아도 배우고 있었다.

경험한 것은 모두 놀이의 주제가 될 수 있다. 아이는 새롭게 가본 곳이나 만난 사람, 경험한 것이 있으면 그대로 따라 해본다. 그것이 곧 놀이다. 마트에 다녀와서는 계산원이 되고, 은행에 다녀오면 은행원이 된다. 미용실에 간 날은 미용사가 되어 머리카락을 잘라주는 시늉을 하고, 예쁘게 핀도 꽂아 꾸며준다. 별거 없다. 밖에 나가서 보고 온 것을 집에 와서 그대로 해보면 된다. 그리고 엄마와 아이가 역할을 바꾸어가며 해보면 또 새로운 놀이가 된다.

아이들과 놀아주는 것이 어렵다고 말하는 부모들이 많다. 무엇을 하고 놀아줘야 할지 모르겠다는 것이다. 하지만 아이들의 놀이는 어렵지 않다. 놀아주려고 애쓸 필요 없다. 아이들은 삶 속에서 놀 수 있다.

해야 할 집안일이나 일거리가 있는가? 아이와 함께 하면 된다. 아이가 할 수 있을지, 너무 어렵지 않을지 걱정할 필요 없다. 간단한 것 하나만 아이에게 해보도록 하면 된다. 함께 하는 시간 자체에서 아이들은 즐거움을 느낀다. 엄마, 아빠가 하던 것을 자신도 할 수 있다는 것에서 성취감을 느낀다. 그리고 그렇게 커간 아이들은 집안일도, 다른 일들도 어렵지 않게 즐기며 할 수 있게 된다.

매일 반복되는 일상은 무엇인가? 매일 쓰는 물건들을 아이들에게 주기만 하면 된다. 아이들은 알아서 놀 것이다. 매일 하는 행동을 아이들만의 무대에서 할 수 있게 해주면 된다. 아이들은 날개를 단 듯이 즐기며 놀 것이다.

오늘 무슨 일을 했는가? 누구를 만났는가? 어디에 다녀왔는가? 그 경험을 놀이로 바꾸면 된다. 어렵지 않다. 경험한 것을 그대로 해보면 된다. 그러다 보면 아이들은 스스로 놀이를 만들어가고, 다양하게 바꾸어가며 재미를 느끼게 된다.

1965년에 노벨물리학상을 받은 물리학자 리처드 파인먼^{Richard Feynman}은 '놀이가 일상, 일상이 과학'이라고 말했다. 놀이는 일상에서 찾을 수 있다. 그리고 그 놀이를 통해 배울 수 있다.

일상을 되돌아보며 아이들과 놀아보는 건 어떨까? 그렇게 놀이가 일상이 되면, 곧 일상은 놀이가 될 것이다.

6

아빠와 함께 놀면 더 신나요

 피곤한 몸을 이끌고 하품을 하며 아빠는 출근한다. 졸린 딸은 엄마 품에 안겨 인사를 한다.
 "아함, 아빠 다녀올게."
 "아빠, 또 놀러 오세요."
 "어?"
 황당한 표정을 지으며 집을 나선 아빠는 야근하지 않으려고 열심히 일한다. 그날 저녁, 아빠는 환한 표정으로 집에 들어온다.

> "아빠 놀러 왔다!"
>
> 그러고는 두 팔을 벌려 딸아이를 번쩍 들어 안아준다. 아이는 아빠와 놀면서 밝은 목소리로 말한다.
>
> "내일 또 놀러 와."

동아제약의 '박카스' 광고다. 아이의 뼈를 때리는 한 마디, "또 놀러 오세요." 광고 속 아빠도, 현실의 아빠들도 아이의 이 말을 듣고 가슴이 철렁했을 것이다. 함께 사는 아빠인데, 아이에겐 아빠가 그저 손님 같은 존재인 것이다. 왜 그럴까? 아빠와 많은 시간을 함께 보내지 못해서, 아빠와 놀지 못해서다.

하지만 아빠가 일찍 퇴근해서 아이와 놀아주자 아이는 다시 말한다. "내일 또 놀러 와." 아침에도 또 놀러 오라고 했지만, 아침과는 전혀 다른 마음이 전해진다. 아빠와 노는 것이 즐거운 것이다. 아빠와 또 놀고 싶은 것이다.

돈을 많이 벌어주고, 좋은 옷이나 장난감을 선물해준다고 아빠가 되는 것이 아니다. 물론 가정을 위해 노력하는 아빠의 헌신과 노고를 무시하는 것이 아니다. 가정의 경제를 위해 일을 하는 아빠의 역할은 매우 중요하다. 하지만 아이의 입장에서는, 함께 시간을 보내며 놀 때 진짜 '아빠'가 되는 것이다.

하지만 대한민국 많은 아빠들의 삶은 광고 속 아빠와 별반 다르지 않을 것이다. 아이가 깨기도 전에 출근한다. 그리고 아이가 잘 때가 다 되어서, 혹은 잠들고 나서야 집에 돌아온다. 주중에 아빠와 아이가 보낼 시간은 현실적으로 매우 적다. 그나마 주말에 시간을 보낼 수 있다 해도, 아빠들에게는 지친 일상을 달래줄 소중한 휴식 시간이다. 최근 아빠들도 육아에 많이 동참한다고 하지만, 실제로 아빠가 아이들과 함께 놀아줄 시간은 많지 않다.

우리 집도 아이들이 아빠와 보낼 수 있는 시간은 짧다. 남편이 출근할 때 나와 아이들은 자고 있는 경우가 많다. 그리고 남편은 보통 저녁 7시 반이 넘어야 집에 돌아온다. 아이들이 잠잘 준비를 하기 전까지 아빠와 함께 할 수 있는 시간은 길어야 두 시간이다. 그래서 이 시간은 소중하다. 짧은 시간이지만, 아빠는 아이들과 즐겁게 논다. 아빠와의 놀이는 양보다 질이 중요하다.

아빠에서 친구로 변신! 짜잔!

"엠버, 도와줘! 내가 바위틈에 끼었어."

남편이 갑자기 큰 소리로 다급하게 말한다. 돌아보니 남편은 어느새 쿠션 사이에 누워 있다. 실감 나는 연기에 나보다 아이들이 먼저 반응한다.

"어, 타이탄! 알았어. 내가 도와줄게. 구조대 출동이다! 폴리, 어서 가자."

"엠버, 폴리! 어서 와서 나를 꺼내줘."

"걱정 마, 타이탄. 이제 꺼내줄게. 하나 둘 셋!"

"우와! 나왔다! 고마워, 친구들. 그런데 바위틈에 끼어서 다리를 다친 것 같아. 치료해줘, 엠버."

"그래, 내가 약 발라줄게. 호~"

순식간에 첫째 아이는 엠버, 둘째 아이는 폴리, 남편은 타이탄으로 변신한다. 그리고 자연스럽게 역할 놀이가 이어진다. 아빠를 '타이탄'이라고 부르는 순간, 아빠는 아이들의 친구가 된다. 그렇게 남편은 아이들이 책에서 만난 주인공으로 자주 변신한다. 그리고 핵심이 되는 한마디 말을 던진다. 그 말 한마디로 놀이가 시작되고, 아빠는 아이들과 친구처럼 놀면서 놀이와 이야기를 이어간다.

몸으로 놀아주는 아빠

"한 번 더! 한 번 더!"

엄마와 놀 때는 자주 듣지 못한 반응이다. 그런데 아빠와 놀 때면 첫째 아이는 흥분한 목소리로 이렇게 크게 외친다. 둘째 아이도 아빠의 바지를 붙들고 늘어진다. 아빠는 엄마와는 다르게 놀아주기 때문이다. 아빠는 몸으로 놀아준다. 목마를 태워주고, 비행기를 태워준다. 번쩍 들어주고, 빙글빙글 돌려주기도 한다. 아빠와 놀 때면, 아이들의 웃음소리가 온 집에 가득하다. 온몸으로 놀다 보니, 아빠와 놀면 아이들은 금세 얼굴이 시뻘게지고, 땀까지 뻘뻘 흘린다. 물론 에너지 소모가 큰 놀이라 남편도 오래 해주지는 못한다. 하지만 하루에 한 번, 이렇게 시간을 보내는 것만으로도 아빠와 아이들은 몸과 마음이 가까워진다.

로스 D. 파크$^{Ross\ D.\ Parke}$의 《아버지만이 줄 수 있는 것이 따로 있다》에 따르면, 일반적으로 아빠는 놀이 친구로서 육체적인 방법을 통해 아이의 두뇌발달을 도와줄 수 있다고 한다. 엄마가 언어나 양육을 통해 아이의 발달을 촉진하는 것처럼, 아빠는 주로 놀이를 통해 아이의 발달을 촉진할 수 있다는 것이다.

아빠와 함께 하는 모험

추운 겨울 어느 날, 아이와 아빠가 함께 놀러 나갔다. 얼마 후 남편이 사진을 한 장 보내왔다. 아이의 부츠 사진이었다. 그리고 저 멀리 양말만 신은 채 걸어가는 딸아이의 모습이 보였다. 한겨울에 신발도 안 신고 걸어가다니! 나는 깜짝 놀랐다. 신발이 망가졌거나, 문제가 있는 것이 아니었다. 그저 아이가 신발을 벗고 싶다고 하니 벗고 걸어보라고 한 것이었다.

워낙에 겁쟁이인 첫째 아이에게 아빠는 많은 것을 허용해주며 도전해보도록 해준다. 맨발로 걸어보고, 물에 들어가보고, 손으로 만져보면서 세상에 다가가도록 도와준다. 그래서 아이는 아빠와 많은 것을 처음 경험해보고 도전해본다. 그러다 보니 아빠와 함께 하는 시간은 흥미로운 놀이 시간이다.

아이에게서 배우는 아빠

하루는 아이들에게 볼링 놀이를 하자고 했다. 아이들은 볼링이 무언지도 모르면서 신나게 시작했다. 어떤 공이 좋을지, 볼링핀을 어떻게 세워야 할지, 공을 어떻게 굴려야 할지 고민하면서 볼링하는 방법을 익혀나갔다. 그날 저녁, 아빠가 퇴근하고 오자마자 첫째 아이는 아빠 손을 잡으며 말했다.
"아빠, 우리 볼링 할까요?"
"너 볼링 할 줄 알아? 아빠는 할 줄 모르는데."
"그럼. 나 할 줄 알아요. 내가 알려줄게요."
아이는 나름의 방법으로 볼링 놀이 하는 방법을 가르쳐주었다. 아빠는 모르는 척하면서 함께 열심히 볼링 놀이를 했다. 이처럼 종일 엄마와 놀다가 아빠를 만나는 시간은, 엄마와의 놀이를 통해 배운 것을 자신의 것으로 만드는 시간이다.

남편은 집에 오면 아무것도 모르는 척, 못하는 척 연기를 한다. 이것은 아이와 노는 기술이자, 아이를 위한 아빠의 중요한 임무다. 아이가 이야기하고 가르쳐줄 수 있도록 기회를 주면서 같이 노는 것이다. 그리고 이 과정에서 아이는 배우고 익히며 성장한다.

요즘 교육계에서는 '메타인지^{metacognition}'를 강조한다. 메타인지란 자신이 아는 것과 모르는 것을 자각하는 것, 그리고 스스로 문제점을 찾아 해결하며 학습 과정을 조절하는 것이다. 그런데 이 메타인지는 어떻게 길러지는가? 아이는 놀면서 여러 가지 실험을 해본다. 그리고 다른 사람에게 놀이 방법을 가르쳐주기도 한다. 그 과정에서 배우고 알아가며 메타인지가 향상되는 것이다.

어느 날 아이가 이렇게 이야기했다.

"아빠가 많이 놀아줘서 좋아요. 아빠가 좋아지고 있어요. 나는 아빠 친구 할래요."

가끔은 아침에 일어나자마자 아빠가 보고 싶다고 찾기도 한다. 아이의 말을 통해 알았다. 함께 놀아줬을 때 아빠는 비로소 진짜 '아빠', 친구가 될 수 있다는 것을 말이다. 광고 속의 아이도 같은 마음이었을 것이다. 아빠의 놀이는 엄마의 놀이보다 더 흥미진진하고 활동적이다. 그래서 아이들은 아빠와의 놀이 시간을 좋아한다. 그리고 짧은 시간이어도 아빠와의 놀이에서 아이들은 아빠와 끈끈한 유대를 형성한다.

영국 옥스퍼드대학교에서 아이들 1만 7,000명의 발달 과정을 33년 동안 관찰하고 연구했다. 그 결과, 아이의 교육 및 발달에 더 적극적인 아빠와 함께 자란 아이는 학교 성적이 우수하고, 사회생활 및 결혼생활에서도 성공적인 것으로 나타났다. 이처럼 아빠가 육아에 참여하고 아이와 놀아주며 시간을 보내면 아이의 인생이 변할 수 있다.

아이와 잘 노는 아빠가 되기 위해 어떻게 하면 될까? 아이처럼 같이 뛰고 뒹굴며 몸으로 놀면 된다. 아이와 친구가 되어 함께 모험하고 도전을 해보는 것도 좋다. 아이에게서 배우기를 기뻐하고, 같이 배워가면 된다.

아빠들이여, 시간이 없다고, 바쁘다고 말하지 말고 하루에 10분이라도 아이들과 몸을 부대끼며 놀아보자.

엄마 품 놀이터
운영 매뉴얼

놀이는 아동기 인간 발달의 가장 위대한 표현이다. 그 자체만으로도 한 아이의 영혼을 자유롭게 표현해주기 때문이다.

독일의 교육자 프리드리히 프뢰벨Friedrich Wilhelm August Fröbel이 한 말이다.

아이들에게 놀이는 매우 중요하다. 따라서 부모는 아이들이 마음껏 놀 수 있도록 해줘야 한다. 지금부터 아이의 놀이를 위한 매뉴얼을 제시하고자 한다. 이 매뉴얼은 곧, 잘 노는 아이의 엄마가 갖추어야 할 마인드 세팅이기도 하다.

잘 노는 아이의 엄마가 되기 위해 기억할 것들

☼ **놀이의 주인공은 아이임을 잊지 말자**

'무얼 하고 놀아줘야 하지?'

고민하는 엄마의 마음, 잘 안다. 하지만 엄마가 아이와 놀아줘야 한다는 생각부터가 잘못된 것이다. 엄마가 놀아줘서, 엄마가 놀자고 해서가 아니라, 아이가 스스로 놀게 해야 한다. 놀이의 주인공은 아이다. 엄마가 시켜서 하는 것은 절대 놀이가 아니다.

엄마가 먼저 놀이에 대해 바르게 알아야 한다. 비싼 장난감, 멋들어진 교구 하나 사 주는 것이 아이를 놀게 하는 것이 아니다. 놀이 수업이니 놀이 체험이니 하는 것을 찾아다니는 것이 진짜 놀이가 아니다. 꼭 많은 돈을 들여야 놀 수 있는 것이 아니다. 친구가 많아야만 잘 노는 것은 아니다.

'아이에게 놀이란 무엇일까?', '내 아이는 무엇을 하며 노는 것을 좋아할까?' 이런 질문을 던져보며 엄마 스스로 놀이의 의미를 정확히 설정할 수 있어야 한다. 놀이에 대한 엄마의 생각이 바뀌면 아이의 놀이가 달라 보인다. 아이가 온갖 엉뚱한 행동을 해도 스스로 놀게끔 바라봐줄 수 있는 여유가 생긴다. 하나도 재미없어 보이던 아이의 놀이에 슬그머니 끼어들어 함께 놀며 웃고 있는 자신을 발견하게 된다.

☼ 지저분해도 괜찮아. 치우지 않아도 괜찮아

분명 어젯밤 아이가 잠든 후 살금살금 기어 나와 집을 싹 다 치웠다. 그런데 아이가 일어난 지 30분도 안 되어 집 안 꼴은 또 엉망진창이다. 집 안을 둘러보면 아침부터 한숨이 나온다. 아이를 쫓아다니며 치운다. 하지만 그것은 아무 의미 없는 몸부림에 불과할 뿐. 아이는 치워놓은 곳을 금세 책으로, 장난감으로 가득 채운다. 가방에 담아놓은 블록을 한꺼번에 와르르 쏟아놓는다.

치우려고 애쓰지 말자. 지저분해도 괜찮다. 발 디딜 틈이 없어도, 아이가 책을 밟고 넘어져도 뭐, 괜찮다. 온종일 청소부로 빙의해서 살지 말자. 집 안이 지저분하고 무언가가 많이 널브러져 있다는 것은 아이가 잘 놀고 있다는 증거다. 지저분한 틈바구니에서도 아이는 잘만 논다. 집 좀 치워달라고, 그래야 놀 수 있으니 제발 치워달라고 하는 아이는 없다. 놀아야 아이고, 어질러야 아이다.

특히 아이가 몰입해 있는 놀이가 있다면, 그 놀잇감은 더더욱 치우지 말아야 한다. 아이의 놀이는 금방 끝나지 않는다. 책도 보고 밥도 먹으며 이전에 하던 놀이에 관심이 없는 듯해 보이지만, 얼마 후에 또 그 놀이를 이어간다. 때로는 밤에 하던 놀이가 다음 날 아침 눈뜨자마자 이어지기도 한다. 아이의 놀이에도 나름의 의미가 있고 질서가 있다. 진짜 놀이는 한 번, 혹은 하루에 끝날 수 없다. 엄마라고 해서 그것을 깨뜨릴 자격은 없다. 아이의 놀이를 존중해주자.

촉감 놀이나 물감 놀이 등을 하고 나면 지저분해져서 치워야 할 것이 많을 때도 있다. 그때 혼자 짜증 내면서 치울 거면 안 하는 게 낫다. 급한 것만 빨리 치우고, 아이가 다시 시작한 새로운 놀이의 세계로 함께 들어가주는 것이 좋다. 매일같이 집을 모델하우스처럼 깨끗하게 치우고 살 필요 없다. 치우는 것이 아이의 놀이보다 중요한 것이 되면 안 된다. 결국 치우는 것도 내 아이를 위한 것 아닌가? 아이를 위한다면 놀이 먼저, 치우는 것은 나중에!

☀ 놀 땐 놀게 하자. 가르치려 하지 말고

'수학 놀이', '영어 놀이', '과학 놀이' 등 놀이라면서 놀이에 많은 것이 붙었다. 부모들은 놀이가 효과적인 교육 방법이라고 여긴다. 그래서 놀이를 놀이가 아닌 학습이라고 생각하는 경우가 많다. 하지만 부모의 흑심이 들어간 놀이는 더 이상 놀이가 아니다.

아이들이 놀고 있을 때 장난감을 보며 "오우! 잇츠 큐트~"와 같이 영어로 말하는 엄마들이 많다. 그러면서 잘 놀고 있는 아이에게 이건 영어로 뭐냐고 묻고, 따라 해보라고 한다. 동물 인형을 가지고 노는 아이에게 "사자는 고기를 먹으니까 육식동물이고, 풀을 먹는 기린은 초식동물이야" 하는 식으로 설명을 한다. 아이에게 놀라고 하면서 엄마는 끈질기게 아이의 놀이에 끼어든다. 놀면서 뭐라도 하나 더 가르치고 싶은 엄마의 마음, 잘 안다. 나도 그랬으니까. 하지만 그것은 놀이도 학습도 아니다. 방해일 뿐이다.

가톨릭대학교 심리학과 정윤경 교수는 진짜 놀이를 하고 싶다면 "아이가 가는 대로 따라가 주면 된다"고 말한다. 아이가 하고 싶은 놀이를 마음껏 해야 진짜 놀이다. 엄마의 욕심은 잠시 접어두시라. 놀 때는 그냥 놀게 해주어야 한다.

☼ 주변 시설을 활용해보자

인터넷을 검색해보면 다 찾아볼 수도 없을 만큼 다양한 장난감이 있다. 그리고 클릭 한 번이면 다음 날 집 앞에 새로운 장난감이 도착한다. 아이들을 홀리기에 장난감만큼 좋은 것은 없다. 하지만 그렇게 사 준 비싸고 화려한 장난감을 아이는 며칠이나 가지고 노는가? 길면 두세 달, 짧게는 몇 시간 만에도 아이는 장난감에 흥미를 잃는다. 그렇게 아이가 장난감에 흥미를 잃으면 그다음에는? 또 다른 장난감을 사 주면 되는가? 엄마의 통장은 마르지 않는 샘물인가? 언제까지 그런 식으로 아이를 홀릴 수는 없다.

아이가 스스로 놀잇감을 찾고 만들 수 있게 하는 것이 가장 좋다. 그 내용은 앞에서 언급했다. 그 외에도 장난감이 필요하다면 꼭 사 주지 않고도 놀게 할 수 있다.

요즘은 지역별로 장난감 도서관이 잘 마련되어 있다. 2020년 기준으로 장난감 및 도서 대여 서비스 센터 현황을 조사한 결과, 109개 운영센터 및 231개 사업장이 운영되고 있다. '장난감도서관', '장난감은행', '장난감월드', '장난감 대여센터', '놀잇감 대여실' 등 여러 이름을 붙이는데 대부분 비슷한 방식으로 운영하고 있다.

1년에 1~2만 원의 회비를 내면 자유롭게 이용할 수 있다. 보통 두 개 정도의 장난감을 1~3주 동안 빌릴 수 있다.

또한 아이들이 놀이를 할 수 있는 공간도 많이 만들어지고 있다. 2020년 기준, 놀이(체험)실은 운영센터가 108개, 사업장이 237개 있다. '쑥쑥자람터', '아이사랑놀이터', '놀이체험실', '도담도담나눔터', '아이뜰놀이터' 등 다양한 이름의 놀이 공간이 있다. 해당 지역에 사는 아동은 누구나 무료로 이용할 수 있다. 어떤 기관은 부모의 직장이나 조부모의 거주지가 해당 지역일 경우에도 이용 가능하다. 또 영유아는 누구나 이용 가능한 기관도 있다.

이와 같은 장난감 및 도서 대여, 놀이(체험)실은 전국적으로 마련되어 있으며 점차 그 수가 증가하고 있다. 이에 대한 자세한 내용은 '육아종합지원센터'를 검색하면 찾아볼 수 있다. 각 시·도, 혹은 자치구마다 육아종합지원센터가 있으니 자신이 살고 있는 지역의 센터를 검색해서 관련 정보를 얻을 수 있다.

☼ 엄마만의 비밀 무기를 쌓아둬라

아이가 흥미를 보이는 것이 있다면, 그것을 바로 할 수 있을 때 아이의 집중력과 성취감은 배가 된다. 그래서 아이가 하고 싶은 것이 있을 때 그것을 바로 놀이로 만들어주는 것은 중요하다.

만들기를 좋아하는 첫째 아이를 위해 나는 집에 이것저것을 챙겨둔다. 만들기를 할 수 있는 상자나 플라스틱병, 병뚜껑, 휴지심 등의 재활용품은 내 소중한 비밀 무기다. 이면지나 비닐봉지, 종이 가방도 버리지 않고 잘 모아둔다. 아이가 무언가를 만들고 싶어 할 때 나는 바로 재료를 가져온다. 노끈이나 고무줄은 여기저기 잘 쓰이는 단골 재료다. 스티커나 색종이도 넉넉히 챙겨놓는다. 그리고 언제든 아이와 요리 놀이를 할 수 있게 채소와 과일, 계란, 우유는 떨어지지 않게 준비해놓는다. 촉감 놀이를 할 밀가루나 쌀가루, 전분가루도 챙겨놓는다. 식용색소나 쿠키 모양 틀도 아이가 자주 찾아 즐겁게 노는 놀이 재료다.

아이가 무언가를 하고 싶어 하는데 집에 재료가 없다고 다음으로 미루면 아이의 관심이나 흥미는 금세 사라지고 만다. 다음 날 아무리 좋은 재료를 사다 바쳐도, 아이는 쳐다보지도 않는다. 아이가 좋아하는 놀이가 있다면, 언제든 하고 싶을 때 바로 시작할 수 있도록 재료를 잘 준비해두는 것이 좋다. 비싸고 자리 차지하는 것 말고, 간단한 것으로. 그리고 놀잇감이지만 언제든 생활에서 쓸 수 있는 것을 재료로 준비하면 더 좋다.

☀ 작은 변화가 많은 놀이를 만든다

늘 먹던 밥인데도 하루는 식탁 말고 바닥에 앉아서 먹는다. 상을 펴고 먹어보고, 방에 돗자리를 펴고 먹어본다. 특별할 것 없는 메뉴인데도 아이들은 즐거워한다. 밥 먹는 위치 하나 바꿨을 뿐인데 말이다. 같은 집에서 먹어도 식탁에서 먹는 느낌과 돗자리에서 먹는 느낌은 천지 차이다. 돗자리 하나가 소풍 분위기를 만들어준다. 분명히 밥을 먹고 있지만, 아이에게 식사 시간은 곧 놀이 시간이 된다. 식사 후에도 아이는 그곳을 떠나지 못한다. 가방도 가져오고, 인형도 가져와 놀이를 이어간다.

거실 바닥에 꽉 차 있던 매트를 다 치워본다. 아이는 금세 어디선가 장난감 자동차를 타고 나타난다. 또 매트를 접고 세로로 길게 깔아 다리를 만든다. 아이는 다리를 따라 올라갔다 내려갔다 하며 논다. 늘 깔려 있던 매트지만, 조금만 다르게 깔아주어도 아이는 새로운 아이디어를 내며 논다.

매일 대단한 것, 새로운 것을 해주려고 애쓰지 않아도 된다. 집에 있는 것, 아이가 놀던 것, 일상생활에 조금만 변화를 주어도 아이는 흥미를 느끼며 다가온다. 그리고 아이는 더 다양한 상상을 하고 시도를 하며 새로운 놀이를 만들어갈 수 있다.

엄마의 역할은 아이가 놀이에 빠져들고, 놀이를 주도해갈 수 있도록 불쏘시개 역할만 해주면 되는 것이다. 작은 것부터, 사소한 것부터 조금씩 변화를 주는 것만으로도 충분하다.

앞에서 제시한 여섯 가지 매뉴얼은 간단하지만 막상 실천하려면 행동으로 옮기기 쉽지 않은 것들이다. 할 수 있는 것부터 하나씩 직접 해보고, 지속적으로 실천해보자. 아이는 놀이의 주인공으로 우뚝 설 것이다.

4장

책의
바다에 빠지는
엄마 품 놀이터

엄마 품 '책' 놀이터를 위한 환경 설정

황금이 가득하더라도
자식에게 경서 한 권을 가르치는 것만 못하고,
자식에게 천금을 준다 해도
재주 하나를 가르치는 것만 같지 못하다.

《명심보감》〈훈자편訓子篇〉에 수록된 글이다. 자녀에게 좋은 책을 제시하는 것, 그리고 책을 잘 읽을 수 있도록 가르치는 것은 돈으로는 살 수 없는 아주 가치 있는 일이다.

책 읽기를 위한 물리적 환경 조성

나는 주기적으로 책장 위치를 바꾸거나 책장 안에서 책의 위치를 바꾼다. 책이 어디에 있느냐에 따라 아이의 책 읽는 시간과 습관에 변화가 생긴다. 아이의 놀이방과 거실에는 가장 큰 책장이 있다. 그리고 그 외의 다른 알짜 공간을 찾아 책장을 하나씩 놓았다.

아이의 책장을 놓기 좋은 첫 번째 공간은 주방이다. 우리 집 주방에는 식탁 옆에, 그리고 식탁 맞은편에 책장이 있다. 가족이 함께 많은 시간을 보내는 곳이 바로 주방이다. 그래서 주방에 책장을 두면 가족 모두 오가며 손쉽게 책을 읽을 수 있다. 아이는 밥이나 간식을 먹으러 주방에 와서 음식보다 먼저 책을 만난다. 가까운 곳에서 자주 책을 접하게 되면 책을 읽는 것이 자연스러워진다. 그리고 매 끼니를 거르지 않듯이, 매일 책을 읽는 것도 거르지 않게 된다. 아이는 엄마가 요리하거나 설거지를 하는 동안 책을 읽는다. 지루하고 기다리기 힘든 시간이 즐거운 시간으로 변한다.

두 번째 알짜 공간은 현관문 옆이다. 나는 현관문 옆에 작은 책장을 놓았다. 무언가 색다른 위치여서 그런지 첫째 아이는 이곳에서 책 읽는 것을 좋아한다. 현관에 책을 잔뜩 쌓아놓고 책을 본다. 외출하려면 준비 시간이 필요하다. 보통은 아이들을 먼저 준비시키고 내가 준비하기 때문에 아이들에게 기다리는 시간이 생긴다. 그때 아이들은 현관문 옆에서 책을 읽으며 기다린다. 그렇게 하라고 시킨 적은 단 한 번도 없다. 그저 현관문 옆에 책장을 두었을 뿐이다. 엄마가 준비하는 시간 동안 아이들은 불평 하나 없이 책을 꺼내 읽으며 자기만의 시간을 갖는다. 또 때로는 외출했다가 집에 들어오자마자 바로 이 책장 앞에 앉아 책을 꺼내 보기도 한다. 이 책장에는 아이들이 많이 본 쉬운 내용의 책을 꽂아둔다. 그래서 아이가 책을 읽고 있다가 엄마가 나가자고 하면 언제든 편한 마음으로 책을 내려놓고 나갈 수 있다. 그리고 언제든 다시 책 읽기를 이어갈 수 있다.

새로 들이는 책은 주로 거실 벽면에 있는 책장에 꽂는다. 아이 눈높이에 맞는 위치에 꽂아 아이가 자연스럽게 책을 꺼내 보도록 한다. 책의 위치는 자주 바꾼다. 거실에서 놀이방으로, 주방에서 현관문 옆으로, 이렇게 다른 공간의 책장으로 바꾸어주기도 한다. 또한 한 책장 안에서 아랫줄에서 윗줄로, 혹은 옆 칸으로 바꾸어주기도 한다. 별것 아니지만 이 작은 변화를 통해 아이는 흥미를 느끼며 책을 꺼내 든다.

책장뿐 아니라 책 바구니를 활용하는 것도 좋은 방법이다. 우리 집 곳곳에는 노란 바구니가 있다. 그 바구니에는 책들이 가득 담겨 있다. 이 바구니는 첫째 아이가 백일도 되기 전부터 활용했다. 아이가 놀다가 언제든 책을 꺼낼 수 있도록 아이 가까이에 두었다. 그리고 집안 곳곳에 바구니를 두어 어디서든 책을 찾을 수 있게 했다. 아이가 어릴 때는 책장에서 책을 꺼내기가 쉽지 않기 때문에 책 바구니가 유용하다. 그리고 점점 아이의 활동 반경이 넓어지면서 집 안 곳곳에서 놀게 된다. 이때도 책 바구니가 있으면 아이는 언제 어디서든 툭 책을 꺼내 볼 수 있다.

안방에도, 거실에도, 베란다에도 책 바구니가 있다. 특히 책장이 없는 베란다에서 이 바구니는 아이에게 소중한 보물 바구니다. 베란다에서 놀다가 꺼내 읽는 책의 맛은 다른 곳에서 경험하는 것과 다르다. 아이는 볼풀공 위에 누워서, 밖이 내다보이는 테이블에 앉아서, 때론 바닥에 누워 하늘을 보며 책을 본다. 자기 전에도 안방 머리맡에 놓인 책을 한바탕 읽고 잠자리에 든다.

식탁 옆에는 책 바구니가 아니라 바퀴가 달린 기저귀 정리함을 사용한다. 아이가 어릴 때 기저귀를 넣어두던 것인데, 책을 넣으니 훌륭한 이동식 책장이 된다. 바구니와 비슷하지만 삼단으로 되어 있어 책을 많이 넣을 수 있고, 식탁에 앉아서도 편안하게 책을 꺼낼 수 있다. 그리고 바퀴가 있어서 이동이 편리하다. 아이는 정리함을 움직이며 책을 찾는 것만으로도 즐거워하며 책을 꺼내 든다.

또한 아이가 편안하게 책을 읽을 수 있는 독서 환경을 만들어준다. 바닥이나 다리에 책을 놓고 고개를 숙여서 보면 허리와 목이 굽어진다. 몸이 불편해서 오래 책을 볼 수 없다. 그래서 나는 책장 앞에 책상과 독서대를 마련해주었다. 아이는 독서대에 책을 올려놓고, 허리를 펴고 바른 자세로 책을 읽는다. 편안한 자리를 제공해 주고, 바른 자세로 책을 읽도록 도와주는 것은 중요하다. 이를 바탕으로 아이는 평생 책 읽는 습관을 기를 수 있다.

책 읽기를 위한 정서적 환경 조성

아이가 책을 읽도록 하기 위해 집 안의 물리적 환경뿐만 아니라 정서적 환경을 조성하는 것은 매우 중요하다. 이때 정서적 환경을 조성하는 것은 곧 엄마의 역할이라고 할 수 있다.

☼ 엄마는 리더^{Reader}로, 아이의 리더^{Leader}가 되어야 한다

"책 좀 읽어라. 읽어라." 백날 말해봤자 아무 소용없다는 것, 모든 부모가 알 것이다. 책 읽는 아이로 키우고 싶다면 다른 방법은 없다. 있다 해도 그 효과는 오래가지 않는다. 제일 좋은 방법은 부모가 먼저 책을 읽는 것이다. 책 읽는 부모의 모습, 책 읽는 가정의 분위기, 책을 읽고 함께 이야기를 나누는 시간. 그것은 수백, 수천 권의 책을 사서 집 안 가득 채워놓는 것보다 더 훌륭한 독서 환경을 조성하는 길이다.

조선의 천재 학자 율곡 이이는 어렸을 때부터 어머니 사임당과 아버지가 사서오경을 읽고, 책에 대해 토론하는 것을 보고 자랐다고 한다. 우리 부부도 아이들에게 책 읽는 모습을 많이 보여준다. 집에서만이 아니라 밖에 나갈 때도 책을 챙겨 나가 여유 시간이 생기면 책을 읽는다. 이런 엄마, 아빠의 모습을 본 첫째 아이는 집을 나설 때 먼저 엄마, 아빠의 책을 가방에 넣어주기도 한다. 그리고 책을 읽다가 감동적인 부분이 나오거나 생각을 나누고 싶을 때면 식탁 앞에 앉아서도, 침대에 누워서도 대화를 나눈다. 언제 어디서든 책을 읽고, 책에 대해 대화를 나누는 것을 보고 자란 아이들은 자연스레 책과 가까워졌다.

☼ 엄마는 아이의 흥미와 호기심을 유발하는 동기 유발자가 되어야 한다

요즘 주변에는 아이들의 호기심을 자극하는 것들이 참 많다. 아이들은 TV나 핸드폰, 장난감 등 화려한 것에 금세 빠져든다. 이러한 자극들은 별다른 흥미를 유발하지 않아도 대부분의 아이가 관심을 보인다. 하지만 책은 다르다. 처음부터 책에 흥미를 갖는 아이는 거의 없다. 평범한 물건일 수도 있는 책이 아이들에게 재미가 되고 흥밋거리가 되려면 부모의 노력이 필요하다.

우리 가족은 밖에 나갔을 때 책에서 본 것을 발견하면, 책의 내용을 주제로 대화한다. 그리고 집에 오면 그날 경험했거나 본 것과 관련된 책을 다시 찾아본다. 직접 경험한 것을 책으로 보는 것이기 때문에 아이는 쉽게 빠져든다. 경험은 책과 이어져 자연스럽게 흥미와 호기심을 유발한다. 그리고 남편과 함께 아이의 책을 보며 이야기를 나누기도 한다. 아이는 부모의 모습을 보고 무슨 책인지 궁금해하며 다가온다.

새 책을 샀을 때는 책장에서 아이의 눈높이에 맞는 곳에 새 책을 놓아둔다. 식탁이나 방바닥에 새 책을 살포시 내려놓기도 한다. 아이는 이러한 사소한 변화를 알아채고 책을 펼쳐본다.

☼ 엄마는 이야기를 재미있게 읽어주는 이야기꾼이 되어야 한다

어린아이는 아직 글을 읽을 수 없기 때문에 엄마가 읽어주는 이야기에 대한 흥미가 곧 책에 대한 흥미가 된다. 책의 내용을 실감 나고 맛깔나게 읽어주는 것은 중요하다.

나는 아이에게 재미있게 책을 읽어주기 위해 아이보다 먼저 책을 읽어본다. 아이가 흥미를 보일 만한 내용의 책을 고르고, 조금 어렵거나 아이가 관심 갖지 않을 내용이면 다음에 읽도록 잠시 책장에 넣어둔다. 나는 기계처럼 그대로 책을 읽어주지 않는다. 책을 읽어주지만, 이야기꾼이 되려고 노력한다. 책의 이야기를 나의 이야기로 만들어, 아이에게 최대한 재미있게 전달하려고 노력한다. 책의 하이라이트 부분, 주인공의 변화 또는 상황이 반전되는 부분을 미리 살펴둔다. 그리고 아이에게 책을 읽어줄 때 중요한 부분이 나오기 전에는 한참 뜸을 들인다. 조금 더 과장해서 표현하기도 하고, 아이와 대화하듯 실감 나게 이야기하기도 한다. 중간중간 내용을 빼기도 하고, 덧붙이기도 한다.

　책 이야기를 할 때 꼭 책이 있어야 하는 것은 아니다. 몇 번 읽은 책의 이야기는 차를 타고 가면서, 산책하면서, 잠자리에 누워서 이야기를 이어갈 수 있다. 나와 아이는 이렇게 책 없이도 책 이야기를 나눈다. 책의 내용을 그대로 이야기해주기도 하고, 책의 주인공이나 책 내용에 대한 생각을 나누기도 한다. '책'이라는 물건이 중요한 것이 아니다. 책을 매개로 아이와 함께 이야기를 나누는 시간이 중요한 것이다.

　이처럼 아이가 책과 가까워질 수 있도록 물리적 환경과 정서적 환경을 조성할 수 있다. 하지만 이것이 모두 정답은 아니다. 각 가정의 상황에 따라 적절한 환경을 꾸밀 수 있다. 내 아이에게 맞는 독서 환경은 어떤 것일지 고민해보자. 아이의 책 읽기를 위한 환경을 만들어가는 동안, 아이의 책 읽기는 이미 시작된 것이다.

책이랑 친구 하기

 책을 읽는 아이로 키우고 싶다면, 먼저 아이가 책과 친해지게 해야 한다. 아직 책에 관심도 없는 아이에게 무작정 책을 읽으라고만 하면, 아이는 오히려 책에서 멀어지려 할 것이다. 책을 읽는 것보다 우선되어야 할 일은 책과 친해지는 일이다.

아이가 책과 친해지게 하는 방법

 책과 친해질 수 있는 수많은 방법이 있지만, 아이에게 해줄 수 있는 것으로 다음의 여섯 가지 방법을 제시한다.

☼ 첫 번째, 책을 자주 보여준다

자주 만나는 사람과 이야기를 많이 나누고 가까워질 수 있듯이, 책도 자주 만나야 친해질 수 있다. 주변에서 자주 책을 보고, 책 이야기를 자주 들으면 아이는 책과 친숙해진다.

나는 아이 주변에 늘 책을 두었다. 처음에는 초점 책, 헝겊 책부터 시작했다. 아이는 자다가 일어나서, 놀다가, 먹다가 자연스럽게 책을 볼 수 있었다. 아이는 책에 눈을 맞추고, 색과 모양을 보기 시작했다. 그리고 손을 내밀어 책을 만지며 놀았다.

그리고 신생아 때부터 아이에게 책을 읽어주었다. 물론 듣는 건지, 이해하는 건지 당최 알 수 없는 어린 시기에는 책을 읽어주는 것이 참 답답하기도 했다. 그래도 품에 안고, 때론 눕혀놓고 책을 읽어주고 또 읽어주었다. 아이의 동화책을 읽어주기도 했고, 성경을 읽어주기도 했다. 내가 읽고 있는 책이나 공부하는 책도 소리 내어 읽어주었다. 책 읽어주기는 엄마만 하지 않았다. 엄마가 읽어주던 책을 퇴근하고 온 아빠도 읽어주고, 오랜만에 만난 할머니, 할아버지도 읽어주었다. 같은 책이지만 다양한 목소리로, 같은 따뜻함이지만 다양한 느낌의 포근함을 느끼며 아이가 책과 만날 수 있게 해주었다.

☼ 두 번째, 책을 놀잇감으로 만들어준다

책처럼 좋은 놀잇감은 없다. 알록달록한 그림, 보드라운 표지, 때론 재미있는 팝업, 다양한 냄새와 촉감을 만날 수 있는 책은 아이에게 재미있는 놀잇감이다. '책은 읽는 거야'라는 생각은 부모의 편견이다. 먼저 부모의 편견을 없애야 한다. 그런 다음 아이에게 책을 쥐여주면 아이는 책을 보고, 만지고, 냄새 맡고, 때론 구기고, 찢기도 하면서 책과 놀 수 있다.

우리 아이들은 책으로 참 잘 논다. 책을 바닥에 쭉 줄 세워 기차를 만든다. 책은 금세 기차로 변하고, 책 읽기는 기차놀이로 바뀐다. 책을 바닥에 여기저기 늘어놓는다. 그리고 폴짝폴짝 이 책 위에서 저 책 위로 뛰어간다. 징검다리를 건너는 거란다. 책을 쌓고 쌓아 탑을 만든다. 그러다가 순간 와르르~ 책 탑을 무너뜨리고 즐겁게 웃는다. 머리 위에 책을 뒤집어쓰고는 엄마도 모자를 써보라며 책을 올려준다. 머리에, 혹은 손 위에 책을 올리고 흔들어 떨어뜨려 본다. 그게 뭐라고 배꼽을 잡고 한참을 웃는다. 가끔은 책을 요리조리 움직여가며 무언가를 만든다. 자기 이름에 들어가는 글자 '소'를 만들었다고 자랑한다. 아이에게 책은 이렇게 재미있는 놀잇감이다.

나는 아이의 책으로 새 책보다는 중고 책을 많이 들인다. 감사하게 지인들이 물려준 좋은 책도 있고, 동네 사람들에게 드림 받은 책도 있다. 그리고 아이에게 정말 사 주고 싶은 책은 중고로 산다. 중고로 책을 들여도 깨끗하고 좋은 책이 정말 많다. 이렇게 중고로 책을 들여서 좋은 점은 엄마의 욕심이 줄어든다는 것이다. 새 책을 사면 아이가 그 책을 모두 다 읽어야 본전을 뽑는다는 생각에 억지로 책을 읽힐 것이다. 그런데 그런 생각 없이 아이가 한동안 새로 들인 책을 보지 않아도, 전집 중에 한두 권의 책만 보아도 아이에게 강요하지 않게 된다. 또 아이가 책으로 마음껏 모험을 하고 놀아도 마음에 부담이 없다. 아이가 책을 가지고 놀거나 읽다 보면 낙서를 하기도 하고, 책을 찢기도 한다. 새 책이면 분명히 아이에게 한소리 할 게 뻔하다. 하지만 이미 이런저런 시간의 흔적이 가득한 책이기에, 아이와 함께 테이핑하며 쿨하게 넘어갈 수 있다.

☼ 세 번째, 아이가 책과 놀 수 있도록 엄마가 놀이를 제시해 준다

엄마가 조금만 고민해보면 책으로 할 수 있는 놀이를 많이 찾을 수 있다. 쉽고 간단한 놀이를 구상해서 아이와 함께 하면 된다. 아이는 놀이를 하면서 자연스럽게 책과 친해질 수 있다.

책에서 숨은그림찾기 놀이를 할 수 있다. 모양이나 색깔 찾기부터 시작해서 동물이나 인물 찾기, 물건 찾기도 할 수 있다. 때로는 내가 내용을 이야기해주고, 그 책을 찾는 놀이를 하기도 한다. 처음에는 책 표지를 보고 책을 찾을 수 있다. 그리고 책장에서 책을 찾도록 하는 것도 재미있어한다. 아이가 글자를 읽을 수 없어도 꽂혀 있는 많은 책 중에서 원하는 책을 찾아낼 수 있다. 아이들 책은 대부분 책등에도 그림이 그려져 있다. 작지만 책의 주제나 주인공이 담겨 있는 그림이다. 그래서 아이는 그림으로 책을 찾을 수 있다.

첫째 아이는 책을 읽은 후에 책을 바닥에 늘어놓고 치우는 것을 귀찮아한다. 그래서 나는 놀면서 자연스럽게 책을 치우도록 유도하기도 한다. 책 10권 모으기, 책 10권 책장에 넣기, 책 많이 모으기 시합, 책 높이 쌓기 시합을 한다. 이렇게 책을 읽는 것뿐만 아니라 치우는 것도 책 놀이가 될 수 있다.

☼ 네 번째, 다양한 책을 제시해준다

다양한 기능이 있는 재미있는 책들이 시중에 매우 많다. 그것을 모두 사 줄 필요는 없지만, 아이가 책과 친해지도록 한두 권 제시해주는 것도 좋다. 아이는 사운드 북의 노래를 따라 부르며 춤을 춘다. 플랩 북의 그림을 들춰보면서 주인공과 만난다. 촉감 책의 부드럽거나 울퉁불퉁한 면을 직접 만지며 느껴본다.

아이들은 글이 아니라 그림으로 책을 만난다. 그래서 다양한 그림이 있는 책을 제시해주는 것이 중요하다. 색깔이나 재료, 구성이 다양한 책을 접하게 하고, 그림뿐 아니라 사진이 담긴 책을 제시해 줄 수 있다. 동식물 도감이나 백과사전을 구비해두는 것도 좋다. 아이는 자신이 좋아하는 사물이나 동물, 식물을 만나기 위해 스스로 책을 펼치고, 놀게 된다.

사물 인지 책, 동화책으로 시작한 책은 네 살 즈음부터 과학 동화, 수학 동화, 지식 정보책, 자연관찰, 명작, 전래동화 등으로 그 폭을 점차 넓혀가야 한다. 다양한 영역과 내용의 책을 제시해주는 것만으로도 아이는 호기심을 갖고 책의 세상에 들어와 놀 수 있다.

☼ 다섯 번째, 책과 잘 놀도록 하기 위해 책 이외에 다른 것을 활용한다

내가 주로 활용하는 것은 CD다. 책과 함께 나온 CD를 들려주는 것이다. 물론 처음 만나는 책인데 CD부터 들려주는 일은 절대 없다. 내가 읽어주기 싫어서 CD를 들려주는 일은 더더욱 없다. 책은 엄마나 아빠가 직접 읽어주는 것이 기본이고, 이것은 보조역할일 뿐이다. 내가 CD를 활용하는 경우는 아이가 수십 번 읽어서 내용을 잘 알고 있는 책에 한해서다. 그리고 밥을 먹거나 차로 이동 중이어서 책을 읽기 어려울 때만 활용한다.

첫째 아이는 특히 밥을 먹을 때 책 이야기 CD 듣는 것을 좋아한다. 이야기를 들으며 내용과 장면을 상상한다. 이어지는 상황에 맞는 대사를 직접 말하기도 한다. 그렇게 책 없이 책과 놀면서 책의 내용을 기억하고, 머릿속으로 책의 장면을 그려낸다. 재미있는 책은 여러 번 반복해서 듣기도 한다. 그렇게 듣고 난 후에는 책을 보자고 하지 않아도 직접 책을 찾아 읽어본다. 책이 재미있어져야, 이야기에 빠져들어야 책과 더 친해질 수 있다. 그래서 아이가 좋아하는 책이 있다면 다양한 방법으로 자주, 많이 들려주어야 한다. 그

만큼 아이는 책과 가까워질 것이다.

☀ 여섯 번째, 책을 마음껏 늘어놓게 한다

우리 집에는 늘 책이 많다. 어느 방에 가도 바닥에 책이 한가득 있다. 소파 위에도 항상 책이 있다. 아이가 놀며 책을 읽은 흔적이다. 아이들 책뿐만이 아니라 엄마, 아빠 책도 집 안 곳곳에 있다. 집은 책으로 발 디딜 틈이 없다. 그래서 둘째가 책을 밟아 넘어진 적도 있다. 그래도 아이에게 책을 치우라고 잔소리하지 않으려고 노력한다. 책을 치우는 것은 자기 전에 다 같이 한 번만 한다. 산처럼 쌓아놓고, 바닥 한가득 늘어놓고 읽다가 놀다가, 아이는 그렇게 책과 함께 하루를 보낸다.

눈에 보여야, 가까이 있어야 책을 들어보게 되는 것이다. 책은 항상 가까이에 있어야 한다. 책장에 번호 맞추어 깔끔하게 꽂아놓고 보지 않으면 무슨 소용 있는가? 조금은 지저분해 보여도 손 뻗으면 닿을 곳에 늘 책이 있어야 한다. 책으로 어수선한 집, 그곳이 책과 놀기 좋은 집이다.

우리 아이들은 책이 있는 환경에서 책 이야기를 들으며, 또 책으로 놀면서 자연스럽게 책과 친해질 수 있었다. 이렇게 책과 친구가 되니, 책 읽기는 한결 쉬워졌다.

이미 친해진 친구와 노는 것은 식은 죽 먹기다. 책도 마찬가지다. 아이에게 책을 읽히기 전에 책과 충분히 친해지게 하자. 책과 친해질수록, 그래서 책과 친한 친구가 될수록 아이는 먼저 책에 다가갈 것이다.

내 아이를
책의 바다에 빠뜨리는 법

풍덩! 바다를 향해 온몸을 던진다. 입수할 때의 짜릿함은 말로 다 표현할 수 없다. 시원한 바닷물에 몸을 적시니 삶의 고민과 어려움도 다 같이 씻겨 없어지는 듯한 느낌이다.

눈앞의 바닷속 풍경은 그야말로 환상적이다. 절벽처럼 가파른 지형을 옆으로 지나는데, 그 길을 따라 아름다운 산호초가 가득하다. 세상 어떤 보석보다 눈부시게 아름답다. 햇살이 드리워진 물결은 신비롭게 출렁이고, 설렘으로 가득한 내 마음은 물결을 따라 요동친다. 우와! 저쪽으로 물고기가 떼를 지어 헤엄치는 모습이 보인다. 어디로 가는 걸까? 아름다운 행렬을 따라가고 싶은 마음이 가득하다. 그때 갑자기 버디^{buddy}(짝)인 친구가 손짓을 한다. 위쪽을 보라는 것이다. 거북이다! 친구와 나는 곧장 거북이를 따라간다. 커다란 거북이 녀석이 헤엄치는 모습이 너무 귀엽다. 잠깐이지만 거북이와 함께 논다.

    그리고 다시 유유히 바닷속 탐험을 이어간다. 둥둥 떠 있는 내 몸은 우주인이 된 것 같다. 아름다운 바다 생명체들은 나의 눈과 마음을 사로잡기에 충분하다. 아름답고 황홀한 이 시간, 이곳이 내겐 천국이다.

    살면서 무언가에 깊이 빠져본 경험이 있는가? 나는 결혼 전에 스쿠버 다이빙을 즐겼다. 필리핀에서 2년 동안 살면서 친구와 함께 필리핀의 유명한 다이빙 포인트는 전부 다녀보았다. 그리고 다이빙을 하기 위해 여러 나라로 여행을 다녔다. 겁도 없이 여자 혼자 여행을 다니며 처음 보는 외국인과 버디가 되어 다이빙을 하기도 했다. 세계 최대 산호초 군락인 호주의 그레이트 배리어 리프^{Great Barrier Reef}에서도, 제2차 세계대전 때 사용된 난파선에서도 다이빙을 했다. 그리고 수심 30미터까지도 내려가보았다.

    지금은 육아를 하며 다이빙을 하러 떠나기 어려운 상황이지만, 나는 언제나 그 순간을 뚜렷하게 기억한다. 그 짜릿하고 환상적인 순간을 평생 잊을 수 없다. 오래전 일이지만 이 경험들은 나를 살게 한다. 지금 당장 바다에 뛰어들지 않아도 그때의 그 감격과 환희는 힘들고 지치는 순간마다 내 마음에 위로가 된다. 젊은 날의 용기와 도전은 새로운 길목에서 주저하는 나에게 언제나 큰 나침반이 된다.

책 육아의 시작

첫째 아이가 태어나고 한 달 반쯤 되었을 때, 처음으로 남편과 단둘이 외출을 했다. 우리는 한 카페에서 차를 마시며 대화를 나누었다. 그러다가 우연히 책꽂이에 꽂혀 있던 책을 한 권 보게 되었다. 《지랄발랄 하은맘의 불량육아》라는 책이었다. 자극적이면서도 위트 있는 제목을 보자 어떤 내용일까 궁금한 마음이 들었다. 그래서 남편과 함께 그 책을 꺼내 읽었다. 책을 읽으며 우리는 참 많이 울었다. 생후 1개월 된 아이를 키우고 있지만, 누구 못지않게 육아에 대해 많이 고민하고 있던 터였다.

그 책을 통해 나는 육아의 방향을 찾을 수 있게 되었다. '책 육아'. 그때 나와 남편은 결심했다. 우리 아이는 책으로 키우기로 말이다.

하은맘, 푸름이 아빠 등 책으로 아이를 잘 키운 선배들이 쓴 육아서를 읽다 보면, 하나같이 아이들이 '책의 바다'에 빠지는 시기가 있었다. 그래서 나는 더욱 궁금한 마음이 들었다.

'책의 바다가 대체 뭘까? 어떻게 하면 아이가 책의 바다에 빠질 수 있는 걸까? 우리 아이는 언제쯤 책의 바다에 빠질 수 있을까? 아이가 책의 바다에 빠지면 어떤 일이 벌어질까?'

모든 것이 궁금하기만 했다. 그리고 우리 아이가 책의 바다에 빠지는 그 날이 기다려졌다.

하지만 참 신기하게도 책의 바다에 빠졌다는 아이의 이야기를 하는 사람을 주변에서 찾아볼 수 없었다. 좋다는 전집이나 출판사를 줄줄이 읊어주는 사람은 있어도, 어떻게 하면 아이 책이나 장난감을 싸게 사는지 말해주는 사람은 있어도, 아이에게 어떻게 책을 읽어줘야 하는지, 어떻게 하면 아이가 책에 빠져들게 할 수 있는지 말해주는 사람은 없었다.

그래서 나는 내 아이에게 집중하기로 했다. 그리고 내 아이만의 책의 바다를 향해 함께 가기로 마음먹었다. 바다로 가는 길은 다양하게 있을 것이다. 나는 그 여러 길 중 내 아이가 가고 싶어 하는 길을 통해, 내 아이가 가고 싶어 하는 방법으로 가보기로 했다. 그 길이 비록 조금 멀거나 돌아가는 길이라도 괜찮았다.

책의 바다로 가는 길

엄마가 아이에게 책 한 권도 읽어주지 않았는데 아이가 계속 책을 들고 올 리 없다. 나는 아이에게 책을 많이 읽어주었다. 신생아 때부터 책을 읽어주었다. 아이가 알아듣든지 못 알아듣든지 계속 읽어주었다. 그러다 보니 아이는 책과 자연스럽게 친해졌다. 차츰 아이는 내가 읽어주는 책 이야기에 웃거나 소리를 내며 반응하기 시작했다. 스스로 책을 넘기거나 그림에 손가락을 대는 식으로 의사 표현을 하기도 했다. 그리고 몸을 움직이면서부터는 자신이 직접 책을 골라 와서 읽어달라고 내밀었다.

아이를 책의 바다에 빠지도록 하려면 책을 많이 읽어주어야 한다. 그냥 생각날 때 가끔 읽어주어서는 안 된다. 매일매일, 차고 넘치도록 많이 읽어주어야 한다. 책 읽어주기는 결코 쉬운 일이 아니다. 그 어떤 노동보다 힘든 일이다. 아이를 안고 몇 시간 동안 책을 읽어주면 목이 다 쉬어서 말도 할 수 없다. 목은 일자목이 되어 수시로 찌릿찌릿하다. 허리도, 무릎도 시큰하다. 눈도 피곤하고, 졸음이 밀려올 때도 있다. 한두 권은 성우 뺨치도록 실감 나게 읽어줄 수 있지만, 열권 넘게 책을 읽어주면 지루하고 답답해서 내 몸이 절로 비비 꼬인다. 책을 읽어준 후에도 귓가에 책 내용이 계속 들리는 것 같다. 그럼에도 책을 가지고 오는 아이를 거부하지 않고 한 권이라도 더 읽어주는 것. 그것이 바로 책의 바다로 향하는 지름길이다.

아이가 커가면서 집에 아이 책을 많이 들이기 시작했다. 나는 최대한 다양한 종류의 책을 많이 구비해주려고 노력했다. 두세 달에 전집 한 질씩 들여주어 지금은 놀이방과 거실, 주방까지 아이의 책이 가득하다. 아이는 그때그때 자신의 흥미나 관심에 따라 보고 싶은 책을 찾아 읽는다.

우리 집 벽면은 책장으로 가득하고, 바닥에는 온통 책이 널브러져 있다. 아이를 책으로 키우고 싶다면 당연히 집에 책이 많아야 한다. 그래야 아이는 다양한 책의 즐거움을 골고루 경험할 수 있다. 수많은 책이 있지만, 직접 읽어봐야 마음이 가는 책을 발견할 수 있다. 그중 어떤 책은 마중물이 되어 아이를 책의 바다로 인도할 수도 있다. 또 어떤 책은 홈런 북(야구선수가 홈런을 치듯이 짜릿한 경험을 주는 좋은 책)이 되어 아이가 책의 바다에 빠져 마음껏 즐기도록 도와줄 수도 있다. 따라서 집에는 책이 많을수록 좋다. 책이 많아질수록 인테리어는 포기할 수밖에 없다. 하지만 책이 많은 집은 아이가 책의 바다에 빠지기에 더없이 좋은 환경이다.

내 아이의 책의 바다

아이는 28개월에 처음 책의 바다에 빠졌다. 아침에 눈을 뜨자마자 책을 들고 왔다. 곰곰이나 추피, 차일드 애플은 전집 전체를 쌓아놓고 한자리에서 모두 읽었다. 밥 먹을 때도 책을 들고 왔다. 책을 읽다가 스르르 잠이 들기도 했다. 재미있게 놀다가도 풀썩 주저앉아 책을 보았다. 밤이 되면 "또! 또! 이것도!"라고 외치며 자정이 넘어서까지 읽고 또 읽었다. 그렇게 하루 종일 수백 권의 책을 읽었다. 매일같이 책으로 시작해서 책으로 끝나는 삶을 살았다.

아직 글자를 읽지 못해 내가 읽어주어야 하는 세 살배기 어린 아이였지만, 아이가 스스로 "저 책의 바다에 빠졌어요"라고 말하지 않았지만, 분명했다. 아이는 책의 바다에 빠졌다! 나는 아이의 손을 잡고 아이의 바다에서 함께 헤엄쳤다. 늘 옆에 붙어 있는 좋은 버디가 되어주었다.

책을 읽으면 읽을수록 아이의 눈빛은 초롱초롱하게 빛났다. 아이는 그때까지 말을 잘 하지 못했는데, 책의 주인공이 하는 말을 그대로 따라 하며 저절로 말문이 트였다. 그토록 싫어하던 양치질도 책을 보며 스스로 하게 되었다.

아이는 그 뒤로도 두 번 더 책의 바다에 빠졌다. 시키지 않아도 아이는 책을 보았다. 엄마가 수없이 많이 읽어준 책은 혼자 앉아서 보기도 하고, 새로운 책은 엄마 품에서 함께 읽었다. 한글책뿐만 아니라 영어책에도 재미를 붙이며 읽게 되었다. 책의 바다에 빠질 때마다 아이는 신기하게도 쑥쑥 컸다. 아이의 말과 행동이 놀랍게 변했다.

이렇게 세 번 책의 바다에 빠져 충분히 즐기고 난 후, 아이에게 책은 삶의 일부가 되었다. 아이는 책을 즐기고, 매일 스스로 책을 읽는다.

나는 바다를 사랑한다. 바다를 생각하면 가슴이 뜨거워지고, 살아 있다는 느낌이 든다. 나는 언제든 바닷속으로 뛰어들 준비가 되어 있다. 젊은 시절 마음껏 즐긴 스쿠버 다이빙의 경험 때문이다. 무언가에 흠뻑 빠져드는 경험은 이처럼 소중하다. 그 경험을 하기 전과 후의 인생은 180도 다르다.

책도 마찬가지다. 책의 바다에 빠져본 아이는 책에서 느낀 황홀함, 짜릿함, 만족감, 아름다움을 평생 잊지 못한다. 그래서 한동안 책을 놓고 있다가도, 또는 성인이 되어서도 언제든 쉽게 다시 책의 바다에 빠져들 수 있다. 책의 바다가 주는 행복을 알기 때문이다. 게다가 책의 바다에서의 경험은 책뿐 아니라 다른 활동을 할 때도 자신 있게 도전할 수 있는 용기를 준다. 이처럼 '책의 바다'를 경험하는 것은 매우 중요하다. 특히 어릴 적 경험한 책의 바다는 아이의 인생을 바꿀 수 있는 평생의 자산이 될 수 있다.

아이에게 어떤 선물을 사 줄까 고민하지 말고, '책의 바다'라는 경험을 선물해주자. 그 경험은 아이의 인생을 풍요롭고 맛깔나게 해줄 것이다. 이를 위해 오늘부터 아이에게 한 권씩이라도 책을 읽어주자. 하루 이틀 읽어주다 끝내는 것이 아니라 매일같이 끈질기게 해야 한다. 그렇게 책을 읽은 하루하루가 쌓이고, 엄마의 사랑이 쌓이면 언젠가 분명히 보게 될 것이다. 책의 바다에 빠져 마음껏 즐기고 있는 아이의 모습을 말이다.

어떻게 읽어줘야 하나요?

"네 동생 낳으러 갈 때 네 책을 30권 정도 싸 갔어. 네가 하도 책을 읽어달라고 해서 스무 번씩은 읽어주고 애 낳으러 들어갔지."

어릴 적 나는 엄마의 품에 안겨 책 읽는 것을 좋아했다고 한다. 엄마가 출산하러 들어가기 직전까지 나에게 책을 읽어주셨다니 내가 얼마나 책을 좋아했는지, 그리고 엄마가 나를 얼마나 사랑하셨는지 더 이상 부연 설명이 필요 없을 것이다.

동생이 태어날 때 나는 23개월이었으니, 우리 첫째가 동생을 만난 것과 비슷한 시기다. 내가 엄마의 따스한 목소리로 책 이야기 듣는 것을 좋아했듯이, 우리 첫째 아이도 나의 품에 안겨 책 읽는 것을 좋아한다. 엄마와 살을 맞대고, 엄마의 목소리를 가까이에서 들으며, 엄마와 함께 책장을 넘기는 시간은 엄마가 아이에게 줄 수 있는 최고의 선물이자 유산이다. 나의 엄마가 나에게 해주셨듯이, 나도 아이들에게 책을 읽어준다. 그렇다면 아이들에게 어떻게 책을 읽어줘야 할까?

아이에게 책을 읽어주는 방법

☼ 엄마가 직접 읽어주자

미국의 한 연구에서는 동화책을 읽어줄 때 3~5세 아이들의 뇌에서 어떤 현상이 나타나는지 알아보았다. 그 결과, 부모가 동화책을 읽어준 아이는 좌뇌의 PTO$^{Parietal,\ Temporal\ and\ Occipital\ lobes}$ 연결 부위가 매우 활성화되었고, 동화책을 읽어주지 않은 아이들은 그 부분의 활성화가 미비했다. 이때, PTO는 청각 및 시각을 통해 얻은 정보를 처리, 통합하는 뇌의 영역으로, 언어 습득과 관련이 깊다.

아이에게 책을 읽어주는 최고의 방법은 엄마 목소리로 읽어주는 것이다. 요즘은 아이 혼자서도 재미있고 생생하게 책을 읽을 수 있는 세이펜이나 CD 등이 매우 잘 만들어져 나온다. 물론 그것들을 유용하게 활용할 수 있다. 하지만 책 읽어주기의 기본은 엄마 목소리다. 아무리 성우의 실감 나는 표현이 나오고, 흥미를 끄는 효과음이 나오더라도 엄마의 목소리를 따라잡을 도구는 이 세상 어디에도 없다. 꾀꼬리같이 고운 목소리가 아니어도 상관없다. 아이에게 엄마 목소리는 그 무엇보다 친근하고, 따스하고, 흥미롭다.

책을 읽어줄 때는 목소리의 높낮이나 크기를 조금씩 다르게 해주는 것만으로도 아이는 흥미를 보인다. 어떤 부분은 빠르게, 다른 부분은 천천히 읽어줄 수도 있다. 책의 주인공이 아이에게 말하는 것처럼 아이의 눈을 보고 이야기할 수도 있다. 아이의 얼굴을 보며 주인공이 지을 법한 웃는 표정, 우는 표정, 화난 표정을 보여줄 수도 있다. 잠시 책을 내려놓고 주인공의 모습을 몸짓으로 보여줄 수도 있다. 이렇게 엄마의 목소리와 표정, 몸을 사용해 엄마가 직접 읽어주는 책은 아이의 몸과 마음에 그대로 전달된다.

책을 읽다 보면 아이가 처음 접하는 단어가 있다. 그럴 때는 잠깐 책 읽기를 멈추고 단어의 뜻을 설명해줄 수도 있고, 관련된 물건이나 다른 책을 찾아볼 수도 있다. 아이가 이해하지 못하면 앞장으로 넘어가 읽은 부분을 다시 읽을 수도 있다. 때론 아이의 호기심을 따라 뒷부분부터 읽다가 앞으로 넘어올 수도 있다. 그러면서 아이는 책의 내용을 제대로 이해하고, 새로운 단어나 사물을 알아가게 된다. 이것은 엄마가 직접 책을 읽어줄 때 가능한 일이다.

☀ 반복해서 읽어주자

"엄마, 이거 또 읽어주세요."

"다시 다시!"

아이는 언제부터인가 새로운 책을 읽으면 열 번이고 스무 번이고 반복해서 읽어달라고 했다. 책의 내용과 주인공의 성격을 파악하고, 새로운 단어를 이해하고, 그림도 꼼꼼하게 살펴보는 데 한 번의 책 읽기로는 부족함을 느꼈던 것이다. 좋아하는 책은 놀다가도, 밥을 먹다가도, 자기 전에도 또 읽어달라고 했다. 잠자리에 누워서는 책 없이도 책 이야기를 해주었다. 어두워도, 책이 없어도 상관없었다. 아이는 상상의 책 속으로 빠져들었다.

어느 날은 아이가 혼자 앉아서 소리 내어 책을 읽고 있었다. 다가가서 들어보니 아이는 책을 완벽하게 읽고 있었다. 아직 글자를 읽지 못하는 아이인데 말이다. 엄마와 함께 하도 많이 읽었기에 아이는 책의 내용을 모두 이해하고 기억했다. 책을 읽다가 중간중간 웃거나 주인공을 쓰다듬어주는 등의 반응을 하기도 했다. 주인공에게 감정 이입하여 실감 나는 목소리로 대사를 표현하기도 했다. 너무 신기했다.

아이가 책을 많이 읽으면 좋겠다는 바람은 어느 엄마나 갖고 있을 것이다. 그래서 많은 엄마들은 아이가 책을 몇 권 읽었는지 확인하곤 한다. 하지만 책을 몇 권 읽는지 그 숫자는 중요하지 않다. 단 한 권을 읽어도 그 내용을 깊이 이해하고, 주인공의 마음을 헤아려보고, 감동을 느껴보는 것이 더 중요하다. 그래서 반복은 매우 중요하다. 아이는 책을 반복해서 읽으면서 책과 진짜 만나는 것이다. 읽어주는 엄마의 입장에서는 반복해서 읽어주는 것이 매우 지루하고 재미없는 시간이다. 하지만 그 과정에서 아이의 지성과 감성은 쑥쑥 자라난다.

☀ 대화를 나누며 읽어주자

나는 아이와 책을 읽으며 대화를 많이 나눈다. 책은 아이와 함께 나눌 수 있는 여러 재미있는 대화거리를 만들어준다. 소크라테스나 공자는 제자들을 가르칠 때 질문하고 대화하며 스스로 깨달아가도록 했다. 책을 읽을 때도 단지 글자를 읽는 것뿐만 아니라 질문과 대화를 통해 배움을 유도할 수 있다. 아이는 엄마와 책을 읽고 대화하면서 자연스럽게 지식과 가치를 이해하고 깨달으며 성장해간다.

"토끼의 마음은 어떨까?"

"이다음에는 또 어떤 장면이 나올까?"

이렇게 책의 주인공이나 책의 내용에 대해 이야기를 나눈다. 주인공의 표정을 자세히 살펴보면서 주인공의 마음을 유추해보기도 한다. 앞부분과 뒷부분의 달라진 점이 무엇인지 이야기를 해보기도 한다. 뒷장을 넘기기 전 뒷이야기를 미리 상상해보고, 비교해보기도 한다. 이런 대화는 아이가 이야기에 더 흥미를 느끼고 빠져들도록 한다.

"이럴 때, 소유라면 어떻게 할래?"

"어떤 것이 더 중요한 것 같아?"

책의 내용을 삶에 적용해서 생각해보기도 한다. 아이는 재미있고 기발한 생각들을 마음껏 표현한다. 가르쳐주지 않아도 스스로 깨우치고 판단한다.

그리고 글만 읽는 것이 아니라 그림도 찬찬히 보려고 노력한다. 아직 글자를 읽지 못하는 아이에게는 그림이 곧 책이다. 그래서 그림을 통해 책을 함께 읽어나갈 수 있게 한다. 사실 나도 처음에는 글만 읽어주기에 바빴다. 그런데 앞에 나온 그림과 뒤에 나온 그림에서 달라진 부분, 매우 실감 나거나 예쁘게 그려진 그림, 주제와는 상관없는 그림 등을 아이가 먼저 찾아냈다. 그래서 책을 읽다가 눈에 띄는 그림이 있으면, 먼저 그림에 대해 이야기를 나눈다. 때로는 글을 읽어주지 않고 그림만 보면서 함께 이야기를 꾸며보기도 한다. 아이는 제법 그럴싸한 이야기를 만들어낸다.

☼ 아이에게 책을 읽어달라고 해보자

아이가 많이 읽은 책은 다른 사람에게 읽어줄 기회를 만들어준다. 첫째 아이는 엄마가 해준 것처럼 동생을 품에 앉히고 책을 읽어준다. 때로는 엄마와 동생, 인형들을 앉히고 맞은편에 선다. 그리고 선생님처럼 책을 앞으로 보여주며 읽어준다. 아빠가 퇴근하고 돌아오시면 그날 엄마와 읽은 책을 아빠에게 읽어주기도 한다. 할머니, 할아버지가 오시면 재미있는 책을 골라 와 읽어드린다. 처음에는 책의 내용과는 상관없이 하고 싶은 말을 하기도 했다. 이 책, 저 책의 내용을 섞어 이야기하기도 했다. 그런데 어느새부터인가 아이는 책 한 권의 내용을 아주 자연스럽고 실감 나게 읽어줄 수 있게 되었다.

책의 내용을 그대로 다 읽지 못해도 괜찮다. 아이가 다른 사람에게 책을 읽어주는 기회를 주는 것이 중요하다. 이 경험을 통해 아이는 책 읽기에 집중하게 된다. 주제나 주인공의 성격, 장면의 분위기 등을 파악하며 책의 내용을 더욱 잘 이해할 수 있게 된다. 또한 책을 읽는 것에 재미와 자신감, 성취감을 느끼게 된다.

☼ 아이가 이야기를 완성하게 해보자

독일의 대문호 괴테Johann Wolfgang von Goethe를 길러낸 어머니 카타리나Katharina Elisabeth Textor는 밤마다 괴테에게 책을 읽어주었다. 카타리나는 이야기의 클라이맥스까지만 읽어주고, 그다음의 내용은 괴테가 완성하도록 했다. 이를 통해 괴테는 이야기의 결말을 창작하는 습관을 기를 수 있었다. 그 과정에서 자연스럽게 상상력을 키웠다.

괴테를 연구하는 학자들이 한결같이 말하는 것이 있다. 괴테의 높은 지능은 바로 어머니의 독특한 독서 지도법에서 비롯되었다는 것이다. 괴테 역시 "나의 문학은 어머니가 들려준 이야기로부터 창조되었다"고 말했다.

나도 괴테의 어머니가 했듯이 책을 읽어주다가 뒷부분을 아이가 상상해서 꾸며보도록 해보았다. 처음에는 많이 읽어서 익숙한 책의 뒷부분 내용을 바꾸어보았다. 이때는 아이에게 질문하며 함께 이야기를 새롭게 꾸며보았다.

"왕자님이 이웃 나라 공주가 아니라 인어공주와 결혼했다면 어땠을까?"

"백설공주가 사과를 먹지 않았다면 어떻게 되었을까?"

그러면서 서서히 아이가 스스로 뒷부분을 꾸며볼 수 있게 했다. 아이는 내가 상상도 하지 못한 재미있고 따뜻한 이야기를 많이 만들어냈다.

책을 읽어줄 때는 반드시 엄마가 직접 읽어주어야 한다. 아이가 원하면 반복해서, 때로는 대화를 나누며 책을 읽어주어야 한다. 그리고 엄마가 책을 읽어주는 것에서 시작해 아이가 책을 읽는 것으로, 서서히 아이에게 배턴을 넘겨주어야 한다.

책을 읽어주는 것의 최종 목표는 아이가 스스로 즐겁게 책을 읽는 것이다. 그 목표를 이루어가는 과정에서 아이는 책의 내용을 기억해서 이야기하기도 하고, 책과 다른 새로운 이야기를 만들기도 한다. 그러면서 책은 아이의 이야기로 바뀌고, 아이는 독자에서 주인공으로, 작가로 변신한다.

최고의 엄마는 책 읽어주기가 끝났을 때 아이가 "나 스스로 책을 읽었다"라고 말하게 하는 엄마다.

5

책과 돗자리만 있으면 어디든 도서관

책 없는 방은 영혼 없는 육체와도 같다.

로마의 정치가이자 철학자, 문인인 마르쿠스 툴리우스 키케로 Marcus Tullius Cicero가 한 말이다. 아이의 삶을 책으로 가득 채워주어야 한다. 아이가 선 곳이 어디든, 책과 함께 놀 수 있는 곳으로 만들어 주어야 한다.

도서관 즐기기

우리 집 근처에는 큰 도서관이 있다. 나는 아이를 낳기 전부터 공부도 하고 책도 빌리기 위해 그 도서관에 자주 갔다. 첫째 아이가 6개월 되었을 때부터는 아이를 데리고 도서관에 다녔다. 도서관 어린이실에는 아이들이 볼 수 있는 다양한 책이 있다. 어린이실 안에는 유아실도 있어서 아이들이 편하게 앉아서 책을 읽을 수 있다.

나는 어린아이를 데리고 유아실에 들어가 이런저런 책을 읽어 주었다. 아이는 기어 다니면서 책을 만져보고, 다른 언니, 오빠들이 책 보는 모습을 유심히 바라보기도 했다. 엄마가 들려주는 이야기를 재미나게 듣다가 잠이 든 날도 있다. 때로 아이는 유아실 안에 있는 수유실에서 고픈 배를 채우기도 했다. 북스타트 데이에는 책꾸러미를 선물로 받았다. 도서관 프로그램에 참여해보기도 했다. 그렇게 도서관은 재미있는 놀이터가 되었다. 우리는 1~2주에 한 번씩 빠지지 않고 도서관에 갔다. 때로는 책은 별로 읽지 않고, 도서관 구경만 한 날도 있다. 아이는 그것만으로도 즐거워했다. 수많은 책을 눈으로 보고, 책 읽는 사람들의 모습을 보면서 아이는 책 읽는 문화를 자연스럽게 익혔다.

이제 아이는 책을 읽다가 놀기도 하고, 책을 구경하기도 하며 나름대로 도서관에서의 시간을 즐긴다. 재미있는 책이 있으면 그

시리즈나 전집의 책을 계속 꺼내 와 읽어달라고 한다. 스스로 원하는 책을 찾아 대출하고, 반납도 혼자 한다. 읽은 책과 비슷한 책 중에 관심이 있는 책이 있으면 희망도서로 신청하기도 한다. 신청한 도서가 도착한 날이면, 아이는 기쁜 마음으로 도서관에 달려간다. 그리고 집으로 돌아오는 길의 유모차 안에서도 그 책을 손에서 놓지 못한다.

나는 아이가 좋아하는 책은 일부러 사 주지 않고, 도서관에 가서 빌리게 한다. 아이는 그 책이 도서관에 있을지 궁금해하는 마음으로 도서관에 간다. 그리고 좋아하는 책을 찾으면 몇 번이나 빌리고 반납하며 읽는다. 그러면서 아이는 도서관에 가는 것을 즐기게 되었다. 내가 도서관에서 책을 빌려 읽게 하는 이유는 좋아하는 책을 찾는 기쁨을 느끼게 해주기 위해서다. 도서관에 가기 전의 두근거리는 설렘과 책을 만났을 때의 기쁨을 경험해보아야 한다. 그때에야 비로소 도서관이 의미 있는 공간이 된다. 때론 자신이 좋아하는 책을 다른 친구들이 빌려 가서 볼 수 없을 때도 있다. 그럴 때는 아쉬운 마음도 있지만, 친구들도 그 책을 좋아한다는 사실에 또 한 번 기뻐한다.

도서관에 가면 아이의 책도 보지만, 엄마의 책을 보는 시간도 꼭 갖는다. 내가 책을 고르고 대출하는 동안에도 아이는 나와 함께한다. 물론 아이가 오랜 시간 조용히 있어주기 어렵다. 그래서 내가 볼 책은 미리 검색해서 도서관에 있는지 확인하고 가거나 예약 도서를 신청하고 간다. 하지만 때론 책장을 훑어보고, 가득 꽂힌 책 중에서 마음에 드는 책을 찾는 모습도 보여준다. 처음에 아이는 책으로 둘러싸인 미로 같은 도서관 안에서 숨바꼭질을 하기에 바빴다. 그런데 엄마와 함께 도서관을 드나들다 보니 이제는 천천히 걸으며 유심히 책을 살펴보는 모습도 보인다.

아이가 도서관에 가는 것을 즐거워하면서부터 나는 아이와 더 많은 도서관을 찾아다닌다. 찾아보니 어린이 도서관을 운영하는 곳이 상당히 많다. 도서관이나 박물관 안에 어린이 도서관을 별도로 운영하는 곳도 많다. 집에서는 보지 못하던 아주 큰 책도 있고, 실감 나는 사진과 설명이 가득한 백과사전도 있다. 어린이 도서관은 아이들을 위해 아기자기하게 꾸며놓고, 책을 읽는 공간도 아늑하고 편안하게 만들어놓았다. 독특하고 예쁜 책상과 의자에 앉아 책을 읽을 수 있는 곳도 있다. 아름다운 풍경이 내다보이는 큰 창가에 앉아서 책을 볼 수 있는 곳도 있다. 이처럼 어린이 도서관은 책뿐만 아니라 새로운 환경이 주는 신선함과 흥밋거리가 가득하다.

우리만의 특별한 도서관

도서관은 아이가 책과 가까워질 수 있는 매우 좋은 공간이다. 그런데 도서관은 어디서든 만들 수 있다.

한번은 아이의 친구가 사는 아파트 놀이터에서 친구와 함께 놀았다. 즐겁게 놀고 친구와 헤어져서 집에 돌아오려는데 갑자기 세찬 비가 쏟아지기 시작했다. 비가 상당히 많이 내렸다. 우산도 없는데다, 두 아이를 데리고 집까지 가는 것은 불가능해 보였다.

"비가 너무 많이 오는데 어떡하지. 지금 밖에 나가면 금방 다 젖을 것 같아."

"그럼 우리 책 보는 거 어때요?"

"그래 좋아. 짜잔~ 엄마가 여기에 소유와 온유의 도서관을 만들어줄게!"

우리는 잠시 비를 피하러 들어온 필로티 공간에 돗자리를 깔았다. 그리고 유모차 아래에서 책을 꺼냈다. 아이들은 아이들 책을 읽고, 우리 부부는 각자의 책을 읽었다. 순간 그곳은 도서관이 되었다. 밖은 주룩주룩 요란하게 비가 내리고 있었지만 우리는 모두 고요하게 책 속에 빠져들었다. 아이들은 책을 보다가 일어나 신나게 뛰기도 하고, 다시 책을 가지고 와 읽어달라고 하기도 했다. 다 괜찮았다. 우리만의 도서관이었기 때문이다. 그렇게 우리는 책을 읽고 놀면서 한 시간 정도를 즐겼다. 그리고 언제 그랬냐는 듯이 맑게 갠 하늘 아래, 기분 좋게 걸어서 집으로 돌아왔다.

또 어떤 봄날에는 도시락을 싸서 아파트 안에 있는 정자에 갔다. 아이들과 함께 점심을 먹는데 첫째 아이가 유모차에 있는 책을 꺼내 왔다.

"이거 읽어주세요."

아이들이 밥을 먹는 동안 나는 책을 읽어주었다. 밥을 다 먹은 뒤 아이들은 책을 장난감처럼 가지고 다니면서 놀기도 하고 보기도 했다. 정자에 앉아서 책을 보다가 내려가 계단에 앉아서 책을 보기도 하고, 미끄럼틀에 걸터앉아서 책을 보기도 했다. 색다른 장소에서 책을 읽으니 아이는 특별한 경험을 하는 것처럼 즐거워했다. 특히나 따사로운 햇볕 아래, 시원한 바람을 맞으며 자연 도서관에서 책을 읽는 것은 그 어느 도서관에서 책을 읽는 것보다 아름답고 신선했다.

이런 경험을 통해 우리는 책과 함께 한 소중한 추억을 많이 갖게 되었다. 그러면서 우리는 집에서만이 아니라 밖에 나갈 때도 책을 챙기게 되었다.

도서관에서 책을 빌린 날이면 아이들은 책에 대한 호기심에 가득 차 유모차에 앉아서 책을 본다. 그러다 걸음을 멈추어 가까운 카페에 가서 그 책을 읽기도 한다. 때로는 벤치에 앉아서, 버스 정류장에 앉아서 책을 읽기도 한다. 오는 길에 있는 공원이나 놀이터에 돗자리를 펴고 앉아서 빌린 책을 읽기도 한다. 책과 돗자리만 있으면 충분하다. 우리만의 특별한 도서관은 언제, 어디서든 뚝딱 만들 수 있다.

한참 동안 차를 타고 이동해야 할 때 아이들은 차에 있는 책을 본다. 움직이면서 오랫동안 보기가 쉽지 않기 때문에 차에는 팝업 북이나 사운드 북 등의 책을 둔다. 짧고 간단한 내용, 많이 읽어서 익숙하고 재미있는 책, 눈이 피곤하지 않을 책으로 고르려고 한다. 그래서 차 안에서의 지루한 시간을 즐거운 자동차 도서관 탐험의 시간으로 바꾼다.

여행을 갈 때도 책을 챙긴다. 기다리는 시간이 생겼을 때, 여유 시간이 있을 때 돗자리나 텐트에서 책을 편다. 누워서 하늘을 보며, 혹은 엎드려서 땅의 냄새를 맡으며 책을 본다. 새로운 잠자리에서도 익숙한 책을 보고 나면 편안하게 잠이 든다.

아이와 함께 자주 도서관에 가야 한다. 집에 아무리 책이 많이 있어도 도서관에 비할 수는 없다. 도서관에 가서 직접 수많은 책을 눈으로 보아야 다양한 책의 세계를 알 수 있다. 책으로 가득한 공간, 책을 읽는 사람들, 책을 읽는 문화를 직접 경험해보아야 그것이 자연스러운 아이의 삶이 된다. 도서관에 간다고 꼭 책만 읽어야 하는 것은 아니다. 책을 많이 대출해야만 하는 것은 아니다. 대출해 온 책을 모두 읽어야 하는 것도 아니다. 우선 아이와 도서관에 가는 것부터가 중요하다. 한 번, 두 번 도서관에 가다 보면 아이는 가득 찬 책들 속에서 무언가를 하나 꺼내들 것이다. 한 권, 두 권 마음에 드는 책을 읽다 보면 아이는 책을 읽고, 또 읽을 것이다.

그런데 도서관 건물만이 꼭 도서관은 아니다. 어디에서든 도서관을 만들 수 있다. 편안히 앉아 책을 읽을 수 있는 곳, 그곳은 어디든 도서관이다. 삶의 곳곳에 도서관이 많아질수록 아이는 책과 더 가까워질 것이다. 그러기 위해서는 항상 책을 가지고 다녀야 한다. 핸드폰이 아니라 책이 필수품이 되어야 한다. 가방 속에, 유모차 안에, 차 안에 아이의 책과 엄마의 책이 모두 있어야 한다. 그리고 여기에 하나 더! 돗자리가 있다면 어디에서든 훌륭한 도서관을 만들 수 있다.

내 아이를 위한 도서관 만들기. 지금 바로 시작해보자.

6

읽기만 하는 것은 반쪽짜리다

내가 학생일 때나 교사가 된 지금이나, 세월이 지나도 변하지 않고 학생들에게 내주는 과제가 있다. 그것은 바로 독후감 쓰기다. 누구나 다 독후감 쓰기가 싫어서 미루고 미룬 경험이 한 번쯤은 있을 것이다. 그래서 책의 일부를 그대로 옮겨 적기도 하고, 인터넷에 있는 자료를 베끼는 학생도 많다.

그렇다면 독후감 쓰기는 왜 그렇게 귀찮고, 하기 싫을까?

1. 책을 제대로 읽지 않았기 때문에
2. 책을 읽은 후에 해야 할 또 하나의 '과제'가 주어졌기 때문에

3. 내 생각과 느낌을 표현하는 것에 서툴기 때문에

이런 이유로 책을 읽고 나서도 느낌이나 생각을 정리하지 못하는 경우가 많다. 하지만 읽기만 하는 것은 반쪽짜리다. 책은 삶으로, 삶은 책으로 이어져야 진짜 독서다.

나는 아이와 책을 읽고 나면 다양한 활동을 한다. 책의 주인공이 되어 책의 내용을 연기해본다. 책의 장면을 기억하면서 그림을 그리거나 만들기를 해본다. 책에 나온 물건을 집 안에서 찾아본다. 책을 읽고 난 느낌을 노래로 만들어 부르거나 춤으로 표현해본다. 책을 보며 느낀 점을 일기에 쓴다. 동물원이나 식물원, 박물관을 찾아가 직접 체험해보기도 한다.

하지만 아이에게 독후 활동을 한다고 말한 적은 한 번도 없다. 나 역시 책을 읽은 후에 무엇을 해야 한다는 의무감을 가지고 무언가를 하지 않는다. 몰입해서 책을 보고 나면 호기심이 생기고 흥미가 생긴다. 책의 주인공이 되고 싶어진다. 책에서 본 무언가를 만들고 싶어진다. 책과는 다른 나만의 이야기를 꾸미고 싶어진다. 그것을 그냥 해보는 것이다. 거창하게 독후 활동이라는 이름을 붙일 필요도, 멋진 결과물을 만들어낼 필요도 없다. 그냥 떠오르는 대로, 자유롭게 해보면 된다.

독서 활동의 원칙

나는 아이와 독서 활동을 할 때 다음과 같은 원칙을 지키려고 한다. 이를 적용하면 더 재미있게 책을 읽을 수 있고, 책을 바탕으로 여러 활동을 쉽게 시도해볼 수 있다.

☼ 첫째, 삶 속에서 책의 내용을 직접 경험하도록 한다

요리하는 내용이 나온 책을 본 후에 '요리하는 것은 재미있을 것 같다'라고 쓰는 것은 무슨 의미가 있을까? 직접 요리를 해보아야 진짜 재미있는지 재미없는지, 쉬운지 어려운지 알게 된다. 그래서 책에서 본 내용은 되도록 아이가 직접 해볼 수 있도록 한다. 요리도, 실험도, 만들기도, 물놀이도, 청소도. 뭐든지 직접 해보는 것이 가장 좋은 독서 활동이다.

나와 아이는 길을 걷다가 혹은 놀다가 책에서 본 내용과 관련된 것을 숨은그림찾기 하듯 찾아본다. 책의 이야기는 삶을 바탕으로 한 것이기에 삶의 곳곳에서 그 흔적을 찾을 수 있다. 주전자, 넥타이 같은 물건을 찾아보기도 하고, 동그라미, 세모 등의 모양, 빨간색, 파란색 등의 색을 찾기도 한다. 나와 아이는 책을 읽은 후에 밖에 나가는 날이 많다. 특히 자연관찰 책을 읽은 날이면 꼭 나가야 한다. 나가서 매미도 찾아봐야 하고, 지렁이도 봐야 하기 때문이다. 버섯도, 메뚜기도 찾아보고, 꽃도, 나비도 만나본다. 밖에 나가면 책에 나온 것들을 직접 경험할 기회가 많다. 좋아하는 과일을 사서 먹어보고, 꽃가게에서 꽃 냄새도 맡아본다. 커다란 크리스마스트리를 직접 보고, 눈사람을 만들어보기도 한다. 그리고 책에서 처음 알게 된 어려운 단어는 일상생활에서 의도적으로 사용한다. 아이에게 적용하기 어려운 경우에는 엄마와 아빠가 대화할 때 듣도록 한다.

책에서 본 것을 눈으로 직접 보는 것, 귀로 직접 듣는 것, 코로 직접 냄새 맡아보는 것, 입으로 직접 먹어보는 것, 손으로 직접 만져보는 것은 정말 중요한 독후 활동이다. 이렇게 삶 속에서 직접 경험한 내용은 쉽게 잊지 못한다.

☼ 둘째, 독서 활동은 되도록 간단하게 한다

독서 활동을 지속적으로 하기 위해 제일 중요한 요소는 바로 이것이다. 무조건 간단해야 한다! 활동이 복잡하고 번거로우면 엄마도, 아이도 다시 하고 싶지 않아진다. 특별한 재료를 구하지 않고도 할 수 있도록, 시간이 오래 걸리지 않도록, 아이가 혼자서도 할 수 있도록 간단한 활동을 해야 한다.

"책을 보고 어떤 생각이 들었어?"

이렇게 한마디 물어보는 것도 좋다. 비슷한 경험을 한 사진을 찾아보는 것, 책에 나온 '생일 축하' 노래를 같이 부르는 것, 주인공 개구리처럼 폴짝폴짝 뛰어보는 것, 주인공처럼 긴 치마를 입고 춤을 추는 것, 주인공이 한 말을 엄마나 동생에게 해주는 것. 간단해 보여서 별것 아니라고 생각할지 몰라도, 이것은 최고의 독서 활동이다.

☼ 셋째, 독후 활동은 꼭 책을 읽은 후에 바로 하지 않아도 된다

많은 엄마들이 '독후 활동'에 대한 강박감이 있다. 책을 읽고 나면 바로 연계 활동을 하든지, 독서 통장에라도 기록해놓아야 독서가 끝났다고 생각한다. 하지만 책을 읽고 바로 무언가를 하지 않아도 된다. 아이의 컨디션에 따라, 책의 난이도에 따라 책을 읽고 난 후에 쉬어야 할 때도 있다. 한 권의 책으로 시작해 서너 권, 수십 권의 책 읽기로 쭉 이어질 때도 있다. 책을 읽고 난 후 적절한 활동을 하기 어려운 상황일 수도 있다. 그때마다 아이의 마음은 고려하지 않은 채 독후 활동이라는 이름으로 무언가를 강요해서는 안 된다.

아이와 동물이 나오는 책을 여러 권 보았다. 실감 나는 사진이 많지만, 직접 동물을 보여주지 못해 아쉬웠다. 한참 시간이 지난 후에 우리는 동물원에 가게 되었다. 아이는 동물을 보고 이름을 맞혀보고, 책에서 본 동물의 특징을 직접 찾아보았다. 시간이 꽤 흘렀지만 아이는 책 내용을 기억하며 동물을 만나는 시간을 즐기고 있었다.

때론 아이가 전에 읽은 책의 내용을 잘 기억하지 못할 수도 있다. 그때는 엄마가 이야기해주면 된다. 책을 읽고 한참 시간이 지난 후라도 아이는 즐겁게 독후 활동을 할 수 있다. 책을 읽은 시간과의 간격만큼 아이가 즐기고 감동할 수 있는 폭 또한 커진다.

☀ **넷째, 책의 주제와 관계없는 활동을 해도 괜찮다**

한번은 아이가 책을 읽고 나서 책에 나온 친구처럼 목걸이를 만들자고 했다. 나는 목걸이를 한 친구가 있는지도 몰랐는데 아이는 언제 그 그림을 봤는지 놀라웠다. 책의 내용과는 전혀 관계없는 목걸이를 만들자고 해서 황당했지만 아이의 요청에 따라 만들기를 시작했다. 아이는 목걸이를 만들고, 옷을 갈아입고 나와 패션쇼를 했다. 공주로 변신했다. 책과는 관계없는 활동이지만 목걸이 하나로 새로운 놀이와 이야기를 만들어갔다.

이처럼 책을 읽으면서 아이는 책의 주제와는 관계없는 주인공의 옷이나 물건, 동물이나 곤충, 모양 등에 관심을 두기도 한다. 그럴 때는 아이의 관심을 따라 활동을 하면 된다. 꼭 주제를 찾아 그와 관련된 활동을 하라는 법은 없다. 아이는 나름대로 책의 내용을 재해석하기도 하고, 잘 보이지 않는 조연이나 배경을 주인공으로 만들기도 한다. 그렇게 아이가 관심을 보이는 활동을 하면서 책에 대한 흥미를 높일 수 있고, 다양한 각도에서 세상을 바라보는 시각을 키울 수 있다.

☀ **다섯째, 활동이 다시 책으로 연결되게 한다**

독서 활동의 목적은 독서를 정리하고 끝내는 데 있지 않다. 책을 읽은 후에 또 다른 책을 읽으며 독서가 지속적으로 연결되도록 하는 데 그 목적이 있다. 책을 읽고 독서 활동을 재미있게 했으면, 또 새로운 책을 읽고 싶어지고, 다른 책을 찾아봐야겠다는 생각이 들어야 한다.

아이와 토끼가 나오는 동화를 읽고, 동물원에서 토끼를 보고 왔다. 책에 동그란 토끼 똥이 나오는데 그날따라 가까이에서 토끼 똥을 볼 수 있었다. 직접 토끼와 토끼 똥을 보고 온 뒤 다시 동화책을 읽어보았다. 책을 읽고 난 뒤 아이는 토끼가 되고 싶다고 했다. 토끼 귀를 만들어 머리띠에 붙이고, 엉덩이에는 손수건을 붙여 동그란 꼬리를 만들어주었다. 아이는 토끼로 변신했다. 그리고 아이가 토끼에 대해 더 궁금해하고 질문하자, 토끼에 관한 자연관찰 책도 찾아보았다. 그 책을 읽으며 토끼는 처음 싼 똥을 먹는다는 것을 알게 되었다. 나는 검정콩을 가지고 왔다. 토끼가 된 아이는 검정콩을 바닥에 뿌리며 똥을 싸는 시늉을 하고, 처음 눈 똥은 먹는 시늉도 했다. 책을 보고 활동을 하는 것은 이렇게 계속 이어졌다.

바깥 활동을 하며 책의 내용을 직접 체험한 날은 집에 와서 꼭 다시 책을 찾게 된다. 이전에 본 책을 다시 꺼내 오늘 경험한 것과 비교해본다. 관련된 활동을 하면서 비슷한 내용의 다른 책을 읽어보기도 한다. 이렇게 독서 활동은 책 읽기의 끝이 아니라 시작인 셈이다.

☼ 여섯째, 독서 전 활동도 필요하다

'독서 후 활동'만 중요한 것이 아니다. '독서 전 활동'도 매우 중요하다. 아이의 흥미와 호기심을 불러일으키고, 잠재력을 깨우는 독서 전 활동은 아이를 적극적인 독자로 만들어준다.

하루는 첫째 아이가 둘째 아이 돌보는 일을 도와주었다. 아이는 기저귀를 가져다주고, 동생에게 직접 이유식을 먹여주기도 했다. 그러고 난 뒤에 동생이 생긴 이야기, 동생을 돌보아주는 이야기의 책을 찾아 읽어주었다. 이렇게 직접 경험을 한 뒤 비슷한 내용의 책을 읽어주었더니 아이는 매우 깊이 몰입했다. 책을 읽는 중간중간 자기 생각을 이야기하기도 하고, 자신의 경험과 주인공의 경험을 비교하기도 했다.

책만 던져준다고 덥석 받아 책을 읽는 아이는 없을 것이다. 아이가 책에 빠져들도록, 스스로 책을 찾도록, 아이의 감성을 말랑말랑하게 해주기 위해서는 독서 전 활동이 꼭 필요하다. 이를 위해 아이의 책을 먼저 읽어보고, 아이의 마음을 열도록 하는 엄마의 노력이 필요하다.

읽기만 하는 것은 반쪽짜리다. 제대로 된 독서는 책이 삶과 연결되었을 때 비로소 완성된다. 그리고 책과 삶의 연결고리! 그 연결고리는 바로 엄마표 독서 활동이다. 독서 활동을 통해 아이의 책 읽기를 풍성하게 만들어주자.

엄마 품 '책' 놀이터
운영 매뉴얼

독일의 대문호 마르틴 발저^{Martin Walser}는 "우리는 우리가 읽은 것으로부터 만들어진다"고 했다. 또한 미국 자기계발 전문가 찰리 트리멘더스 존스^{Charlie Tremendous Jones}는 "지금의 당신과 5년 뒤 당신의 차이는 그동안 당신이 만나는 사람과 읽은 책에 달려 있다"고 했다. 아이의 삶은, 아이의 미래는 지금 엄마가 읽어주는 책에 달려 있다.

그렇다면 어떻게 하면 이 책이라는 선물을 아이에게 잘 전달해 줄 수 있을까? 책을 읽어주는 엄마의 마음을 단단히 바로잡으면, 아이는 자연스럽게 엄마 품에서 책 속에 빠져들 것이다. 책을 읽어주는 엄마가 꼭 기억해야 할 마음가짐은 다음과 같다.

책을 읽어주는 엄마가 기억해야 할 것들

☼ 오늘, 바로 지금부터 읽어주자

"아이가 몇 개월일 때부터 책을 읽어주면 좋나요?"

"우리 아이는 다섯 살인데, 책을 읽어주면 너무 싫어해요. 책을 읽어주기에 너무 늦은 걸까요?"

인터넷에서 이런 질문들을 종종 발견한다. 언제부터 책을 읽어주어야 하는지 궁금해하는 엄마들이 생각보다 많다. 하지만 책을 읽어주기에 좋은 시기는 바로 지금이다. 기가 막힌 타이밍을 기다린다고 시간 낭비하지 말고, 지금 바로 읽어주면 된다. 아이가 신생아든, 다섯 살이든 관계없이 지금이 가장 좋은 때다. 물론 아이가 어리면 어릴수록 좋다. 하지만 조금 컸더라도 상관없다. 늦었다고 생각할 때가 가장 빠를 때다. 오늘이 하루씩 쌓여 한 달이 되고, 일 년이 된다.

미국소아과학회에서는 출생 시부터 부모가 아이에게 그림책을 읽어줘야 한다고 권고하고 있다. 이는 부모가 아이와 함께 그림책 읽는 것을 가족의 필수 활동으로 자리매김하고자 하는 의도에서 비롯된 것이다. 이처럼 아이에게 책을 읽어주는 것은 매우 중요한 일이다.

'오늘은 피곤하니 내일부터 읽어주지 뭐.' 이렇게 생각하며 미루지 말고, 당장 오늘부터 시작해보자. 재미있는 책 한 권을 들고 아이를 불러보자. 오늘의 시작이 내일의 변화를 이끌어줄 것이다.

☀ 아이가 책을 내밀면 하던 일을 멈추고 읽어주자

꼭 집안일을 하려고 하면 아이가 책을 읽어달라고 한다. 잠깐 엉덩이 좀 붙일까 하면 책을 내민다. 그때마다 거절한다면 아이는 엄마에게서도, 그리고 책에서도 멀어지고 말 것이다. 아이는 책의 내용이 궁금해서 읽고 싶을 수도 있다. 다른 놀이보다 책이 좋을 수도 있다. 하지만 아이가 책을 읽어달라고 엄마에게 먼저 다가올 때는, 책보다 엄마의 품이 고픈 경우가 많다. 엄마 품에 안겨 엄마 목소리를, 엄마 냄새를 맡고 싶은 것이다.

독서전문가 고영성은 "아이는 사랑을 읽고, 그 사랑으로 책을 읽는다"고 했다. 아이를 품에 안고 사랑을 담아 책을 읽어주면, 아이는 엄마의 사랑과 독서를 연결한다. 그리고 평생 그것을 잊지 못할 것이다. 또한 독서는 아이에게 삶의 일부분으로 자리매김하게 된다.

아이가 책을 읽어달라고 올 때 세이펜 하나 툭 던져주고 무심하게 고개 돌리지 말자. 하던 일을 멈추고 아이에게 책을 읽어주자. 되도록 엄마 품에 앉혀서 살과 살을 맞대고 읽어주자. 정말 급한 일을 처리하던 중이라면, 잠깐만 기다려달라고 말하고 책을 읽어 줄 수 있는 정확한 시간을 이야기해주자. 그리고 일이 끝나면 반드시 그 약속을 지켜주자.

☼ 내 아이 맞춤 독서 전문가가 되자

요즘은 책이 정말 다양하고 많다. 유아를 위한 독서 프로그램이나 수업도 많다. 넘쳐나는 책과 프로그램 중에서 내 아이에게 꼭 맞는 책을 찾기란 보물찾기처럼 어렵다. 그래서 주변 엄마들에게 어떤 책이 좋은지 묻는다. 그리고 인터넷에서 검색에 검색을 이어간다. 그렇게 고심 끝에 책을 골랐는데, 정작 아이는 그 책에 관심조차 두지 않는 경우가 있다. 아무리 인기가 있고 많이 팔리는 책이어도, 내 아이는 좋아하지 않을 수 있다. 다른 집 아이는 너덜너덜해질 때까지 수없이 봤다는 책이어도, 내 아이는 거들떠보지도 않을 수 있다.

몸에 꼭 맞는 옷을 입어야 편하듯이, 아이의 독서도 아이 맞춤으로 이루어져야 한다. 남들이 다 좋다니까 따라 읽히는 것이 아니라 내 아이가 좋아하는 책을 읽도록 해야 한다. 또한 다른 아이들이 읽는다고 해서 내 아이 수준에도 맞지 않는 책을 제시해서는 안 된다. 철저하게 내 아이 중심으로 이루어져야 하는 것이 아이의 독서다.

그래서 엄마는 아이를 위한 맞춤형 독서 전문가가 되어야 한다.

우선 아이의 흥미와 관심사를 알고 있어야 한다. 또한 아이의 인지적, 정서적 발달 수준을 잘 파악하고 있어야 한다. 이를 바탕으로 아이에게 적절한 책을 잘 선별할 수 있어야 한다. 이를 위해 엄마는 아이보다 먼저 책을 읽어보아야 한다. 내용을 살펴보면서 내 아이가 관심을 보일지, 내 아이가 어려워할지, 재미있어할지 살펴보아야 한다. 그리고 아이의 발달에 맞게 책의 글 밥을 늘려가고, 내용의 난이도를 조정해가야 한다. 이때 다른 사람들의 추천이나 정보가 도움이 되기도 하지만, 엄마의 감이 더 정확할 때가 많다. 이것은 모두 아이의 독서를 위한 엄마의 역할이다.

☼ 아이가 책을 읽지 않는다면, 기다려주자

책의 바다에 빠진 첫째 아이는 두세 달 동안 정말 미친 듯이 책을 붙들고 살았다. 그런데 어느 날부터 갑자기 아이가 책과 거리를 두기 시작했다. 다정했던 연인과 결별이라도 한 것처럼 책을 거들떠보지도 않았다. 처음에는 아이의 이런 변화가 당황스러웠다. 책을 들지 않는 날이 하루 이틀 늘어날수록 조바심이 들기도 했다.

하지만 항아리가 가득 찼을 때는 그 안을 비워내야 다시 새로운 것으로 채울 수 있듯이, 아이도 비우는 시기가 필요했다. 아이는 한없이 놀았다. 놀고 또 놀았다. 그런데 그렇게 충분히 다 놀자, 아이는 스스로 다시 책을 꺼내들었다.

책을 좋아하는 아이라도 책을 읽지 않는 시기가 있을 수 있다.

그때 엄마가 불안해하며 아이를 재촉하지 말아야 한다. 아이에게도 쉼표가 필요한 것이다. 이때는 그저 아이의 사이클에 맞추어 천천히 기다려주면 된다. 그리고 몸으로 놀면서 다음 독서를 위한 독서 전 활동을 충분히 할 수 있도록 도와주면 된다.

하지만 이때 잊지 말아야 할 것이 있다. 기다려준다고 해서 무작정 책 읽기를 놓아서는 절대 안 된다는 것이다. 엄마는 언제든 다시 책을 읽어줄 수 있도록 준비하고 있어야 한다. 아이가 다시 책에 관심을 보이는 때를 잘 살피고, 바로 책을 읽어줄 수 있어야 한다. 그뿐만 아니라 아이가 책에 관심을 두도록 하는 동기유발 방법을 찾기 위해 고민해야 한다.

☀ 엄마의 욕심을 내려놓자

아이에게 책을 열심히도 읽어주었다. 목이 다 쉬도록, 모두 잠든 새벽까지 아이를 위해 책을 읽어주었다. 그런데 아이는 말을 하는 것도 빠르지 않았고, 글자를 익히는 데도 오랜 시간이 걸렸다. 어린 사촌 동생보다 말도 잘 못 했다. 다른 친구들은 한글을 읽기 시작하는데 아직 제 이름도 잘 읽지 못했다. 넘쳐날 정도로 많은 인풋을 쏟아부었는데 나오는 아웃풋은 보잘것없어 보였다. 이런 아이의 모습을 보고 있으면, 솔직히 화가 나기도 했다.

나도 모르게 '내가 이 정도 해줬으니 너도 이 정도의 결과물을 보여줘야지' 하는 생각이 들었다. 아이의 책 읽기에 엄마의 욕심이

들어가는 순간, 주객이 전도되고 말았다.

새 책을 사 주면 아이가 모두 열심히 잘 읽을 것이라는 생각은 엄마의 욕심이다. 책을 많이 읽으면 남들보다 빨리 한글을 뗄 수 있을 것이라는 생각, 공부를 잘할 수 있을 것이라는 생각, 집중력이 좋아질 것이라는 생각 또한 마찬가지다. 모두 다 엄마의 욕심이고, 착각이다.

엄마의 욕심부터 내려놓아야 한다. 엄마의 욕심, 엄마가 못 이룬 꿈을 아이를 통해 대리만족하려는 마음을 비워야 한다. 책을 읽어주면서 아이에게 무언가를 기대하지 말고, 책을 읽어주는 그 시간 자체를 즐겨야 한다. 무언가를 위해 책을 읽어주는 것이 아니다. 책을 읽어주는 것 자체가 목적이 되어야 한다.

내가 세계를 알게 된 것은 책에 의해서였다.

실존주의 철학가 장 폴 사르트르Jean-Paul Sartre의 말이다. 아이는 책을 통해 세계를 만난다. 그리고 아이가 책을 만날 수 있는 곳은 바로 엄마 품이다. 따라서 아이가 세계를 만나고 알아가기 위해 엄마의 역할은 매우 중요하다. 아이의 책 읽기는 엄마의 마음 먹기에 달려 있다고 해도 과언이 아니다.

아이에게 책을 읽어주기 위해, 아이보다 엄마가 먼저 준비되어 있어야 한다. 오늘부터, 그리고 아이가 원하면 언제든지 책을 읽어줄 수 있어야 한다. 내 아이 맞춤 독서 전문가가 되어야 한다. 때로 아이가 책을 읽지 않아도 기다려주고, 욕심이 아니라 기쁨으로 책을 읽어주어야 한다.

    아이는 엄마 품에서 책을 읽으며 엄마의 사랑과 마음을 함께 읽는다. 엄마의 마음은 아이에게 고스란히 전달된다. 그래서 엄마의 마음가짐이 중요하다. 아이가 책을 읽으며 더 넓은 세계를 꿈꿀 수 있도록 흔들리지 않는 단단한 엄마 품을 만들어야 한다. 그 엄마 품은 아이의 인생을, 아이의 미래를 바꾸어줄 것이다.

5장
음악으로 감성을 키우는 엄마 품 놀이터

엄마 품 '음악' 놀이터를 위한 환경 설정

　가족들과 함께 온 놀이동산, 크게 울려 퍼지는 신나는 음악 소리에 나도 모르게 발걸음이 빨라진다. 절로 미소가 새어 나오고, 어린아이가 된 것처럼 기쁘다. 어서 꿈과 상상의 나라로 달려가 마음껏 놀고 싶다.

　음악은 사람의 마음을 움직이는 힘이 있다. 뻣뻣한 분위기를 부드럽게 해주고, 메마른 마음에 생기를 부어주기도 한다.

　음악치료의 선구자 에버렛 테이어 개스턴$^{\text{Everett Thayer Gaston}}$은 음악이 인간을 가장 인간답게 만든다고 했다. 음악을 접하는 시간 동안 무의식적인, 혹은 내적인 욕구가 채워지기 때문이다. 실제로 음악을 들으면 다양한 정서가 자극된다. 또한 연주하면서 감정을 표현하고 카타르시스를 경험할 수 있다.

이처럼 집에 음악이 가득하다면, 아이들의 삶은 어떻게 변화할까? 이를 위하여 우리 집의 사례를 소개한다. 우리 집을 음악으로 채우기 위해 나는 먼저 음악을 감상하기 위한 환경과 악기를 연주할 수 있는 환경을 세팅했다.

음악 감상 환경

음악은 듣는 것으로부터 시작한다. 듣는 만큼 귀가 열리고 마음이 열린다. 따라서 음악이 있는 환경을 만들기 위해 가장 중요한 것은 음악을 자주, 많이 들을 수 있도록 하는 것이다. 우리 집은 온종일 음악이 흐른다. 때론 동요가, 때론 클래식이, 때론 가요가 흘러나온다. 이것이 가능한 이유는 집안 곳곳에 CD 플레이어와 CD가 있기 때문이다.

우리 집에는 주방 식탁 위, 안방 서랍 위에 CD 플레이어가 있다. 제일 많이 사용하는 CD 플레이어는 식탁 위에 있는 것이다. 이 CD 플레이어는 아침에 일어나 밤에 잠자리에 들기 전까지 종일 일을 한다. 안방의 CD 플레이어는 아이들을 꿈나라로 인도해주는 중요한 역할을 한다. 그리고 이 CD 플레이어는 낮에 아이들이 놀이방에서 놀 때 옮겨서 사용하기도 한다. 식탁에 있는 것은 무겁고 큰 편이지만, 음질이 좋고 음량이 크다. 그래서 식탁에 두어도 거실에서도 잘 들을 수 있다. 다른 하나는 작고 가벼워서 안방과 다른 방을 오가며 사용하기에 편리하다.

나는 CD를 찾고 정리하는 번거로움을 줄이기 위해 보관함을 준비했다. CD는 케이스에서 꺼내 모두 보관함에 넣어두었다. 앨범처럼 생긴 보관함은 CD 플레이어가 있는 식탁 옆 책장에 꽂아두었다. 그래서 언제든지 손쉽게 필요한 CD를 꺼내 들을 수 있다. 이처럼 듣고 싶을 때 바로 음악을 선택해서 들을 수 있도록 동선을 최소화했다. 눈에 보이고, 손에 닿기 쉬울수록 조금이라도 더 자주 음악을 들을 수 있다.

보관함을 사용하는 것마저도 귀찮을 때는 식탁 위에 있는 작은 선반을 보관 장소로 활용한다. 식탁에 있는 CD 플레이어의 바로 위쪽 선반에는 자주 듣는 CD를 진열하듯이 쭉 늘어놓았다. 아이들은 식탁 앞에 앉자마자 옷 가게에서 옷을 고르듯 쭉 살피며 원하는 것을 고른다. 아이들이 좋아해서 자주 듣는 CD는 이렇게 눈에 보이는 가까운 곳에 두는 것도 좋은 방법이다.

요즘은 유튜브나 음악 감상 앱 등을 통해 핸드폰으로도 손쉽게 음악을 들을 수 있다. 매우 편리하고 돈도 많이 들지 않는다. 하지만 나는 되도록 핸드폰으로 음악을 들려주지 않으려고 노력한다. 특히 유튜브로 음악을 들려주지 않는다. 조금 번거롭더라도 CD를 찾아 들려준다. 음악을 감상하는 데 핸드폰을 활용하면, 감상의 본질이 변질되기 쉽기 때문이다. 특히 유튜브는 재미있는 영상이 함께 나오기 때문에, 아이는 영상에 홀린 듯이 빠져든다. 듣는 것이 아니라 보는 것에 혹하게 되는 것이다. 게다가 관련 영상이 계속 이어서 재생되기 때문에 한번 보기 시작하면 쉽게 끝낼 수 없다. 감상으로 시작했으나, 그 결말은 핸드폰 쟁탈전이 되어버린다.

원하는 음악을 생각하는 시간, 음악이 있는 CD를 고르는 시간, 기대하는 마음으로 음악이 나오기를 기다리는 시간, 오직 음악만 순수하게 듣고 상상하며 즐기는 시간, 음악이 끝난 뒤의 아쉬움을 느끼는 시간과 같이, CD로 음악을 들을 때 누릴 수 있는 시간을 아이가 충분히 경험할 수 있도록 해주고 싶다. 이러한 경험은 아이가 음악과 만나고, 음악을 즐기는 방법을 익힐 수 있게 한다. 음악회 등에서 실제로 연주되는 음악을 들을 때도 아이는 이 감상 경험을 토대로 충분히 음악을 즐기고 누릴 수 있다.

악기 연주 환경

나는 어려서부터 음악을 좋아해서 여러 악기를 배우고 연주했다. 남편 역시 음악을 즐기고, 여러 악기를 배우며 연주한다. 그래서 우리 집에는 피아노, 드럼, 첼로, 플루트, 해금, 기타, 우쿨렐레 등 다양한 악기가 있다. 우리 아이들은 여러 악기를 직접 보고, 소리를 듣고, 만져보며 컸다. 악기의 소리를 들어보고, 악기를 직접 만지고, 연주해볼 수 있는 환경은 아이가 음악과 가까워지기에 매우 좋은 환경이다.

집에 엄마나 아빠가 연주하는 악기가 있다면 아이가 그 악기의 소리를 자주 듣고, 악기와 친해질 수 있도록 하는 것이 좋다. 물론 아이가 매우 어릴 때는 만지거나 소리내기가 어려운 악기도 있다. 고가의 좋은 악기를 아이가 직접 만져보도록 하는 것이 부담스러울 수 있다. 그때는 엄마나 아빠가 악기로 연주를 해주고, 아이는 감상하도록 하는 것이 좋다. 그리고 아이의 발달 과정에 맞추어 악기를 조금씩 탐색해보거나 소리 내보도록 할 수 있다.

우리 집에는 마라카스, 핸드 드럼, 오션 드럼, 우드 블럭, 에그 셰이커 등의 악기가 있다. 이 악기들은 내가 초등학교에서 수업할 때, 음악치료를 할 때 사용하던 것이다. 나는 이 악기들을 바구니에 넣어서 아이가 언제든지 꺼내 연주할 수 있게 했다. 우리 아이들은 어릴 때부터 이 악기들을 놀잇감처럼 가지고 놀면서 연주를 했다.

독일의 음악 교육자이자 작곡가인 카를 오르프 Carl Orff는 학생을 위한 악기는 누구나 짧은 시간에 연주할 수 있는 쉬운 악기여야 한다고 했다. 또한 언제 어디서나 연주 가능하고, 이동이 쉽고, 풍부한 음향을 만들 수 있는 질 좋은 악기를 제시해주어야 한다고 했다. 아이가 놀면서 소리 낼 수 있는 악기들을 제시해주어 악기 및 소리와 친숙할 수 있게 해주는 것은 중요하다. 연주하기 쉬운, 가지고 다니면서 언제나 연주할 수 있는 악기를 구비해두면 아이들은 놀면서 자연스럽게 소리와 리듬을 익힐 수 있게 된다. 요즘은 유아가 연주할 수 있는 작은 크기의 리듬악기도 쉽게 구매할 수 있으니 아이가 좋아할 만한 악기를 준비해주는 것이 좋다.

이와 같은 방법으로 아이가 집에서 음악을 듣고 연주할 수 있도록 각각의 가정에 맞는 환경을 구성할 수 있다. 하지만 환경 구성보다 더 중요한 것은 그 환경을 채우는 엄마의 역할이다.

아이를 음악의 주인공으로 만들어주는 엄마의 역할

엄마는 소리꾼인 아이의 음악에 장단을 맞추어주는 고수(북 치는 사람)가 되어야 한다. 판소리는 한 명의 소리꾼과 한 명의 고수가 이야기를 엮어가며 만들어내는 음악이다. 여기에서 고수는 소리꾼의 노래에 북으로 반주를 해주는 것뿐만 아니라, 장단의 빠르기를 조절하고, 추임새를 넣어 소리판의 분위기를 이끌어주기도 한다. 판소리의 고수처럼 엄마는 아이의 음악에 함께 하며 음악을 이끌어주고, 응원해주기도 하면서 아이가 음악 안에서 자유롭게 표현하도록 도와줄 수 있다.

이를 위해 아이가 노래할 때 같이 노래를 불러주거나 악기로 반주를 해줄 수도 있다. 대단한 반주가 아니어도 된다. 박자에 맞추어 손뼉을 쳐주는 것만으로도 충분하다. 아이가 노래 부르거나 연주할 때 "우와~ 멋지다! 최고야!" 같은 말을 해주며 힘을 북돋아줄 수도 있다. 아이가 노래의 가사를 잘 모르거나 잊었을 때는 한 소절을 불러줄 수도 있다. 또는 엄마가 다른 악기를 연주하며 빠르기나 셈여림을 조절하면서 음악의 분위기를 바꿔줄 수 있다. 그렇게 아이와 함께 멋진 음악을 만들어갈 수 있다.

엄마는 또한 코러스이자 백댄서가 되어야 한다. 멋진 가수가 노래를 부를 때면 무대 뒤쪽에서 화음을 내어주며 같이 노래 부르는 코러스가 있다. 또 가수의 뒤에서 함께 춤을 추는 백댄서가 있다. 코러스나 백댄서는 가수와 함께 무대에서 노래를 부르고 춤을 춘다. 하지만 그들의 역할은 자신이 아니라 가수를 빛나게 해주는 것이다.

엄마의 역할도 마찬가지다. 아이와 함께 음악을 즐기되 아이가 음악의 주인공이 되게 해주는 것이다. 아이의 소리가 아름답게 울리도록 아이의 뒤에서 같이 노래 부르며 작은 소리로 화음을 맞추는 것이다. 무대 위 아이가 반짝반짝 빛나도록 무대 아래에서 함께 춤을 추는 것이다.

음악은 눈에 보이지 않는 것이다. 그래서 음악이 있는 환경을 구성하는 것이 어렵다고 느껴질 수 있다. 따라서 눈에 보이는 도구를 먼저 세팅하는 것이 좋은 방법이다. 음악을 감상하기 위한 도구, 연주를 하기 위한 악기 및 추가 도구를 편하게 활용할 수 있도록 가까이에 배치하면 더 쉽게, 그리고 더 자주 음악을 접할 수 있다.

또한 음악은 소리이기 때문에 어느 한 사람만이 독차지해서 즐기는 것이 아니라 모두 함께 공유하고 공감할 수 있다. 따라서 엄마가 아이의 음악에 함께 참여하여 음악을 만들고, 생각과 느낌을 나누는 과정을 통해 함께 음악 이야기를 만들어갈 수 있다. 또한 아이가 마음껏 끼를 발산할 기회를 마련해주면서 음악으로 행복한 가정을 만들어갈 수 있다.

음악이 가득한 집에서 우리 아이들은 오늘도 노래 부르고 악기를 연주한다. 그러면서 우리는 함께 춤추고 웃는다. 이렇게 음악은 우리 집에 소리와 함께 행복을 채운다.

행복한 가정 만드는 것을 꿈꾼다면, 이처럼 음악으로 집을 가득 채워보는 것은 어떨까?

모든 아이는 타고난 음악가

"아기가 주 수에 맞게 잘 자라고 있네요. 아기 얼굴 보이시죠? 여기가 코, 여기가 귀예요. 청각이 발달하는 시기여서 이제 아기도 잘 들을 수 있어요. 좋은 음악 많이 들려주세요. 엄마, 아빠가 아기에게 이야기도 많이 해주시고요."

초음파 검사를 하면서 의사 선생님께서 말씀하셨다.

'우와~ 우리 아기가 벌써 들을 수 있다니!'

배 속에 있는 아기가 들을 수 있다는 사실에 감격스러웠다. 가르쳐주거나 특별한 것을 해주지 않았는데 아기가 무언가를 할 수 있다는 사실이 놀랍기만 했다.

모든 아이는 음악성을 가지고 태어난다. 청각은 다른 어떤 기관보다 가장 먼저 발달한다. 보통 태아는 24주 이후에 내이가 완전히 형성되고, 소리에 반응할 수 있게 된다. 콩닥콩닥. 엄마의 심장 소리를 들으며 아이는 박^{Beat}을 경험한다. 또한 배 속에 있지만, 아이는 엄마와 같이 수많은 소리를 들으며 함께 느낀다. 엄마의 몸속에서 피가 흐르는 소리, 장이 소화하는 소리를 듣는다. 그리고 엄마의 목소리, 자연의 소리를 들으며 자란다. 이렇게 엄마 배 속에서부터 아이는 소리를 듣고 탐색한다.

미국 컬럼비아대학교 윌리엄 파이퍼^{William P. Fifer} 교수의 연구 결과에 따르면, 신생아는 적어도 생후 2일 이내에 엄마의 목소리를 구분할 수 있으며, 다른 어떤 소리보다 엄마의 목소리를 좋아한다고 한다. 또한 태아가 엄마의 목소리를 들으면 잠들었을 때처럼 심장 박동수가 감소한다. 따라서 아이가 어렸을 때부터, 배 속에 있을 때부터 부드러운 엄마의 목소리, 아름다운 자연의 소리, 부드러운 선율의 음악을 들려주면 자연스럽게 음악성이 발달하게 된다.

소리를 탐색하며 음악을 알아가는 아이들

고대 로마의 철학자이가 정치가인 마르쿠스 툴리우스 키케로^{Marcus Tullius Cicero}는 "예술은 자연을 관찰하고 탐구하는 데서 탄생한다"고 했다. 음악은 소리를 통해 표현하는 청각적 예술이다. 따라서 음악을 배우고 즐기려면 자연과 주변의 소리에 대한 탐색이 선행되어야 한다.

음악 선진국으로 꼽히는 독일에서는 일상생활의 소리, 자연의 소리부터 듣도록 가르치며 음악교육을 시작한다. 이렇게 다양한 소리를 탐색하며 자란 아이들은 음악 역시 어려움 없이 받아들이게 된다. 그리고 그 경험을 바탕으로 자연스럽게 자신의 느낌을 표현한다. 그래서 독일에서는 음악교육을 정식으로 받지 않았는데도 악기를 잘 연주하는 사람을 쉽게 만날 수 있다. 소리를 탐색하는 과정을 통해 소리 내는 방법도 쉽게 터득했기 때문이다.

쏴아. 똑똑똑. 멍멍. 삐뽀삐뽀. 똑딱똑딱. 칙칙.

우리의 삶은 수많은 소리로 가득 차 있다.

"쉿! 조용히 해봐. 무슨 소리가 들리는 것 같은데. 무슨 소리지?"

이렇게 말하면 아이는 주의를 기울이고 집중하며 소리를 찾는다. 어떤 소리든 괜찮다. 집에서든, 밖에서든 주변의 여러 소리 중 한 가지 소리에 집중하며 소리 찾기 놀이를 할 수 있다. 바람 부는 소리, 파도 소리, 물 떨어지는 소리, 고양이의 울음소리, 지하철 안내 음악 등 여러 가지 소리를 찾아보도록 하는 것이다. 음악 역시 소리이기 때문에 청각적인 자극에 주의를 기울이고, 여러 가지 소리 중 하나의 소리에 집중해본 경험이 있는 아이는 음악 듣기 역시 쉽게 할 수 있다.

"어! 소리가 점점 커지는데? 무슨 일이지?"

이처럼 소리를 들으면서 소리가 커졌는지 작아졌는지, 빨라졌는지 느려졌는지, 음이 높아졌는지 낮아졌는지 등의 변화를 파악하는 것도 좋은 방법이다. 이를 통해 자연스럽게 음악적 요소를 발견할 수 있다.

나는 아이와 집 안의 물건들로 소리를 내어보고, 소리의 원리를 깨달을 수 있도록 했다. 크기가 같은 유리컵 7개를 준비했다. 물의 양이 눈에 잘 보이도록 집에 있던 식용색소를 물에 넣었다. 그리고 컵마다 각기 다른 양의 물을 담았다. 그렇게 물로 실로폰을 만들었다. 아이에게 쇠젓가락을 주고, 유리컵을 차례로 두드려보도록 했다. 아이는 컵마다 다른 소리가 나는 것을 보고 신기해했다. 여러 번 소리를 내어보도록 한 뒤 어떤 컵의 음이 더 높고, 어떤 컵의 음이 더 낮은지 물었다. 아이는 직접 소리를 내어보면서 높은 음과 낮은 음을 찾았다.

물체를 두드리면 진동이 일어나서 소리가 만들어진다. 아이는 쇠젓가락으로 유리컵을 두드리면서 소리의 원리를 깨달았다. 물이 적게 담긴 유리컵은 빠르게 떨려서 높은 음의 소리를 내고, 물이 많이 담긴 유리컵은 느리게 떨려 낮은 음의 소리를 낸다. 이처럼 물의 양에 따라 음의 높낮이가 달라질 수 있다는 것을 깨닫게 되었다.

고무줄을 가지고 소리를 탐색한 적도 있다. 집에 있는 노란 고무줄을 꺼냈다. 고무줄을 잘라 일자로 만들었다. 그리고 여러 개의 고무줄을 각각 길이가 다르게 잘랐다. 나는 양손으로 고무줄 끝을 잡고, 아이에게 손가락으로 고무줄을 튕겨보라고 했다. 그러자 "땡~" 하는 소리가 났다. 처음에는 긴 고무줄을 튕겨보라고 하고, 점점 짧은 고무줄을 튕겨보도록 했다. 점점 높은 음의 소리가 났다. 고무줄의 길이에 따라 소리의 높낮이가 달라지는 것 또한 알게 되었다.

이렇게 물건을 통해 소리의 차이를 파악하면, 실제 악기의 원리를 쉽게 이해할 수 있다. 실로폰이나 칼림바, 마림바 등의 악기는 음판이 길수록 낮은음이, 짧을수록 높은음이 소리 난다. 또한 하프는 현이 길수록 낮은음을, 짧을수록 높은음을 연주할 수 있다. 소리의 원리를 생활에서 먼저 찾아보고 이해하면, 이후에 악기를 배울 때 좀 더 쉽게 접근할 수 있다.

악기로 놀고, 악기로 연주하고

우리 아이들은 바구니에 넣어놓은 여러 리듬 악기로 연주를 하기도 하고, 놀기도 한다. 하루는 아이들이 요란하게 연주를 하고 있었다. 첫째 아이는 롤리팝 드럼에 에그 셰이커를 넣고 롤리팝 드럼을 위로 올렸다 내렸다 했다. 통! 통! 소리가 나며 팝콘이 튀겨지듯 에그 셰이커가 튀어 올라갔다. 그러다가 몇 개는 바닥에 떨어졌다.

아이는 다시 에그 셰이커를 롤리팝 드럼에 넣고 좌우로 흔들며 소리를 냈다. 이번에는 바람이 불고 파도가 치는 듯한 소리가 났다.

그러다가 어느 순간 갑자기 조용해졌다. 아이들이 무얼 하고 있는지 궁금한 나는 아이들에게 가까이 다가가 보았다. 그랬더니 악기들을 가지고 소꿉놀이를 하고 있었다. 첫째 아이는 롤리팝 드럼에 에그 셰이커를 넣고, 드럼채로 휘젓고 있었다.

"소유는 지금 계란 요리를 하고 있어요. 엄마도 한 입 먹어볼래요?"

이렇게 말하며 에그 셰이커 하나를 내 입에 넣어주는 시늉을 했다. 그러고 보니 동그란 모양에 손잡이가 있는 롤리팝 드럼이 프라이팬과 똑같이 생겼다. 아이는 그렇게 롤리팝 드럼 프라이팬으로 여러 가지 요리를 해서 한 상을 뚝딱 차렸다. 아이들은 요리하며 즐겁게 소꿉놀이를 이어갔다.

이처럼 연주를 위해서만이 아니라 놀이를 위해서 악기를 사용할 수도 있다. 아이들은 놀면서 악기의 모양과 특징을 파악하고, 요리조리 관찰하고 움직여보면서 다양한 소리를 내어본다. 그 과정에서 스스로 연주 방법을 터득한다. 이렇게 아이들은 악기로 놀면서 자연스레 악기와 친해진다.

최근 미국이나 유럽에서는 음악과 놀이를 융합한 음악 놀이가 많이 이루어지고 있다. 음악 놀이는 놀이를 통해 재미있게 음악적 요소를 찾고 경험하도록 하는 교육 프로그램이다. 아이들의 음악성뿐만 아니라 창의성, 상상력을 키울 방법으로 부모들의 관심이 꾸준히 증가하는 분야다. 하지만 이러한 음악 놀이라고 해서 특별하고 거창한 것이 아니다. 음악과 함께 재미있게 놀기! 그것이면 충분하다.

> 모든 어린이는 예술가다. 어른이 되어서도 그 예술성을 어떻게 지키느냐가 관건이다.

파블로 피카소^{Pablo Picasso}의 말처럼 모든 아이는 타고난 음악가다. 누구나 음악성을 타고났다. 중요한 것은 음악적인 자극을 통해 그것을 발견할 수 있도록 도와주는 것이다. 그래서 어렸을 때부터 음악과 친해지는 것은 중요하다. 그렇다고 어린아이에게 외국 가곡을 부르라고 하거나 어려운 악기를 가르치라는 것이 아니다. 음악의 시작은 거창한 것부터가 아니다. 생활에서부터, 자연과 주변의 소리에서부터 시작하는 것이다. 아이는 소리를 탐색하면서 소리의 원리를 이해한다. 놀면서 악기를 연주하고, 자신만의 음악을 만들게 된다. 그렇게 아이는 누구나 음악을 느끼고 즐길 수 있다.

아름다운 음악은 아이의 인생을 아름답고 풍요롭게 해줄 것이다. 음악과 친해지는 것은 그 어떤 친구를 만나는 것보다 소중한 만남이다. 아이가 어렸을 때부터 음악을 만나고, 음악으로 놀 수 있도록 기회를 마련해주자.

노래로 만나는 세상

우르르 쾅!

천둥이 치자 아이들은 무서워하며 마리아의 방에 들어간다. 마리아는 아이들을 달래며 기분이 나쁠 때는 좋은 것들을 생각한다고 이야기해준다. 어떤 것을 생각하냐고 묻는 아이들에게 마리아는 수선화, 푸른 초원, 별 등 좋아하는 것들을 이야기한다. 그리고 마리아는 아름다운 노래로 이야기를 이어간다.

> Raindrops on roses and whiskers on kittens
> (장미꽃 위의 빗방울과 새끼 고양이의 콧수염)
> Bright copper kettles and warm woolen mittens
> (밝게 빛나는 구리 주전자와 따뜻한 모직 벙어리장갑)
> Brown paper packages tied up with strings
> (끈으로 묶인 갈색 종이 상자)
> These are a few of my favorite things
> (이것이 내가 좋아하는 것들이야)
>
> 천둥소리를 듣고 겁에 질려 이불 속에 숨던 아이들도 마리아의 노래에 생기를 되찾는다. 그리고 아이들은 크리스마스, 토끼, 생일 선물 등 자신들이 좋아하는 것들을 이야기한다. 아이들은 금세 즐거운 마음으로 다 함께 일어나 손을 잡고 춤을 추며 그 시간을 즐긴다.

영화 〈사운드 오브 뮤직The Sound of Music〉의 한 장면이다. 이 영화에서 마리아는 노래로 아이들에게 다가가고, 아이들과 교감한다. 이를 통해 좀처럼 열리지 않을 것 같던 아이들의 굳게 닫힌 마음의 문을 열게 된다. 그리고 노래를 통해 자신을 표현하고, 소통하는 모습을 보여준다.

사람들은 말로 자신의 생각이나 느낌을 전달한다. 하지만 노래는 말보다 힘이 강하다. 노래의 리듬과 선율은 가사에 담긴 메시지를 효과적으로 전달해준다. 아이들은 무언가를 진짜 하고 싶을 때 그냥 말하지 않고, "엄마아아아~ 이거 해줘어어~" 하면서 소리의 높낮이를 변화시키고, 소리를 길게 늘인다. 말을 하지만, 말에 선율을 붙여 마치 노래를 부르듯이 표현하는 것이다. 이처럼 사람은 자신의 감정을 표현할 때 자연스럽게 노래를 부르게 된다. 노래는 말보다 쉽게, 그리고 잘 감정을 전달할 수 있기 때문이다.

헝가리의 작곡자이자 음악 민속학자, 교육가인 졸탄 코다이 Zoltán Kodály는 음악교육의 가장 좋은 방법이 가창이라고 했다. 그는 악기를 배우기 전에 노래 부르기부터 배워야 한다고 했다. 목소리는 가장 손쉽게 사용할 수 있는 악기다. 노래 부르기는 말하기만큼 자연스러운 활동이다. 따라서 아이들은 어려서부터 선천적인 악기인 목소리로 음악을 익힐 수 있다.

나는 아이가 노래를 통해 자유로운 표현을 할 수 있도록 천천히 노래와 익숙해지도록 했다. 말을 하지 못할 때부터 노래를 부르고 즐길 수 있도록 다음의 방법들로 아이와 함께 노래를 불렀다.

아이와 함께 노래 부르는 방법

☼ 한 음절 노래 부르기

말을 하지 못하는 아이도 리듬이나 선율을 표현할 수 있다. 그래서 아이가 어렸을 때는, 어려운 가사 대신 아이가 발음할 수 있는 음절을 최대한 활용하여 노래 부르도록 하는 것이 좋다. 평소에 많이 불러주던 노래를 아이가 좋아하는 음절로만 노래 부르는 것이 그 방법이다. 우리 아이들은 '빠빠'나 '뚜뚜', '뿌뿌'로 노래 부르는 것을 좋아했다. 된소리 음절의 소리가 아이들에게는 재미있게 들리는 것 같았다. 조금 더 쉽게는 '우우', '예예'나 '맘마', '뭄무' 같은 음절로도 노래해볼 수 있고, 아이가 발음할 수 있는 소리로 적용해볼 수 있다.

예를 들어 "나비야 나비야 이리 날아 오너라" 하는 노래를 "빠빠빠 빠빠빠 빠빠 빠빠 빠빠빠"로 부르는 것이다. 내가 이렇게 노래를 부르면 아이는 나를 따라 노래를 부른다. 몇 번 이 음절로 노래하다가 "맘맘마 맘맘마 맘마 맘마 맘맘마"로 바꾸어 노래를 부르기도 한다.

☼ 가사 바꾸기

"자장자장 우리 아기. 잘도 잔다. 우리 아기."

나는 아이가 어렸을 때부터 자장가를 많이 불러주었다. 자장가를 부를 때는 가사를 바꾸어 아이에게 전하고 싶은 나의 마음을 표현한 적이 많다. 사랑스러운 얼굴을 보고 볼을 쓰다듬으며 "사랑하는 우리 소유, 너무너무 예쁘구나" 하며 노래 불러주기도 했다. 때론 "언제 잘래, 우리 딸아. 잠 좀 자자. 피곤하다" 하면서 나의 솔직한 마음을 노래로 전하기도 했다.

자장가를 많이 듣고 자라서인지, 첫째 아이가 처음으로 부른 노래는 자장가였다. 많이 듣고 익숙하기에, 직접 노래 부르기도 쉬웠을 것이다. 그리고 엄마가 매일 다른 가사의 자장가를 불러준 것처럼, 아이도 자장가의 가사를 바꾸어 불렀다. 치즈가 먹고 싶을 때는 "치즈 치즈, 치즈 치즈"라고 부르면서 치즈 송을 만들어 불렀다. 그리고 국수가 먹고 싶을 때는 "국수 국수, 국수 국수"로 국수 송으로 만들어 불렀다. 아이에게 노래는 마음을 표현하고 전달하는 도구가 되었다.

가사 바꾸어 부르기는 아이가 좋아하고 잘 알고 있는 노래의 가사만 바꾸면 된다. 처음에는 우리 아이가 했듯이 짧은 단어만으로 노래 부르는 것이 좋다. 노래의 처음부터 끝까지 한 단어로만 불러도 괜찮다. 아이가 마음껏 표현할 수 있도록 허용해주면 된다. 그러면 아이는 점차 여러 단어나 문장을 넣어 노래 부를 수 있게 된다.

☼ 즉흥노래 부르기

김연수 교수는 《악기보다 음악》에서 언어교육과 음악교육을 비교했다. 듣기는 음악을 듣는 청음 훈련과 같으며, 말하기는 생각을 표현하는 즉흥연주와 같다고 했다. 또한 이 즉흥연주는 말 문 터지듯 시작된다고 했다.

즉흥연주뿐만 아니라 즉흥노래 또한 자기표현을 할 수 좋은 방법이다. 게다가 즉흥노래는 가사를 통해 구체적인 메시지를 전달할 수 있기 때문에 더욱 효과적으로 생각을 표현할 수 있다. 때론 놀면서 흥얼거리며 노래를 만들어 부르는 아이의 모습을 발견할 수 있다. 노래를 많이 듣고 따라 하다 보면 어느 순간 아이는 자기도 모르게 즉흥노래를 부르게 된다. 어느 날 갑자기 "엄마"라고 말하게 된 것처럼 말이다.

즉흥노래를 부를 때는 머릿속에 떠오르는 자신만의 선율에 특별한 의미 없는 말을 붙여 노래를 부른다. 그저 "랄라라~", "뚜비뚜바~"같이 자유롭게 불러도 된다. 마치 노래의 가사가 정해지기 전 작곡가가 가이드곡을 부를 때처럼 말이다. 또한 선율의 변화 없이 랩처럼 말에 재미있는 리듬을 붙여 노래 부를 수도 있다. 여기에서 조금 더 발전하면, 즉흥적으로 떠오르는 리듬과 선율에 자신이 하고 싶은 말을 가사로 붙여 자유롭게 노래 부르게 된다.

무엇이든 괜찮다. 어떻게 표현하든 그것은 아이의 자유다. 즉흥노래는 이미 있는 노래를 부르는 것이 아니라 아이가 그때 떠오르는 것을 표현하는 것이기 때문이다.

☼ 주고받으며 노래 부르기

"우리는 사랑으로 파티를 열 거예요."

"저도 파티에 가고 싶어요. 초대해주세요."

"파티에 가려면 날개가 있어야 해요."

"저는 날개가 없는데 어떡하죠. 공주님의 손을 잡고 같이 날아갈래요."

어느 날 저녁 나와 아이가 부른 노래의 가사다. 아이가 먼저 꺼낸 파티라는 주제를 시작으로 나와 아이는 주고받으며 이야기를 꾸며 노래 불렀다. 나는 아이의 리듬을 따라 하고, 아이는 나의 선율을 따라 하면서 한참 동안 노래를 주고받았다. 그렇게 노래로 대화를 이어가고, 이야기를 만들며 소통했다. 박자나 음정이 안 맞는 부분도 있고, 내가 노래를 부르는 중간에 아이가 끼어들기도 했다. 옆방에서 듣고 있던 남편은 킥킥대며 웃었지만, 우리는 진지했다. 그것은 한 편의 뮤지컬이자, 우리만의 소통 방법이었다.

주고받으며 노래 부르기는 대화하듯이 주고받으며 함께 노래를 부르는 것이다. 거창한 주제를 정하지 않아도 된다. 몇 개의 단어만으로도 할 수 있다. 서로의 노래를 듣고, 그에 반응하면서 계속 새로운 노래를 만들어갈 수 있다.

☼ 동요 부르기

아이는 언어의 발달 과정에 따라 노래 부르는 수준도 함께 성장한다. 첫째 아이가 가사까지 제대로 노래를 부를 수 있게 된 것은 네 살 후반이 되어서였다. 그전에는 노래의 선율을 흥얼대는 수준이었다. 그런데 말이 트이면서 신기하게도 노래 부르는 실력이 향상되었다. 아이는 좋아하는 동요를 정확한 가사로 노래 불렀다. 무슨 뜻인지도 모르면서 영어 동요를 비슷하게 따라 부르기도 했다. 어렸을 때부터 수없이 들은 노래들이기 때문에 어렵지 않게 부를 수 있었다.

이렇게 아이가 언어적으로 성장할 때 더욱 쉽게 노래를 익힐 수 있다. 또한 노래를 통해 여러 가지 개념을 익힐 수 있다. 그래서 좋은 동요를 함께 부르는 것은 중요하다.

"하얀 자동차가 삐뽀삐뽀~ 빨간 자동차가 애앵애앵~"

아이는 〈병원차와 소방차〉 노래를 좋아했다. 아이는 노래를 통해 색깔에 대해서도, 자동차의 종류와 역할에 대해서도 알게 되었다. 또한 신체 기관, 숫자, 크기 비교 등의 여러 가지 개념도 쉽게 익혔다.

"저는 노래를 잘 못 불러서요. 아이에게 노래는 못 해주겠더라고요."

혹시 지금 엄마 자신의 노래 실력을 평가하고 있는가? 엄마가 노래를 잘 부르지 못해도 괜찮다. 아이는 엄마의 노래 실력이 아니라, 노래를 통해 전달하는 엄마의 마음을 듣는다. 노래는 마음을 표현하고 소통하는 도구이기 때문이다. 엄마가 노래를 부르면 아이는 그것을 듣고 곧 노래로 응답할 것이다. 그렇게 노래를 통해 엄마와 아이의 마음이 연결된다. 또한 노래를 통해 세상을 만나고, 세상을 배우게 된다.

    노래로 아이가 넓은 세상과 만날 수 있는 길을 만들어주자. 노래를 통해 아이는 마음껏 세상을 즐기고, 자유롭게 자신을 표현할 수 있을 것이다.

너와 내가 함께 하는 연주

"엄마, 우리 같이 연주합시다. 엄마는 피아노, 나는 우쿨렐레. 어때요?"

"그래, 좋아. 그럼 어떤 연주를 해볼까?"

"타요~"

"좋아! 시작해보자. 하나 둘 셋 넷~ 타요 타요 타요 타요 개구쟁이 꼬마 버스~"

나와 아이의 연주가 시작된다. 나는 노래를 부르며 피아노를 치고, 아이는 그에 맞추어 우쿨렐레 연주를 한다. 아직 작은 손이라 코드를 잡지는 못하지만 아이는 제법 그럴듯한 연주 자세를 취하고 현을 튕기며 소리를 낸다.

"이번에는 다른 연주를 해봐요. 신나는 느낌!"

"오~ 좋았어. 이런 거 어때?"

아이의 주문에 따라 나는 즉흥연주로 신나는 느낌을 표현한다. 아이도 질세라 우쿨렐레 연주를 시작한다. 한 현씩 소리를 내어보기도 하고, 여러 현을 연달아 튕겨 소리내기도 한다. 줄감개 쪽의 현을 튕겨 매우 높은 음을 소리내기도 하고, 몸통의 나무판을 살짝 두드려 리듬을 표현하기도 한다. 나는 아이가 더욱 자유롭게 연주하도록 작은 소리로 피아노 연주를 한다. 그리고 아이가 연주하면 나는 곧바로 그 리듬이나 선율을 따라 연주해주기도 한다. 나는 연주하면서 고개를 돌려 아이의 모습을 바라보며 아이의 흐름에 맞추어 연주한다. 그러다가 조금씩 빠르게, 그리고 조금씩 크게 연주를 한다. 우리의 음악은 절정을 향해 달려간다. 마음껏 연주하다가 서로 눈을 보며 따당~ 하고 연주를 마친다. 아무 말 하지 않았는데도 찰떡같이 호흡이 맞는다.

"어때? 신나는 느낌이었어?"

"응! 완전 신나요. 또 할래요, 엄마. 이번에는 음~ 화 난 느낌 어때요?"

"좋아! 엄마가 먼저 시작한다."

악기는 아이가 어렸을 때부터 재미있게 음악에 접근할 수 있는 좋은 도구다. 뇌의학 박사인 일본 도후쿠대학교 다키 야스유키瀧靖之 교수는 뇌의 발달 측면에서 3~5세 때 악기를 배우기 시작하는 것이 좋다고 했다.

나는 다음의 4단계를 통해 아이가 어렸을 때부터 악기를 접하고 익혀갈 수 있도록 했다. 이것은 일반적으로 학원이나 레슨을 통해 하는 것과 같이 연주법을 익히거나 연주곡을 연주하도록 하는 방법이 아니다. 그러한 기능적인 악기교육이 시작되기 전에, 아이가 엄마와 함께 집에서 할 수 있는 기초적이고 간단한 악기교육의 방법이다.

악기 연주의 단계

☼ 첫 번째 단계는 관찰이다

아이가 악기와 친해질 수 있는 가장 좋은 방법은 엄마가 악기 연주하는 모습을 보여주는 것이다. 나는 아이가 신생아일 때부터 아이를 아기침대나 바운서에 눕혀놓고 피아노 연주를 해주었다. 때론 에그 셰이커나 마라카스를 흔들며 아이에게 노래를 불러주기도 했다. 아이는 소리가 들리는 쪽으로 고개를 돌려 생긋생긋 웃으며 음악을 들었다. 그렇게 아이는 어려서부터 엄마가 악기를 연주하는 모습을 보고 자랐다. 그래서 아이에게 악기는 힘들게 배워야 하는 어려운 대상이 아니라, 놀잇감과 같은 대상이 되었다.

엄마가 연주해줄 때 아이는 아무것도 하지 않는 것처럼 보일 수 있다. 하지만 실상 아이는 매우 많은 것을 하느라 바쁘다. 눈으로 엄마의 움직임을 빠르게 관찰하고, 귀로 소리의 변화를 감지한다. 어떻게 해야 악기의 소리가 나는지, 어떤 소리가 아름다운지 관찰을 통해 배운다. 말로는 설명해줄 수 없는 수많은 것을 관찰을 통해 스스로 깨우친다.

또한 엄마가 즐겁게 연주하는 모습은 아이에게 음악에 대한 진한 인상을 남겨준다. 다른 활동도 마찬가지지만, 엄마가 즐겁게 연주하는 모습을 보면 아이는 자발적으로 그것을 하고 싶어 한다. 굳이 하라고 하라고 시키지 않아도 아이가 먼저 악기를 손에 들고 연주할 것이다.

☼ **두 번째 단계는 탐색이다**

"소유야, 이게 무엇인 것 같아?"

"우와~ 예쁘다. 이게 뭐예요?"

"소유가 알아맞혀봐."

아이는 엄마 손에 있던 레인 스틱을 가지고 가서 유심히 살펴본다. 레인 스틱을 흔들어보니 신기한 소리가 난다.

"엄마~ 재미있는 소리가 나요. 어! 여기 알록달록한 작은 구슬이 있어요!"

아이는 레인 스틱을 들고 좌우로 흔들다가 재미있는지 자리에서 일어나 위아래로도 흔들어본다. 바닥에 대굴대굴 굴려보기도 한다. 그때마다 부드럽고 아름다운 소리가 난다. 구슬이 움직이는 모습을 바라보다가 레인 스틱을 세워 바닥에 놓는다. 쏴아~ 아이는 다시 레인 스틱을 뒤집어 세워놓는다.

"엄마~ 비가 와요!!!"

나는 악기 연주를 위해 가장 중요한 과정이 탐색 과정이라고 생각한다. 탐색을 하면서 악기와 친숙해지고, 소리에 대한 호기심을 갖을 수 있기 때문이다. 많은 사람이 악기를 배울 때 올바른 연주법에 따라 정확한 음을 내야 연주를 잘하는 것으로 생각할 것이다. 하지만 꼭 정확한 음만이 아름다운 음악을 만드는 것은 아니다. 악기가 만들어내는 다채로운 소리를 충분히 탐색하고 느껴보아야 한다. 그래야 악기를 제대로 활용하여 진짜 음악을 연주할 수 있다. 그런데 기능을 익히기 시작하면 학습된 틀에 갇혀 다른 방법으로 악기의 소리나 특징을 찾으려 하지 않는다. 따라서 기능을 익히기 전에 충분히 악기를 탐색하는 시간이 선행되어야 한다.

악기를 처음 접할 때, 되도록 어렸을 때부터 마음껏 악기를 탐색할 기회를 주어야 한다. 자유롭게 악기를 만져보고, 소리를 들어보아야 한다. 소리를 낼 수 있는 다양한 방법을 찾아보고, 악기만의 고유한 음색을 느껴보아야 한다.

☼ 세 번째 단계는 모방이다

일본의 음악교육 전문가 스즈키 신이치鈴木鎭一는 음악교육이 모국어를 배우는 것처럼 귀에서부터 시작한다고 했다. 그래서 악기를 처음 배우는 아이에게 악보 활용법을 가르치지 않는다. 대신 선생님의 소리와 연주를 모방하며 배우도록 한다.

음악을 익히고 악기를 연주하기 위한 첫걸음은 모방, 따라 하는 것부터다. 아직 어린아이들은 악보를 읽을 수 없다. 따라서 모방하는 방법을 통해 음악의 요소를 이해하고, 표현하는 방법을 익히도록 할 수 있다. 아이들은 듣고 따라 하기만 해도 금방 악기를 연주할 수 있다.

모방을 할 때는 리듬부터 따라 하도록 할 수 있다. 이를 위해 아이들이 손에 잡기 좋은 작은 리듬악기를 활용하면 좋다. 그리고 엄마가 연주하는 리듬을 따라 연주하게 한다. 어떤 리듬을 연주할지 모르겠다면, 시계 소리를 따라 연주해보면 된다. 우리에게 익숙한 응원 리듬인 '대한민국~'을 연주해도 된다. 혹은 아이가 좋아하는 동요를 부르며 그 리듬을 연주해보아도 좋다.

리듬으로 표현하는 것이 익숙해지면 선율을 따라 하도록 할 수 있다. 유아는 아직 정확한 음을 연주하기 어려울 수 있다. 따라서 높은음과 낮은음이 있고, 그 소리를 연결해서 아름다운 음악을 만들 수 있다는 것을 느끼게 해주는 것만으로도 충분하다.

☼ 네 번째 단계는 창조다

피아니스트인 폴 노르도프$^{Paul\ Nordoff}$와 특수교사인 클라이브 로빈스$^{Clive\ Robbins}$는 창조적 즉흥연주 모델의 기본 개념으로 '음악아'를 제시했다. 음악아란 선천적으로 음악에 반응하는 내재된 본능을 가진 아동을 말한다. 곧 모든 인간은 선천적으로 음악에 반응하며, 자연스러운 음악적 표현이 가능하다는 것이다. 그리고 아동은 음악을 통해 자발적으로 표현하면서 자기실현 및 자기 통합을 이루어나간다고 했다.

엄마의 연주를 따라 하던 아이는 자연스럽게 자신만의 음악을 만들고자 한다. 이때 가장 좋은 방법이 즉흥연주를 하는 것이다. 즉흥연주는 이미 만들어진 곡을 연주하는 것이 아니라 연주하면서 즉흥적으로 음악을 만들어내는 것이다. 굉장히 음악적 능력이 뛰어난 사람이나 전문 연주자만이 할 수 있다고 생각하지만, 사실 이 즉흥연주는 굉장히 자연스러운 자기표현의 과정이다. 그래서 누구나 즉흥연주를 할 수 있다.

나는 첫째 아이와 함께 피아노로 즉흥연주를 많이 했다. 내 무릎 위에 앉은 아이는 손을 뻗어 조그마한 손가락을 꼬물대며 건반을 눌렀다. 아이의 손가락을 따라 재미있는 선율이 만들어졌다. 나는 아이를 품에 안은 채로 아이의 연주를 따라 했다. 그러다가 나는 팔을 넓게 벌려 양손으로 〈젓가락 행진곡〉을 연주했다. 건반의 가운데에서 연주하는 아이의 소리와 고음과 저음에서 연주하는 나의 소리가 합쳐져 아름다운 하모니를 만들어냈다.

악기를 충분히 탐색하고 익힌 아이라면, 그리고 자유롭게 표현할 기회만 준다면, 누구라도 즉흥연주를 할 수 있다. 그리고 엄마와 함께 더 멋진 음악을 만들어갈 수 있다. 이때 엄마가 꼭 연주 실력이 있어야만 하는 것이 아니다. 아이의 연주를 따라 하기만 해도 된다. 중요한 것은 엄마의 연주가 아니라 아이의 연주다.

음악은 지성이 침범하지 못하는 유일한 영역이다.

독일의 철학자이자 교육사상가인 루돌프 슈타이너^{Rudolf Steiner}의 말이다. 음악은 수많은 감정과 느낌을 담고 있다. 그래서 아직 음악적 개념에 대해 배우지 않은 아이도, 아직 말을 못 하는 아이도 음악을 느끼고, 음악으로 표현할 수 있다.

아이가 어리면 어릴수록 좋다. 작고 간단한 악기부터 보여주며 소리 낼 수 있도록 해주자. 악기를 관찰하고, 탐색하고, 엄마의 연주를 모방하며 창조하는 과정에서 아이는 악기와 친숙해질 수 있다. 그리고 그 과정에서 자신만의 음악을 만들어갈 수 있다.

우리 집
음악 감상실

'모차르트 이펙트'라는 말이 있다. 모차르트 음악이 유아의 뇌 신경을 적절히 자극하여 머리를 좋게 만든다는 것이다. 실제로 모차르트 음악으로 연구가 이루어지기도 했다. 1993년에 미국 캘리포니아대학교의 고든 쇼Gordon L. Shaw와 미국 위스콘신대학교의 프랜시스 로셔Frances H. Rauscher 교수팀은 과학 저널《네이처》에 〈음악과 공간추리력Music & Spatial Task Performance〉이라는 논문을 발표했다. 피실험자를 세 그룹으로 나누어, 한 그룹은 모차르트 음악을, 다른 그룹은 댄스 음악과 현대음악을 섞어서 들려주었고, 다른 한 그룹은 음악을 들려주지 않았다. 그 결과 모차르트 음악을 들은 그룹이 지능

검사의 공간 추론 항목에서 높은 점수를 받았다. 이후 전 세계에 '모차르트 이펙트' 열풍이 불었다. 우리나라에서도 모차르트 음반이나 책이 출간되어 인기를 끌었다.

음악 감상은 매우 능동적이고 주도적인 음악 활동

나는 임신 6개월 이후부터 음악회에 많이 다녔다. 내가 음악을 듣지만, 배 속에 있는 아이도 함께 들을 것이라고 생각하며 아이를 위해 좋은 음악회를 찾아다니려고 애썼다. '태교 음악회'라고 해서 임산부를 위한 음악회가 여기저기에서 많이 열렸다. 태교 음악회에 가면 온통 배가 부른 임산부들이 모여 있었다. 그래서 혼자 음악회에 가도 친구와 함께 온 듯한 느낌이었다. 지금 생각해보면 참 웃긴 광경이지만, 그때는 자못 진지하게 다들 배를 쓰다듬으며 음악을 감상했다.

'태교'라고 하면 제일 먼저 떠오르는 것이 음악 감상이다. 특히 클래식을 들어야 한다는 생각이 들어서, 평소에 음악에 관심이 없던 엄마도 아이를 위해 클래식 음악을 들으려고 한다. 또 자신이 좋아하는 음악을 들어야 아이도 좋아한다고 하는 요즘 엄마들도 많다. 그래서 자신이 좋아하는 아이돌의 노래를 듣기도 한다. 어떤 음악이든, 엄마들은 태교를 위해서 음악을 들어야 한다고 생각하며, 어느 때보다 음악을 많이 듣는다.

그렇게 사랑의 마음으로 음악을 듣던 엄마들이 정작 아이가 태어나면 별로 음악을 듣지 않는다. 아이의 장난감이나 사운드 북에서 나오는 음악을 듣는 것이 음악 감상의 전부인 경우가 많다. 태교할 때는 모차르트니 바흐니 유명한 음악가의 음악을 다 찾아서 들었는데 말이다.

태교할 때는 중요하다고 하며 많이 듣던 음악을, 왜 아이가 태어나면 더 이상 듣지 않는 것일까? 많은 사람이 음악 감상은 수동적인 것이라고 생각한다. 아마도 가만히 앉아서 귀로만 듣는다고 생각하기 때문일 것이다. 그래서 다른 음악 활동보다 감상에 소극적으로 임하는 경향이 있다. 하지만 태교를 위해 클래식 음악을 찾아 듣고 음악회에 찾아갔듯이, 음악 감상은 음악을 향한 주도적인 태도를 바탕으로 한다. 또한 단순히 음악을 듣고 그치는 것은 음악 감상이 아니다. 음악을 들으면서 느끼며 상상한 것을 자신만의 방법으로 표현해보거나 새롭게 창조해내는 과정까지 모두 음악 감상의 일부다. 이처럼 음악 감상은 매우 능동적이고 주도적인 음악 활동이다. 따라서 태교할 때처럼 아이의 음악 감상을 위해 적극적으로 음악을 찾아 듣고, 함께 깊이 느끼려는 태도가 필요하다.

'그렇다면 아이에게 어떤 음악을 들려줘야 하나요? 음악 감상은 어떻게 해야 하나요?'

이처럼 음악 감상을 어떻게 시작해야 할지 몰라 고민하는 엄마들을 위해 우리 아이들이 음악 감상하는 모습을 소개하고자 한다. 이를 통해 각자 자신의 방법으로 아이와 함께 즐기는 음악 감상실을 만들어볼 수 있다.

아이에게 어떤 음악을 들려주어야 할까?

음악 감상을 생각하면 당연히 먼저 클래식 음악을 떠올릴 것이다. 아이들 또한 클래식 음악으로 음악을 접하게 하는 것은 좋은 방법이다. 오랜 세월에 걸쳐 많은 사람에게 사랑받은 클래식 음악은 음악적으로 완성도가 높다. 클래식 음악은 화음이나 셈여림, 빠르기, 형식 등의 음악적 요소를 익히기에 좋다. 또한 피아노나 바이올린, 플루트 등 아이들이 관심을 가지고 배울 악기의 소리를 들으며, 악기의 음색을 파악할 수 있다.

하지만 꼭 클래식 음악만 들어야 하는 것은 아니다. 재즈 음악도 좋고, 국악곡도 좋다. 기악곡뿐만 아니라 성악곡을 듣는 것도 좋다. 동요는 당연히 아이들에게 좋다. 판소리나 오페라, 뮤지컬의 음악은 다채롭고 흥미롭다. 어른들이 연주한 곡뿐 아니라 어린이가 직접 노래 부르거나 연주한 곡을 들어보는 것도 좋다. 아이들은 비슷한 또래의 목소리를 들으면 흥미를 느끼고 재미있어하며 듣는다. 이처럼 클래식뿐 아니라 다양한 음악을 접하게 하는 것이 좋다.

아이와 재미있게 할 수 있는
음악 감상의 방법은 무엇일까?

식사하기 위해 식탁 앞에 앉으면 아이들은 자연스럽게 CD를 틀어달라고 한다. 아이들은 그날그날의 느낌에 따라 듣고 싶은 음악의 CD를 고른다. 음악과 함께 웃음과 이야기가 식탁 위에 가득 채워진다. 아이들은 음악을 듣다가 기분이 좋으면 잠깐 일어나 신나게 춤을 춘다. 좋아하는 노래가 나오면 밥을 먹다가도 따라 부른다. 그리고 마음에 드는 음악이 있으면 그 음악을 몇 시간이고 반복해서 듣기도 한다. 그렇게 음악은 우리의 마음을 깨우고 즐겁게 한다. 그리고 음악과 함께 더욱더 즐거운 놀이가 시작된다.

우리는 음악을 들으면서 악기 맞히기 놀이를 한다. 아직 많은 악기의 소리를 구분하지는 못하지만, 아이들은 피아노와 바이올린 소리를 듣고 구분할 수 있다. 그래서 음악에 나오는 악기를 연주하는 시늉을 하며 음악을 즐긴다. 실제 악기가 없어도 괜찮다. 식탁이나 방바닥을 피아노 건반 삼아 바쁘게 손가락을 움직인다. 허공에 왼팔을 들어 올리고 오른팔로 투명 활을 그으며 멋진 바이올린 연주를 펼친다. 그렇게 음악을 들으며 아이들은 연주자가 된다.

나와 아이들은 음악의 주제 부분을 따라 연주하거나 노래 불러 보기도 한다. 아이들은 음악을 듣다가 재미있는 표현이나 익숙한 표현이 나오면 웃거나 반응을 보인다. 그렇게 아이가 관심을 두는 부분을 따라 연주하는 것이다. 짧게 한 음만 소리 낼 수도 있고, 바이브레이션과 같은 음악적 표현을 따라 할 수도 있다. 처음에는 엄마가 음악을 듣고 따라 하는 모습을 보여준다. 비슷한 음색의 악기를 연주해도 되고, 목소리나 손뼉으로 리듬만 따라 해도 괜찮다. 그 모습을 보면서 아이들은 자연스럽게 음악을 듣고 인상적인 부분을 모방해서 표현하게 된다.

또 나는 음악을 들으면서 어떤 느낌인지 표현하도록 한다. 가장 쉽게 할 수 있는 방법은 몸으로 표현하는 것이다. 음악을 들으면서, 혹은 다 들은 후에 아이들은 자유로운 몸짓으로 느낌을 표현한다. 나비처럼 팔랑팔랑 양손을 흔들기도 하고, 빙그르르 한 바퀴 돌기도 한다. 콩콩 뛰거나 팔을 휘저으며 달리는 시늉을 하기도 한다. 음악에 따라 만들어가는 몸짓, 그것이야말로 즉흥댄스다. 아이들은 온몸을 사용해 자신만의 느낌을 표현한다. 이때 엄마는 엄마 나름의 느낌을 몸으로 표현하면 된다. 서로의 몸짓을 따라 하기도 하고, 비교하기도 하면서 느낌을 공유하면 더 재미있고 깊이 있게 음악을 느낄 수 있다.

"우와~ 미끄럼틀 타는 것 같아요."
"이건 꼭 고양이 느낌 같지 않아요?"

아이는 음악을 들으면서 이렇게 느낌을 이야기한다. 음악은 눈에 보이는 실체가 아니기 때문에 아이가 이해하기 어려울 수 있다. 따라서 마음속으로 그림을 그리듯이 상상하거나 다른 대상에 비유하여 표현하는 것은 음악을 즐길 수 있는 좋은 방법이다. 엄마가 먼저 음악을 듣고 떠오르는 이미지나 사물에 관해 이야기해주고, 아이는 무엇이 생각나는지 물어보면서 음악을 들을 수 있다. 그리고 그것을 주제로 새로운 이야기를 만들어갈 수도 있다.

때로는 음악을 듣고 미술 활동을 하기도 한다. 떠오르는 장면이나 느낌을 그림으로 표현하는 것이다. 크레파스나 물감으로 적당한 색을 고르는 것, 모양이나 사물을 그리는 것 자체가 음악에 대한 느낌을 표현하는 과정이다. 선 하나를 길게 쭉 그리거나 동그라미 하나만 툭 그려도 괜찮다. 아이는 음악을 듣고 그런 이미지를 떠올린 것이기 때문이다.

뇌 전문가 알렉스 도먼^{Alex Doman}은 음악이 인간의 뇌 기능을 활성화하기 때문에 기억력, 학습능력, 행복감 등에 크게 기여한다고 말했다. 아이는 음악을 듣는 과정에서 음악적 귀가 더욱 민감해지고, 음악적 집중력과 기억력이 향상된다. 그리고 듣는 것에서부터 확장되어 이루어지는 언어, 예술 등의 다양한 감상 활동은 아이들의 인지적 능력뿐만 아니라 정서적인 발달에 긍정적인 영향을 끼칠 수 있다.

공자는 "시를 읽음으로써 바른 마음이 일어나고, 예의를 지킴으로써 몸을 세우며, 음악을 들음으로써 인격을 완성하게 된다"고 했다. 아이와 음악을 듣고 즐기며 우리 집만의 음악 감상실을 만들어 보는 것은 어떨까? 클래식만이 아니라 다양한 음악이 흐르는, 듣기만 하는 것이 아니라 능동적이고 활기찬 놀이로 가득한 음악 감상실 말이다.

기억하자.
Music Effect!
모든 음악은 아이에게 영향을 미친다.

오늘도
버스킹 중입니다만

"이제 공연이 시작됩니다. 모두 모여주세요."

첫째 아이의 들뜬 목소리에 나와 남편은 하던 일을 멈추고 거실 소파에 앉는다.

"준비되었나요? 그럼 '코랄라'를 외쳐주세요!"

"코랄~라!"

엄마와 아빠의 주문에 안방 문이 열리고, 주인공이 등장한다. 아이는 한걸음에 달려 나와 매트 위 무대에 올라선다. 핑크 원피스에, 핑크 머리핀까지 머리에 주렁주렁 단 모습에 웃음이 절로 난다. 거기에 엄마 스타킹을 신고, 이불 망토까지 걸친 채로 아이는 진지하게 공연을 시작한다.

"렛잇고~ 렛잇고~"

아이는 금세 꼬마 엘사로 변신한다. 큰 목소리로 노래를 부른다. 노래에 맞추어 팔도 내밀고, 다리도 앞뒤로 움직이며 동작을 취한다. 손을 높이 들고 발레 하듯이 빙그르르 돌기도 한다. 그때 원피스가 원을 그리며 크게 펼쳐진다. 아이는 그 모습이 마음에 드는지 몇 번이고 제자리에서 돈다. 노래를 부르며 엘사처럼 손을 내밀어 얼음을 만드는 흉내를 내고, 엄마와 만든 요술봉을 흔들기도 한다.

"렛잇고~~~!!"

꼬마 엘사는 이전보다 큰 목소리로 길게 고음을 내며 손을 앞으로 쭉 뻗는다. 멋진 클라이맥스로 공연이 끝난다. 아이는 가요 프로그램에서 우승한 가수처럼 한참 동안 엔딩 포즈를 취한다.

"우와! 너무 멋져요!!"

"엘사 공주님, 최고예요!"

엄마와 아빠는 아이를 바라보며 손뼉을 쳐주고, 칭찬하며 안아준다. 아이는 만족한 듯한 표정으로 다시 안방으로 들어간다.

"잠깐만 기다리세요. 잠시 후에 다음 공연이 시작됩니다."

아이는 옷을 갈아입고, 또 새로운 공연을 이어간다.

이 모습은 우리 집의 일상이다. 우리 집에는 매일 이렇게 공연이 펼쳐진다. 나는 아이에게 〈겨울왕국〉 영화를 보여준 적이 없다. 《겨울왕국》 그림책을 읽고, 선물 받은 엘사 인형에서 나오는 〈렛잇고〉 노래를 들어본 것이 전부다. 그래도 아이는 누구보다 멋지게 엘사에 감정이입을 한다. 느낌을 가득 담아 노래를 부르고, 춤을 춘다.

이처럼 아이는 매일같이 거실의 작은 무대 위에서 노래를 부르고, 춤을 추고, 악기를 연주한다. 때로는 연기를 하기도 하고, 이야기를 들려주면서 자신만의 뮤지컬을 만들어내기도 한다. 노래의 음정이 정확하지 않아도, 연주의 박자가 딱 맞지 않아도 괜찮다. 노래를 부르다가 중간에 끊기기도 하고, 갑자기 다른 느낌의 음악을 들려주기도 한다. 하지만 그것 또한 좋다. 아이는 순간순간의 느낌을 가득 담아 자신만의 음악을 만들어 표현하는 것이기 때문이다. 그리고 그것은 듣는 사람에게도 고스란히 전달된다.

아이를 위한 무대 만들어주기

아이의 이런 공연은 절로 이루어지는 것이 아니다. 아이는 좋아하는 음악을 수없이 많이 듣는다. 그리고 일상에서 노래를 따라 부르거나 모방해서 연주해본다. 놀면서도, 잠자리에 누워서도 흥얼대며 음악을 익힌다. 혼자서 나름 연습해보고, 조금씩 덧붙이거나 변형해서 즉흥적으로 음악을 만들어보기도 한다. 아이는 그렇게 음악을 즐기면서 점점 자신만의 음악을 자유롭게 표현한다. 또한 공연에 어울리는 의상이나 액세서리를 고르고, 자신을 예쁘게 꾸미려고 나름 고심한다.

나 또한 아이가 자신의 느낌과 끼를 마음껏 표출할 수 있는 기회를 마련해주려고 노력한다. 우리 집은 폴더매트를 사용하고 있어서 매트를 접어 무대를 만들어준다. 혹은 거실 바닥에 이불을 쓱 깔아주거나 거실 천장 조명을 끄고 잔잔한 조명을 켜주는 것만으로도 훌륭한 무대가 만들어진다. 아이들이 노래를 부를 때는 장난감 마이크를, 악기를 연주할 때는 필요한 악기를 준비해준다. 그리고 아이가 원할 때는 예쁜 원피스나 목걸이를 준비해주고, 머리를 묶어준다. 긴 머리를 만들고 싶어 하는 아이를 위해 손수건이나 노끈을 연결해서 머리를 길게 만들어주기도 한다.

이렇게 많은 시간의 고민과 연습이 아이의 공연을 만들어낸다. 이를 통해 아이는 자신 있게, 그리고 늘 다양하고 재미있게 공연을 보여준다. 별것 아닌 듯 보이지만 이 시간에 아이는 음악을 즐기고 배운다. 음악을 통해 감정과 느낌을 표현한다. 스스로 무대를 구상하고, 음악으로 자신의 무대를 채운다. 이러한 경험은 음악성뿐만 아니라 창의성, 자기 주도성, 문제 해결력, 자신감, 성취감 등 많은 영역에서 아이에게 긍정적인 영향을 미친다.

한국교원대학교 음악교육학과 이홍수 명예교수는 연주가 대표적인 자기표현 활동으로 연주자의 내면, 사상, 성격 등을 표현하며 자기구현의 기회를 제공한다고 했다. 이처럼 자기표현은 개인의 자존감을 높일 뿐 아니라 자기효능감을 고취하는 데 긍정적인 역할을 한다.

많은 엄마가 자녀에게 음악 무대를 경험하게 해주고 싶어서 아이를 콩쿠르나 각종 대회에 참가시킨다. 그것 또한 좋은 기회가 될 수 있다. 하지만 집에서부터, 가족들에게부터 아이의 끼를 마음껏 표현할 기회를 주는 것이 먼저다. 이렇게 작은 무대에서 성공을 경험한 아이는 더 큰 무대에서 날개를 단 듯이 멋진 음악을 표현할 수 있다.

오늘도 버스킹 중

최근에 가족이 다 같이 근교의 수목원으로 나들이를 하러 갔다. 맑은 날씨와 푸르른 경치에 절로 발걸음이 가벼워졌다. 기쁜 마음으로 자연을 즐기는데 어디선가 노랫소리가 들렸다.

"랄라라~ 좋아요! 신나게 춤춰요~"

아이는 잔디밭 한가운데 서서 노래를 부르며 춤을 추고 있었다. 아이는 넓디넓은 잔디밭을 통째로 차지하고는 자신의 무대로 만들었다. 주중이어서 사람도 거의 없었지만, 아이는 그 누구도 의식하지 않고 큰 소리로 노래를 불렀다. 이리 뛰고 저리 뛰면서 음악의 느낌을 표현했다. 빙글빙글 돌기도 하고, 급기야는 잔디밭에 드러눕기도 했다. 주변에서 다른 음악 소리가 들리지 않는데도, 아이의 마음속에는 음악이 크게 울려 퍼지고 있는 듯했다. 아이는 그 음악에 맞추어 자신만의 느낌을 표현했다. 그렇게 한참 동안 공연이 이어졌다.

한참 후 길을 걷다가 남편이 아이를 불렀다.

"소유야, 이리 와봐. 여기 멋진 무대가 있어. 여기에서 다시 공연해보자."

우리는 야외 공연 무대를 발견했다. 아이는 망설임 없이 무대 위에 올라가서 노래를 부르며 춤을 추었다. 나도 아이의 노래에 맞추어 함께 춤을 추며 즐겼다. 관객은 우리 가족뿐이지만 실제 무대에 서니 아이는 더욱 신이 난 모습이었다. 땀까지 뻘뻘 흘리며 멋진 공연을 보여주었다.

아이는 집에서만이 아니라 밖에서도 자유롭게 공연을 보여준다. 놀이터에서 놀다가 갑자기 미끄럼틀 위에 올라가서 노래를 부른다. 길을 걷다가 상점에서 흘러나오는 경쾌한 음악 소리에 맞추어 둠칫 두둠칫~ 몸을 흔든다. 그렇게 아이의 버스킹이 시작된다. 아이는 음악에 심취해 있기에, 부끄러움은 나의 몫이다. 그래도 괜찮다. 어디든, 소중한 내 아이의 무대이기 때문이다.

카를 오르프$^{Carl\ Orff}$는 1930년부터 1933년까지 4편의 소논문을 통해 '새롭게 시도하는 음악교육', 곧 '오르프 슐베르크'와 관련된 입장을 밝혔다. 이때 오르프가 음악교육의 가장 중요한 요소로 뽑은 것이 '어린이로부터 나오는' 것이다. 어린이들이 노래 부르고, 말하고, 춤추거나 놀이를 하면서 자신만의 음악을 만들어야 한다고 했다. 그런데 이것은 이미 아이들이 가지고 있는 것이다. 그저 아이들이 자신만의 음악을 마음껏 표현할 수 있도록 멋진 무대를 만들어주기만 하면 된다.

"너 어렸을 때 밤마다 밤무대가 열렸어. 밤만 되면 네가 밥상 위에 올라가서 노래 부르고 춤을 춰서 얼마나 웃겼는지 몰라."

친정엄마나 이모, 사촌 오빠들은 나의 어릴 적 모습을 회상하며 이 이야기를 자주 한다. 내가 첫째 아이만 했을 때, 나도 그렇게 무대를 즐기는 아이였다고 한다. 나도 그 무대에서 마음껏 즐기고 끼를 발산하며 자랐듯이 나도 내 아이를 위한 무대를 만들어주려고 노력한다.

"밥상 위든, 방바닥이든, 길거리이든 다 괜찮아. 음악에 너의 몸을 맡기렴. 그리고 마음껏 표현하렴. 이 무대의 주인공은 바로 너야!"

7

엄마 품 '음악' 놀이터 운영 매뉴얼

"내 버킷 리스트 중 하나는 가족 음악회를 하는 거야."

언젠가 남편이 이야기했다. 나 또한 가족들과 함께 멋진 음악회를 해보고 싶다는 생각이 들었다. 온 가족이 함께 호흡을 맞추어 아름다운 음악을 연주하는 것, 생각만 해도 황홀했다. 하지만 이것은 먼 훗날의 꿈이 아니었다.

우리 집에는 매일같이 음악회가 열린다. 아이들은 음악을 듣고 즐기면서 자신 있게 자신만의 음악을 표현한다. 가족이 함께 어우러져 아름다운 하모니를 만들어낸다. 작은 무대지만, 음악적으로 미숙한 표현이지만 충분히 멋진 음악회다.

어느 집에서나 이렇게 아름다운 가족 음악회를 만들 수 있다. 음악으로 표현하고 소통하며 즐길 수 있다. 이를 위해서는 다음의 사항들을 기억해야 한다.

아이와 함께 음악을 즐기는 엄마가 되기 위해 기억해야 할 것들

☼ 엄마가 먼저 음악을 즐기자

엄마는 때론 가수가, 때론 연주자가, 때론 작곡가가 되어야 한다. 엄마가 노래 부르고 악기를 연주하면 아이는 자연스럽게 음악을 느끼고 좋아하게 된다. 그렇다고 엄마가 꼭 대단한 음악적 실력을 갖추라는 것이 아니다. 그저 삶 속에서 음악을 즐기라는 말이다.

누구나 좋아하는 노래가 있을 것이다. 그 노래를 듣거나 부를 때 자신의 모습을 생각해보자. 노래 실력은 별 볼 일 없더라도 노래 부를 때의 마음만큼은 내가 최고의 가수다. 가수가 된 듯한 그 마음으로 일상에서 음악을 즐기면 된다. 설거지나 빨래를 하면서 노래를 흥얼거리는 모습, 좋아하는 음악에 맞추어 손뼉을 치고 춤을 추는 모습, 눈을 감고 음악을 감상하는 모습. 아이는 이와 같은 엄마의 모습을 보면서 삶 속에 음악이 있고, 그 음악으로 삶이 풍요로워짐을 배우게 된다.

☀ 음악이 삶에 스며들게 하자

백화점의 음악은 시간이나 상황에 따라 다르게 선곡된다. 고급 상품을 판매하는 층은 잔잔하고 느린 곡을 틀어 사람들이 그곳에 오래 머물며 천천히 쇼핑하도록 한다. 또한 사람들로 붐비는 주말이나 세일기간에는 빠른 음악으로 쇼핑을 서두르도록 유도한다. 집중하여 음악을 듣지 않아도 사람들은 음악에 반응하기 때문이다.

아이들이 노는 시간, 밥을 먹는 시간에도 잔잔하게 음악을 틀어주면 좋다. 놀고 있는 듯 보이지만 아이들은 놀면서도 음악을 듣고 반응한다. 음악의 박자에 맞추어 몸을 움직이기도 하고, 노래를 따라 부르기도 한다. 때론 하던 일을 멈추고 자리에서 일어나 음악에 몸을 맡기며 춤을 출 수도 있다. 집에 계속 음악이 흐르면, 이런 음악 활동이 자연스럽게 이루어질 수 있다.

음악을 즐기고 익히기 위해 따로 시간을 내서 특별한 활동을 할 필요는 없다. 음악을 자주 틀어주고, 떠오르는 흥과 끼를 마음껏 표출할 수 있도록 지켜봐주면 된다. 삶 속에서 음악을 즐기면서 아이는 자연스럽게 음악과 가까워질 수 있다.

☀ 아이의 음악을 평가하지 말자

태어나자마자 말을 할 수 있는 아이는 없다. 옹알이로 표현을 시작한 아기는 한 음절, 한 단어씩 표현하다가 점차 문장으로 말을 할 수 있게 된다. 아이가 처음으로 "엄마!"라고 말한 날을 기억할 것이다. 나 역시 그날을 잊을 수 없다. 하지만 그렇게 말문을 열어도 아이가 자신의 생각을 말로 분명하게 표현하기까지는 오랜 시간이 걸린다.

텍사스대학교 심리학 교수 다울링^{W. J. Dowling}은 생후 9개월에서 12개월 사이에 자발적인 노래가 시작된다고 했다. 처음에는 매우 좁은 음역에서 하나의 음절로 글리산도^{glissando}(높이가 다른 두 음 사이를 급속한 음계에 의해 미끄러지듯이 연주하는 방법) 같은 즉흥연주로 표현을 한다. 점차 아이는 말놀이하듯 음성의 범위와 가능성을 탐색한다. 그러면서 미분음^{microtone}(음악에서 반음보다 좁은 음) 형태로 소리 내던 아이는 차츰 정확한 음정을 표현할 수 있게 된다. 그리고 만 6~7세가 되면 한 옥타브의 음을 인식하고 노래로 부를 수 있다. 이렇게 대략 만 8세경까지 노래 부르기 능력은 지속적으로 발달한다.

언어와 마찬가지로 음악 능력은 성인이 될 때까지 일련의 단계를 거치며 발달하게 된다. 따라서 어린아이들의 음악적 표현은 당연히 미숙할 수밖에 없다. 아이에게 음악을 들려주고 악기를 주었다고 해서 금세 전문 연주자처럼 연주할 수 없는 것은 당연한 이치다. 음정이 맞지 않아도, 자꾸 박자와 조성이 바뀌어도 괜찮다. 그것은 아이의 발달 단계에 맞는 가장 자연스럽고 아름다운 음악이다. 그러니 어른의 잣대로 아이의 음악을 평가하려는 생각을 버려야 한다.

☼ 악기 레슨은 천천히 시작해도 괜찮다

"여섯 살에는 '영태피'라는데, 우리 아이들도 이제 다섯 살이니 뭐 좀 시켜야 하지 않을까요?"

영태피? 처음 듣는 말에 어리둥절해하는데 같이 있는 다른 엄마들은 다 알아듣는 눈치였다. 조심스레 그게 뭐냐고 물으니 영어, 태권도, 피아노란다. 늦어도 여섯 살에는 이것들을 가르쳐야 한다는 것이다.

여전히 조기교육이 열풍이다. 특히 음악이나 외국어 교육은 조기교육이 효과적이라고 알려져 어렸을 때부터 가르치려는 엄마들이 많다.

하지만 어렸을 때부터 악기의 기능을 익히기 위한 레슨을 시킬 필요는 없다. 인지적으로 음악의 구조를 이해하고 악보를 읽을 수 있을 때, 신체적으로 충분히 악기를 다룰 수 있을 때부터 기능을 익혀도 절대 늦지 않다. 기능 위주의 교육은 아이들로 하여금 음악을 즐기는 것이 아니라 억지로 수행해야 하는 과제로 느끼게 한다. 기능을 배우는 것보다 음악과 친숙해지고, 자유롭게 표현하며 음악을 즐기는 것이 먼저다.

☼ 악기는 꼭 살 필요 없다

나는 아이가 악기와 더욱 친숙해질 수 있도록 악기를 직접 만들어보았다. 실제 악기를 연주해본 뒤에, 혹은 책에서 새로운 악기를 보았을 때 그것을 모방해서 우리만의 악기를 만들었다.

음료수를 마시고 난 뒤 빈 플라스틱병에 콩을 넣었다. 아이는 병의 겉면에 그림을 그리며 예쁘게 꾸몄다. 금세 마라카스가 완성되었다.

첫째 아이는 동생이 먹고 난 분유통에 스티커를 붙이며 꾸몄다. 나는 노끈으로 분유통 양쪽 끝을 감싸 묶고, 길게 어깨끈을 만들어주었다. 뚝딱 장구가 완성되었다. 그리고 궁채로는 숟가락을, 열채로는 젓가락을 주어 연주하도록 해주었다. 분유통의 바닥은 철제이고, 뚜껑은 플라스틱이어서 장구의 북편과 채편의 느낌을 낼 수 있었다.

이렇게 악기를 만들 때는 거창한 것이 아니라 집에 있는 도구로 간단히 만들 수 있다. 플라스틱병, 상자, 고무줄, 노끈, 분유통 등 집 안의 재료만을 가지고도 악기를 만들 수 있다. 직접 악기를 만드는 과정을 통해 아이는 악기의 모양과 구조, 소리의 원리를 익힐 수 있다. 또한 자기 손으로 직접 만들어보면서 아이는 악기에 더욱 관심과 호기심을 갖게 된다.

☼ 음악뿐 아니라 다른 예술도 함께 즐겨보자

2020년 6월 국립극장과 국립현대미술관에서는 '미술관에畵 여우樂'이라는 공연이 열렸다. 이것은 전시와 연주를 동시에 즐길 수 있는 온라인 공연 콘텐츠다. 한국 근현대 서예전을 무대로 장구,

가야금, 거문고, 아쟁 등의 전통 악기 및 오스트레일리아 원주민의 관악기 디저리두 등으로 신비로운 곡을 연주했다. 미술 작품과 음악 연주는 한데 이루어져 더욱 멋진 아름다움을 자아냈다.

가수 보아의 오빠이자 서울종합예술대학교 교수인 권순욱은 《나는 클림트를 보면 베토벤이 들린다》를 썼다. 그는 이 책에서 유명한 화가와 음악가를 연결하여 많은 명화와 클래식 음악을 소개했다. 책 제목에서 말해주듯이 화가와 음악가의 삶, 그리고 미술 작품과 음악 작품은 연결된다. 이는 미술과 음악이 아름다움을 창조하는 공통적인 과정이자 방법이기 때문이다.

이 장에서는 음악을 중심으로 내가 아이와 경험한 이야기를 제시했다. 하지만 음악뿐만 아니라 미술, 무용, 연극, 사진, 문학 등 다양한 예술 활동을 함께 할 수 있다. 그때 더욱 깊이 있고 풍요롭게 아름다움을 경험할 수 있다. 또한 아이는 더욱 다양한 방법으로 자신을 표현할 수 있게 된다.

어렵게 생각하지 말고 엄마가 좋아하는 것부터 시작하면 된다. 나는 음악을 좋아했기에 아이와 음악으로 시작해서 다양한 영역의 예술을 시도해보며 즐겼다. 이처럼 그림 그리기를 좋아하는 엄마라면 그림 그리는 것부터, 배우가 꿈이었던 엄마라면 연극부터 시작하면 된다. 그리고 다양한 예술을 함께 배우면서 영역을 조금씩 확장해나갈 수 있다.

> 나는 종종 음악을 생각합니다. 나는 매일 음악 안에서 꿈꾸며 살기 때문입니다.

일반상대성이론을 발표한 독일의 이론물리학자 알베르트 아인슈타인^{Albert Einstein}의 말이다. 그는 과학자이지만 훌륭한 예술가였다. 그리고 음악에서 얻은 상상력으로 물리학적 지식을 확장시켰다. 그의 여동생 마야의 말에 따르면, 아인슈타인은 복잡한 문제에 몰두할 때 종종 바이올린으로 즉흥연주를 했다. 그렇게 연주하다가 갑자기 흥분한 목소리로 "알아냈어!"라고 외쳤다고 한다. 실제로 아인슈타인 자신도 상대성이론은 직관적으로 떠오른 것이며, 그 직관을 떠오르게 한 것은 바로 음악이라고 했다.

음악을 통해 상상력은 무한하게 확장될 수 있다. 어렸을 때부터 음악과 가까이하며 음악을 즐기는 삶을 통해 우리 아이의 삶이 이루어낼 가능성은 무한하다. 대단한 것부터 하지 않아도 괜찮다. 일상에서 음악을 즐기게 해주면 된다. 그리고 주변의 것들로부터 자유롭게, 또는 다른 예술과 연결하여 음악을 경험할 수 있게 해주면 더 좋다. 그때 아이는 음악 안에서 눈부시게 성장할 것이다.

6장
단단한 엄마가 행복한 아이를 만든다

1

옆집 엄마가
내 아이를 키워주진 않는다

"아이들 어린이집 보내세요?"

아이를 키우다 보니 이런 말을 자주 듣는다. 이 질문이 곧 인사말인 셈이다. 오래 만나온 사람이건, 처음 만난 사람이건 한결같이 그렇게 묻는다. 그런데 나는 이 질문이 너무 싫다. 아이를 어린이집에 안 보낸다고 대답하면 보통 이런 반응이 이어지기 때문이다.

"어린이집에 안 보낸다고요? 정말요? 왜 안 보내세요? 아유, 엄마가 정말 힘들겠다. 힘들어서 어떻게 해요."

갑자기 요청하지도 않은 동정 모드에 들어간다. 안타까운 눈빛을 가득 장전한 채 나와 아이를 번갈아 바라본다. 어린이집에 보내지 않고, 아이 둘을 다 데리고 있는 내가 무슨 외계인이라도 된 것처럼 신기하게 바라본다. 내가 이해되지 않는다는 듯한 반응을 보인다. 그리고 어린이집에 안 보내는 것이 무슨 큰일이라도 된 것마냥 걱정들을 쏟아낸다.

아이는 언제나 나와 함께 있다 보니 어른들의 대화를 다 듣게 된다. 순식간에 아이는 엄마를 힘들게 하는 문제 덩어리가 되어버린다. 그때마다 아이는 자신이 무슨 잘못이라도 한 듯이 엄마 뒤에 숨는다. 아이는 어른들의 대화를 들으며 무슨 생각을 할까?

'어른들은 왜 다 어린이집 얘기만 하지? 내가 어린이집에 안 가서, 엄마가 나 때문에 힘든 걸까?'

이런 생각을 하며 혼자 자책하지는 않을까? 아이도, 나도 이런 만남이 있고 난 후에는 이유 없이 힘이 쭉 빠진다. 이렇게 사는 것이 맞나 하는 생각이 든다. 내가 잘못한 것이 아닌데도 말이다. 모두의 인생은 각기 다른데도, 남들과는 조금 다르게 사는 삶을 이상한 눈으로 바라보는 사람들 속에서 괜스레 어깨가 움츠러든다.

사실 내가 아이를 어린이집에 보내든 보내지 않든 관심 있는 사람은 별로 없다. 결국 육아는 나의 선택이고, 나의 철학이다. 다른 사람이 해주는 것이 아니다. 아이와 함께 뒹굴고 경험하면서, 그 과정에서 겪는 수많은 어려움과 갈등과 화남과 피곤함 속에서 고민하고 또 고민하면서, 공부하고 또 공부하면서 내가 스스로 해나가야 하는 것이다. 어린이집 친구 엄마도, 조리원 동기도, 친정엄마도 대신해줄 수 없는 것이다. 내 아이는 내 손으로, 내 마음으로, 내 시간으로 키워야 한다. 모든 아이가 다 다르고, 모든 가정의 환경이 다 다르다. 그래서 누구도 다른 가정의 육아에 이래라저래라 참견할 수 없다. 그리고 우리 집의 육아 방식과 다른 집의 육아 방식을 비교할 수도 없다.

그래서 가장 중요한 것은 나만의 육아 철학을 세우는 것이다. 다른 아이 엄마들이 하는 대로 어린이집이나 문화센터 다 보내고, 아이에게 좋다며 광고에 나오는 족족 다 사고, 인터넷에 떠도는 이러저런 육아 방식을 다 그대로 따라 할 수 없다. 나와 내 아이에게 맞게, 편안하고 쉬우면서도 좋은 육아 방법을 잘 선택해서 일관성 있게 적용할 수 있어야 한다.

엄마도 친구가 필요해

첫째 아이를 낳고 모든 것이 새로웠다. 아이를 키우는 것은 정말이지 신세계였다. 모든 것이 처음이기에 모르는 것투성이였다. 모유 수유 하는 것, 재우는 것 하나하나가 어려웠다. 아기 베개 하나, 젖병 하나 고르기도 쉽지 않았다. 게다가 온종일 말도 못 하고 몸도 못 가누는 아이만 바라보고 있는 삶은 너무 외롭고 답답했다. 그래서 비슷한 또래의 아이를 키우는 엄마들을 찾기 시작했다. 조리원 동기들과의 단톡방에서 조잘조잘 이야기를 나누었다. 동네 카페에서 아이와 동갑인 친구 엄마들을 모아 직접 만나기도 했다. 문화센터에 가서 조금이라도 나와 코드가 맞을 것 같은 엄마를 찾아 헤매기도 했다.

아이는 제쳐두고 카톡만 들여다보며 다른 엄마들의 말에 맞장구쳐주고, 궁금해하지도 않는 나의 일상을 이야기하기도 했다. 아이를 유모차에 재우고 우아하게 앉아 수다 떨고 있는 엄마들 사이에서 한 마디라도 섞어보려고 애를 썼다. 밖에 나가거나 다른 사람들이 있으면 절대 잠을 못 자는 예민 대마왕 첫째 아이를 업고 달래면서 말이다. 엄마의 품에서, 엄마와 놀고 싶어 하는 아이의 요구는 철저히 무시하고 다른 엄마들의 말이나 행동에만 민감하게 반응했다.

없어도 되는데도, 다른 친구 집에 다녀오면 우리 아이도 무언가 사 줘야 할 것 같았다. 다른 엄마들과 어울리려면 좋은 유모차도, 신상 육아템도 시기에 맞게 척척 들여놔야 할 것 같았다. 그래서 엄마들이 이야기한 육아템을 조금이라도 싸게 사려고 사이트에 가입하고, 쿠폰을 받기도 했다.

비슷한 시기에 태어난 또래들을 만나면 의도치 않게 계속 비교하는 마음이 들었다. 누구는 벌써 뒤집기를 하는데, 누구는 걷는데, 누구는 말을 하는데…. 눈에 보이는 모든 것이 비교 거리였다. 다른 아이들은 벌써 하는데 내 아이만 아직 못 하는 것이 있으면 화가 나기도 하고 조급해지기도 했다. 모든 아이의 성장 속도가 다른 것이 당연한데도 다른 아이들과 내 아이를 계속 비교했다. 그리고 다른 엄마들과 나 자신도 끊임없이 비교하게 되었다. 책이나 장난감, 교구가 가득한 다른 집에 가보면 나만 아이에게 잘 해주지 못하는 엄마가 되는 것 같았다.

비교는 불행의 지름길, 아니 급행열차였다. 비교하는 마음이 들기 시작하니 모든 것이 불만족스럽고, 마음에 불평만 가득하게 되었다. 내 아이는 분명 사랑스럽게, 건강하게 잘 크고 있는데, 다른 아이들을 만나고 온 날은 왠지 모를 씁쓸한 마음에 잠을 편히 잘 수가 없었다.

처음부터 완벽한 엄마는 없다

돌아보면 그렇게 애를 쓰고 살아온 나 자신이 참 안쓰럽다. 다른 엄마들을 찾아 기웃대고, 그들의 말에 흔들리던 내 모습이 애처롭다. 나는 단지 아이를 잘 키우고 싶고, 나도 잘살고 싶은 마음이었는데, 그때는 방법을 몰랐던 것이다. 다른 엄마들을 만나면 무엇이든 될 수 있을 것 같았다. 육아하는 방법도 배울 수 있을 것 같았고, 좋은 육아템도 알 수 있을 것 같았다. 나나 아이도 심심하지 않게 시간을 보낼 수 있을 것 같았다.

하지만 아이와 함께 시간을 보내고, 나만의 육아 철학을 세워가면서 자연스럽게 단톡방도, 엄마들 모임도 정리가 되었다. 이제는 다른 엄마가 없어도, 나 홀로도 충분히 육아를 잘할 수 있게 되었다. 물론 마음을 나누고, 육아를 함께 할 수 있는 동지가 있는 것은 매우 큰 복이다. 하지만 그런 사람은 한두 명이면 충분하다. 가치관이나 철학이 다른 데도 그들에게 억지로 기웃거리거나 끌려다니며 에너지를 소모하는 것은 정말 쓸데없는 행동이다. 그 만남에 아무리 많은 시간이나 돈을 쏟는다 해도, 남는 것은 없다. 불필요한 관계를 정리하는 노력이 필요하다.

주변에 참 다양한 엄마들이 있다. 편하고 좋다는 육아템을 줄줄이 꿰고 있는 육아템 부자 엄마, 아이를 위해서라면 뭐든지 사고 보는 소비의 여왕 엄마, 인터넷에서 이런저런 육아 지식을 끊임없이 검색하는 육아 박사 엄마. 그들이 뭔가 더 아는 것처럼 보이고, 잘하는 것처럼 보일 수도 있다. 나는 언제나 부족한 것 같고, 못하는 것투성이 같다.

하지만 지금 책을 펼쳐 든 당신, 아이와 조금이라도 더 함께하려는 당신, 당신이 진정 멋진 엄마다. 당신은 지금도 충분히 잘하고 있다. 다른 사람들 때문에 흔들리지 말고, 내 육아의 길을 걸어가자. 당당하게! 끈기 있게! 즐겁게!

옆집 엄마가 내 아이를 키워주지는 않는다. 누가 뭐라 하든 나와 내 아이를 위한 선택을 하자. 육아의 주체는 나다.

다른 엄마의 말 한마디에 흔들리지 말아야 한다. 다른 엄마의 말 대신 내 아이의 눈을 보고, 내 아이의 말에 귀 기울이자. 아이의 말에 담긴 마음과 생각을 듣고, 그것을 따르면 된다. 다른 엄마를 위해 육아하는 것 아니다. 내 아이를 위해 하는 것이 육아다.

다른 엄마와 나를, 다른 아이와 내 아이를 비교하지 말자. 돌아보면, 예전에 비교하고 걱정하던 것들, 일 년만 지나도 생각조차 나지 않는다. 다른 아이들은 다 하는데 내 아이는 언제 걷나, 언제 말하나 하며 걱정했는데, 때가 되니 다 알아서 한다. 걱정할 필요 없다. 비교할 필요는 더더욱 없다.

남들이 산다고 나도 다 살 필요 없다. 육아는 돈으로 하는 것이 아니다. 시간과 마음을 들여 하는 것이 육아다. 새로운 아이템을 들일 자리를 아이의 공간으로 비워주자. 그리고 뭐라도 하나 더 사려고 했다면, 그 돈은 아이의 미래를 위해 모아두자.

아이한테 어떻게 해야 할지 모르겠다고 핸드폰 붙잡고 있어 봤자 얻는 것은 뻑뻑한 눈과 저린 손목뿐이다. 인터넷에 떠도는 수많은 이야기와 지식이 유용하기는 하지만 그것이 항상 정답은 아니다. 아무리 많이 검색해도 내 육아를 위한 답은 찾을 수 없다. 핸드폰 들여다볼 시간에 아이의 눈을 보자. 답은 아이에게 있다.

지혜로운 사람은 미혹되지 않는다.
인(仁)한 사람은 근심하지 않는다.

용기 있는 사람은 두려워하지 않는다.

《논어》〈자한子罕〉에 실린 글이다. 누구나 처음부터 지혜, 인仁, 용기가 있는 것이 아니다. 부단히 자신을 갈고닦으며, 고민하고 실천하면서 서서히 그런 사람이 되어가는 것이다. 처음부터 완벽한 엄마는 없다. 하지만 바른 육아 철학을 세우고, 강단 있게 그것을 실천해가다 보면 미혹되지 않는, 근심하지 않는, 두려워하지 않는 엄마가 될 수 있다.

엄마와 애착이 형성되면 사회성 갑이 된다

"얼른 친구들한테 가봐. 가서 같이 놀아봐. 응? 얼른."

"싫어요. 난 엄마랑 놀래요."

"아니야. 친구들이랑 놀아야지. 저기 친구들 있네. 가서 '안녕' 하고 인사해봐."

오후의 놀이터. 왁자지껄 뛰어놀고 있는 아이들 사이에서 한 모녀가 실랑이를 벌이고 있다. 엄마는 아이에게 다른 친구들과 함께 놀라고 한다. 아이가 싫다고 하는데도 엄마는 계속 아이의 등을 떠민다. 친구들 곁에 가서 쭈뼛대는 아이를 바라보며 엄마는 살 놀아보라며 연신 손을 흔든다. 결국 아이는 친구들 주변을 서성이다가 시무룩한 표정으로 돌아온다.

아이의 사회성 발달을 위해 필요한 것은
부모와 아이의 상호작용

사회성이란 무엇일까? 대체 그게 무엇이고, 얼마나 중요한 것이기에 엄마들은 아이의 사회성에 이리도 집착할까?

"어린이집에 보내야 사회성이 좋아지잖아요."

"우리 애 친구 만들어주려고 문센 등록했어요."

그렇게 돌도 안 된 아이를 문화센터에 보내고, 어린이집에 보낸다. 그런데 일찍부터 문화센터에 다니고, 어린이집에 다닌다고 사회성이 발달할까?

"우리 애 때문에 고민이에요. 친구들이랑 어울리지 못하고 자꾸 주변을 맴돌기만 해요. 놀이터에 가도 친구들이랑 놀지 못하고 제 손만 붙잡고 있어요. 도대체 어떻게 해야 할지 모르겠어요."

한 아이 엄마의 이야기를 들었다. 그녀는 아이가 친구들과 잘 어울리지 못한다고 심각하게 걱정했다. 그 아이는 어렸을 때부터 어린이집에 다닌 아이였다. 문화센터도 많이 다닌 아이였다.

주변의 수많은 사람이 나에게 말했다. 아이의 사회성을 생각해서라도 어린이집에 보내라고 말이다. 하지만 어린이집이나 문화센터에 다녀서 사회성이 좋아지는 것이 맞다면, 이 아이는 기관에 다닌 만큼 사회성이 훨씬 더 발달했어야 하는 것이 아닌가? 왜 어린이집에 다녀도 사회성에 대한 엄마의 고민은 계속되는 것일까?

소아신경학 전문의 김영훈 교수는 사회성 발달을 위해 꼭 필요한 것이 부모와 아이의 상호작용이라고 했다. 아이는 태어나서 다양한 감정을 처음 경험한다. 이때 부모와의 상호작용을 통해 감정을 어떻게 조절하고 처리해나가야 하는지 익힌다. 특히 '사회적 친밀감'이라는 정서는 생후 18개월까지가 감수성기다. 이 시기는 바로 뇌의 변연계에서 감정을 처리하는 부위가 발달하는 시기다. 그래서 뇌과학자들은 18개월 이전에 부모와 긍정적인 상호작용을 경험하는 것이 매우 중요하다고 강조한다. 많은 뇌과학자들은 생후 첫 1년까지를 결정적인 시기로 보고 있으며, 3세까지의 시간도 매우 중요하다고 말한다. 이 시기에 긍정적인 사회적 경험을 하지 못한 아이는 이후에 타인과 친밀한 관계를 형성하는 데 어려움을 겪는다.

또한 애착이론을 정립한 소아정신분석학자 존 보울비^{John Bowlby}는 영아기에 부모와 안정된 정신적인 유대를 이루는 것이 이후에 타인과 정서적 유대를 형성하는 데 큰 영향을 미친다고 했다. 또한 부모와의 안정적인 애착은 정서의 안정성, 신뢰감, 자신감, 협동심 및 타인을 도우려는 태도로 발달한다고 했다.

사회성은 사회생활을 하려는 인간의 근본 성질로, 사회에 적응하는 능력, 타인과 원만하게 상호작용하는 능력, 타인과 긍정적으로 관계를 형성하는 능력 등을 말한다. 이와 같은 사회성은 타인과 함께 상호작용하고 관계를 맺으며 형성된다. 따라서 타인, 특히 아이들에게는 친구가 있어야 한다고 생각하는 경우가 많다. 하지만 아이의 사회성 발달을 위해 꼭 필요한 것은 친구가 아니라 부모다. 친구와의 관계가 아니라 부모와의 관계, 특히 엄마와의 친밀한 관계를 형성하는 것이 먼저다. 엄마와의 관계에서 다양한 감정에 대해 이해하고, 그것을 적절하게 표현하고 수용하는 것을 경험해야 한다. 또한 긍정적인 상호작용을 충분히 경험해야 한다. 그때에야 비로소 친구 또는 타인과 원만한 관계를 맺을 수 있는 것이다.

첫째 아이가 다닌 어린이집에서는 한 달의 적응 기간을 가졌다. 그 기간 동안 엄마가 처음에는 교실에서 아이와 함께 시간을 보냈고, 이후에는 복도에서, 건물 밖에서 아이를 관찰하고 기다렸다. 그래서 두 달여의 어린이집 생활 중 절반 정도의 시간 동안 나는 아이의 어린이집 생활을 관찰할 수 있었다. 처음에는 내 아이밖에 보이지 않던 나의 시선이 시간이 지날수록 조금씩 넓어졌다. 그러면서 다른 아이들은 어떻게 놀고 있는지 지켜보게 되었.

그중 너무나 인상적인 것은 아이들이 모두 각자 놀고 있다는 점이었다. 선생님이 상호작용을 해주고 도움을 주기는 했지만, 아이들끼리 상호작용하는 모습을 발견하기는 어려웠다. 커다란 매트 위에 여러 아이가 둥그렇게 둘러앉아 똑같은 촉감 놀이를 하고 있었다. 하지만 아이들은 서로 대화하거나 교감하기보다는 자신만의 놀이에 심취해 있었다. 분명 아이들은 혼자 놀고 있었다. 3세(만 1세) 반 아이들도, 4세(만 2세) 반 아이들도 한결같이 혼자 놀고 있었다.

어린이집에 간다고, 주변에 친구가 많이 있다고 저절로 사회성이 발달하는 것이 아님을 분명히 확인하게 되었다. 특히 아직 자기중심적인 영유아에게 친구보다는 엄마와의 관계를 통한 상호작용이 사회성 발달에 더욱 효과적일 수 있다는 것을 느끼게 되었다.

아이의 때에, 아이의 방법으로

물론 나 역시 아이의 사회성에 대해 많이 고민했다. 어느 날 아이들과 함께 산책하고 집에 돌아오는데 첫째 아이의 어린이집 친구들이 보였다. 날이 따뜻해서인지 아이들이 옹기종기 모여앉아 재미있게 놀고 있었다. 아이들은 4세 후반쯤부터 하원 후에 종종 모여 놀았다. 첫째 아이는 반가웠는지 친구들이 있는 곳으로 가자고 했다.

"어, 소유네."

친구들은 아이를 알아보고 가까이 와주었다. 그런데 아이는 왜

인지 아무 말도 하지 않고 내 뒤에 숨었다. 오랜만에 친구들을 만나 부끄러워서 그런다고 생각하고 아이가 친구들과 놀 수 있도록 함께 있어주었다. 그런데 아이는 친구들의 모습을 바라보기만 하고 함께 놀지는 못했다. 그러더니 갑자기 목마르다고, 배고프다고 하며 집에 가자고 했다.

그런 아이를 보는데 나도 모르게 속이 부글부글 끓었다. 아이에게 화가 났다.

'친구들이 있는데 왜 놀지도 못해! 왜 아무 말도 못 하냐고!'

이런 말이 혀끝까지 나오는 걸 꾹 눌러 참았다. 내 아이만 친구도 없는 왕따같이 느껴졌다. 어린이집에 계속 보냈어야 하는데, 내가 아이를 이렇게 만들어놓았다는 생각이 들었다.

나의 마음을 들여다보았다. 아이의 사회성에 대한 고민은 아이의 문제가 아니라 나의 문제임을 깨달았다. 놀이터에서 친구들과 놀라고 아이를 떠밀던 엄마처럼 나 역시 아직 준비되지 않은 아이를 떠밀고 있었다. 하지만 그것은 엄마의 괜한 조바심과 걱정이었다는 것을 알게 되었다. 사실 나 또한 오랜만에 만난 사람과 어색할 때가 있다. 여러 사람이 모여 있는 곳에 아무렇지도 않게 끼지 못한다. 아이는 친구들을 몇 달 만에 만난 것이었다. 게다가 친구들은 온종일 부대끼며 놀았다. 그 사이에 끼어들기가 얼마나 힘들었을까? 같이 놀고 싶은 친구가 다른 친구와만 놀고 자신을 봐주지 않을 때 아이는 얼마나 속상했을까? 아이의 입장이 되어 생각해보니 친구들과 노는 것이 쉬운 일이 아니었다. 그런데 그것을 당연한 일인양 아이가 해내기를 바라고 있었다. 그래서 나는 마음을 바꾸었다. 아이를 믿고 기다려주기로 했다. 그러자 아이는 아이의 때에, 아이의 방법으로 충분히 할 수 있었다.

며칠이 지난 뒤 다시 밖에서 친구들을 만났다. 킥보드를 타고 있는 친구들을 보고 첫째 아이는 자기도 함께 타고 싶다고 했다. 아이는 친구들과 씽씽 신나게 달리며 함께 즐겁게 놀았다. 아이는 앞장서서 달리며 친구들에게 같이 가자고 했다. 아이들은 킥보드로 멋진 행렬을 이루며 아파트 단지를 돌고 또 돌았다. 우리 아이의 모습을 보며 한 아이 엄마가 이야기했다.

"소유가 완전 여장부예요! 너무 잘 노네요."

하루는 첫째 아이와 목걸이를 만들고 있는데 둘째가 와서 생떼를 쓰기 시작했다. 갑자기 소리를 지르고, 발버둥을 쳤다. 누나가 만들고 있는 것을 다 헤집어놓았다. 참고 봐주던 나도 화가 치밀었다. 그때 첫째 아이가 동생을 바라보며 말했다.

"온유야, 왜 그래? 배고파? 쉬 했어? 아니면 졸려? 그럼 너도 이거 만들고 싶어서 그래?"

첫째의 여러 질문에도 아랑곳하지 않던 둘째가 마지막 질문에 "응" 하고 고개를 끄덕였다.

"아, 그랬구나. 그럼 누나가 온유 목걸이 먼저 만들어줄게."

첫째는 웃으며 먼저 동생의 목걸이를 만들어 목에 걸어주었다. 첫째 아이는 동생의 감정에 주의를 기울여주고, 공감해주었다. 그리고 동생을 위해 양보하고 배려했다.

가톨릭의대 김영훈 교수는 이와 같은 소통력과 공감력을 친구가 아니라 부모에게서 배울 수 있다고 했다. 어린이집에서, 친구들에게서 배우는 것이 아니다. 엄마와의 친밀한 관계를 통해, 엄마와의 끈끈한 애착을 통해 아이의 사회성이 발달한다. 아이는 엄마와 놀면서 다른 사람과 소통하고 협력하는 방법을 배우고, 다른 사람의 마음에 공감하는 방법을 익힌다.

그 누구도 엄마를 대신해줄 수 없다. 다른 그 누구보다 엄마와의 애착이 먼저다.

조바심 내고 걱정할 필요 없다. 먼저 엄마와 애착이 단단하게 형성되면 사회성 갑이 된다.

3

당장 꺼라.
핸드폰, TV, 컴퓨터

"엄마, 나 계란말이 먹고 싶어요. 치즈 넣어서 계란말이 해줘요. 응?"

"계란말이는 이따 점심때 먹자. 멸치도 있고, 오이도 있잖아. 지금은 이거 먹자."

"싫어. 계란말이~ 계란말이 먹을래. 계란말이 해줘요~~"

"야!!!!! 징징거리지 좀 말라고! 어?"

결국 최고 데시벨로 악을, 악을 담아 소리쳤다. 아침부터 계란말이 타령을 하는 아이에게 짜증이 났다. 계란말이도 계란말이지만, 징징거리는 소리가 듣기 싫었다. 소리를 치고도 화가 풀리지 않왔다. 화가 가득한 눈빛으로 아이를 향해 레이저를 쏘았다. 아이는 잔뜩 주눅이 든 표정으로 말했다.

"엄마, 미안해요."

그깟 계란말이. 계란말이가 문제가 아니었다. 어젯밤에 TV를 보지 말았어야 했다. 그냥 잤어야 했다. 새벽 2시가 넘도록 TV를 보고 잤으니, 아침에 눈이 떠질 리가 있으랴. 하지만 그렇게라도 내 시간을 가져야 살 것 같았다. 예능 프로그램 하나라도 보고 자야 오늘 쌓인 스트레스를 풀 수 있을 것 같았다. 재미도 하나 없는데 말이다.

아이들이 일어난 것을 알고도 1분이라도 더 자려고 침대에 누워 버텼다. 억지로 눈 비비고 일어나 냉장고에 있는 반찬들을 꺼내 주었다. 아이는 차갑고 맛도 없는 반찬이 얼마나 먹기 싫었을까?

핸드폰 없이 육아하기

한번은 첫째 아이와 함께 지인의 집에서 며칠을 지낸 적이 있다. 새로운 환경이 낯설어서인지 아이는 밤이 늦도록 큰 소리로 울어댔다. 남의 집에서 웬 민폐인지, 미안하고 부끄러운 마음에 방에서 아이를 들쳐 안고 계속 달랬다. 그때 지인이 노크하더니 거실에 놓고 온 내 핸드폰을 쑥 내밀었다. 이거라도 보고 힘을 내라는 것이었다. 아무 말 하지 않아도 엄마들은 알고 있다. 미칠 것 같은 육아의 시간에, 핸드폰이 그나마 순간의 낙이라는 것을.

주변에 핸드폰 중독 증상을 보이는 엄마들이 많다. 육아하면서 핸드폰 사용 시간이 늘어난 것이다. 육아에 핸드폰이 꼭 필요한 것은 아니다. 그런데 왜 이렇게 핸드폰을 놓지 못하게 되는 것일까? 답답하고 지루한 육아 중 핸드폰은 유일한 탈출구다. 꽉 막힌 삶 속에서 세상과 연결된 그 가느다란 끈을 놓기 싫은 것이다.

나 역시 그랬다. 모유 수유를 하면서도 핸드폰을 보고, 아이를 안고 재우면서도 핸드폰을 보았다. 아이를 안아서 어깨가 빠질 것 같고, 손목이 부러질 것 같아도 핸드폰을 들 힘은 남아 있었다. 아침에 일어나면 뉴스 기사를 모두 훑어보고, 동네 카페에 올라온 새로운 글도 읽어보았다. 집에만 박혀 있어도 세상 돌아가는 것은 알아야 사람답게 사는 것 같았다. 친구들의 카톡 프로필 사진을 쭉 살펴보고, 괜스레 메시지를 주고받았다. 사람들을 만나지도 못하니, 사진이라도 보거나 인사라도 해야 관계를 유지할 수 있을 것 같았다. 쇼핑 앱에서 살 것들을 장바구니에 한가득 담아놓았다. 이것도 저것도 꼭 필요한 것 같았다. 그게 아이를 위한 일 같았다. 아이 사진과 동영상을 보면서 울고 웃었다. 깨어 있을 때 그렇게 웃고 울 것을. 꼭 아이가 자고 난 뒤에 보면서 그게 사랑이라 생각했다.

하지만 핸드폰을 들여다볼수록 정작 내 아이는 보지 못하고 있었다. 핸드폰을 보고 있는 나에게 아이가 다가와 핸드폰을 밀치고 자기의 얼굴을 들이밀었다. 자기를 봐달라는 것이다. 자기와 놀아달라는 것이다. "잠깐만. 이것만 하고"라고 말을 하고도 한참 동안 핸드폰을 들여다보았다.

그때 남편이 핸드폰을 보고 있는 나의 모습을 사진으로 찍어 보여주었다. 정말 깜짝 놀랐다. 잔뜩 화가 난 사람처럼 미간을 찌푸린 채 구부정한 자세로 앉아 화면을 뚫어지게 바라보고 있었다. 내가 아이에게 어떤 모습을 보여주고 있었던 것인가? 더 이상 아이에게 이런 엄마의 모습을 보이고 싶지 않았다.

식당에서, 놀이터에서, 심지어는 유모차에 앉아서 핸드폰 보는 아이들을 심심찮게 보게 된다. 2020년에 한국지능정보사회진흥원이 만 3~9세 유·아동을 대상으로 조사한 스마트폰 과의존 위험군은 27.3%에 달한다. 아이들 눈에 핸드폰은 환상의 나라다. 알록달록하고 마음대로 움직이는 화면에 아이들은 쉽게 관심을 빼앗긴다.

가르쳐주지도 않았는데 두 아이 모두 핸드폰을 터치하고 앱도 작동시켰다. 핸드폰을 보면 언제나 하고 싶어 했다. 나는 아이가 어렸을 때는 최대한 핸드폰의 노출을 줄여주고 싶었다. 어른도 놓기 쉽지 않은 핸드폰을 아이에게 주는 것은 독을 주는 것이나 다름없다고 생각했다. 하지만 엄마가 계속 핸드폰을 들고 있다면? 아이의 핸드폰 집착은 막을 수 없다.

나는 먼저 핸드폰 사용을 줄이기로 했다. 아이와 함께 있을 때는 최대한 핸드폰을 보지 않기로 다짐했다. 핸드폰이 눈에 잘 안 띄도록 일부러 먼 곳에 두었다. 안방에 두기도 하고, 책장 위쪽에 두기도 했다. 밤에도 침대에 누워 핸드폰을 보지 않도록 아예 거실에 두고 방에 들어갔다. 내가 가장 많이 사용하는 앱이 무엇인지 확인해서 삭제했다.

처음에는 무척 답답했다. 아이가 안 보고 있을 때 쓱 방에 들어가 핸드폰의 생사를 확인했다. 무슨 소식이 있나 공연히 핸드폰을 보았다. 연락 온 것도 하나 없는데 말이다. 핸드폰과 멀어지는 것이 익숙해지는 데는 시간이 걸렸다. 그래도 그 시간만큼 아이와는 더욱 가까워졌다. 한 번 더 아이의 눈을 보고, 조금 더 아이와 놀 수 있었다. 놀다가 '카톡,' 책 읽다가 '카톡' 하면서 끊어지던 흐름이 자연스럽게 이어지면서 놀이와 독서는 깊어졌다. 핸드폰 사용 시간을 줄이면서 소중한 내 눈, 목, 손목 건강도 지킬 수 있었다. 그리고 잠자리에 누워 핸드폰을 보는 습관을 없애니 쓸데없이 늦어지던 취침 시간도 다시 빨라졌다.

핸드폰을 손에 쥐고 있지 않으면 큰일이 나는 줄 알았다. 특히 외출할 때 빠뜨리면 안 되는 필수품이 핸드폰이었다. 그런데 습관을 바꾸자 핸드폰을 두고 외출하는 것도 가능해졌다. 몸도, 마음도 가벼워졌다. 자연을, 외출을 더 즐길 수 있었다.

한번은 2박 3일 여행을 떠날 때 핸드폰을 두고 간 적이 있다. 핸드폰이 없이 발길 닿는 곳에서 머물며 놀았다. 마음에 드는 숙소를 발견하면 하룻밤을 묵고, 지나다 맛있어 보이는 음식이 있으면 사 먹었다. 그렇게 여행하며 나만 알고 싶은, 아이들과 또 오고 싶은 아름다운 장소를 발견하기도 했다. 인터넷 검색을 하고 남들이 가는 곳만 따라갔으면 찾지 못했을 보물 같은 곳이다. 핸드폰이 꼭 필요한 것 같지만 없어도 살 수 있었다. 여행을 더욱 만끽하고, 주어진 시간을 충분히 누릴 수 있었다.

TV 없이 육아하기

둘째를 낳고 한 달 정도 하루에 한 시간씩 첫째 아이에게 TV를 보여주었다. 그간 아이에게 TV를 틀어준 적이 없었다. 그런데 아이를 낳고 나니 몸이 너무 힘들었다. 한 시간이라도 숨 돌릴 틈이 필요했다. 한 시간의 유혹은 달콤했다. 나도, 아이도 그 시간을 기다렸다. 모두에게 유익한 시간 같았다. 그런데 아이는 늘 보던 프로그램이 끝나도 TV를 끄지 않겠다고 떼를 썼다. TV를 점점 더 많이 보고 싶어 했다. 보여주지도 않았는데 어떻게 알았는지 〈뽀로로〉, 〈타요〉를 보겠다고 난리였다. TV를 켜기는 쉬웠으나 끄는 것은 너무 어려웠다.

다른 방법은 없었다. 아예 TV를 보지 않는 것밖에. 당장 TV 코드를 뽑고, 보여주지 않았다. 아이도, 나도 몸이 근질근질했다. 아이는 TV를 보던 시간이 되면 시계라도 된 것마냥 소파에 앉아 기다렸다. 하지만 하루가 지나고 이틀이 지나고, 아이는 금세 TV를 잊었다. 정작 힘든 것은 나였다. 온종일 두 아이를 오롯이 돌보면서 TV의 유혹을 떨쳐내기란 정말 힘든 일이었다. 그래도 그 시간을 이겨내니 거실 벽에 TV가 떡하니 걸려 있어도 누구 하나 그것을 켜볼 생각조차 하지 않는다.

TV를 보지 않으니 시간이 많아졌다. 게다가 어린이집도 가지 않으니 시간이 정말 많다. 그래서 우리는 충분히 놀 수 있게 되었다. 만족할 만큼 놀고, 책을 보고, 노래를 부르고, 춤을 추었다. 화려한 애니메이션을 보지 않아도, 아이는 책을 보며 아름다운 상상의 세계를 경험했다.

세계보건기구^{WHO}에서는 2019년 4월 24일 '5세 미만 아동의 신체 활동, 좌식 행동 및 수면에 관한 지침^{Guidelines on physical activity, sedentary behaviour and sleep for children under 5 years of age}'을 발표했다. 그에 따르면, 만 1세 이하의 영아는 전자기기 화면에 노출되지 않아야 한다고 했다. 또한 만 2~4세 유아는 하루 1시간 이상 전자기기 화면에 노출되어서는 안 된다고 권고한다. 여기에서 전자기기 화면이란 스마트폰, 텔레비전, 컴퓨터를 모두 포함한다. 전자기기에 의존하는 것보다 뛰어놀고 잘 자는, 적절한 신체 활동과 수면이 보장되어야 한다는 것이다.

나도 세계보건기구의 지침에 동의한다. 그래서 아이와 함께 있는 시간에는 모든 전자기기를 멀리한다. TV와 컴퓨터는 켜지 않고, 핸드폰은 멀리 둔다. 아이에게 집중하기 위해서다. 불필요한 자극으로부터 아이를 보호하기 위해서다. 더 잘 놀기 위해서다.

아이가 잠든 밤이면 핸드폰이나 TV, 컴퓨터를 켠다. 밀린 일을 해야 하기도 하고, 때론 스트레스를 풀고 싶기 때문이다. 물론 꼭 필요한 일들은 당연히 해야 한다. 하지만 필요 이상의 것들은 스스로 끊도록 노력한다. 아이가 잘 때 같이 잔다. 핸드폰, TV, 컴퓨터를 조금 덜 보고, 일찍 잔다. 그래야 상쾌하게 하루를 시작하고, 아이에게 기분 좋게 대해줄 수 있다. 엄마의 몸 건강, 마음 건강을 지키기 위해서다. 피로와 짜증으로부터 엄마를 보호하기 위해서다.

지금 당장 핸드폰, TV, 컴퓨터를 끄는 게 어떨까?
아이를 위해, 그리고 엄마 자신을 위해.

수당 없는 초과 근무지만 괜찮아

"너 아직도 육아휴직 중이라고? 와~ 완전 좋겠네. 엄청 오래 노네. 맘껏 즐기고 놀아."

오랜만에 만난 친구가 나의 안부를 묻더니 웃으며 던진 말이다. 놀! 다! 니! 내 마음속은 시끄러웠다. 무언가 더 이야기하고 싶었지만 입을 꾹 닫았다. 남들이 보기엔 6년째 휴직하고 있는 내가 놀고먹는 사람으로 보일 수도 있겠다는 생각이 들었다. 나도 그랬으니까. 7년이나 육아휴직을 하고 복직한 선배를 옆에서 보며 정말 오래 쉬고 오셨다고 생각했다. 하지만 그때는 장장 7년이나 육아휴직을 했는데도 아직 손 갈 데가 많은 선배의 세 아이는 눈에 들어

오지 않았다.

사실 육아휴직을 하며 지내는 동안 단 하루도 놀고 있다는 생각을 한 적이 없다. 직장에 다닐 때보다 훨씬 더 바쁘고, 치열하게 살아가고 있다. 그래서 다른 사람들의 이런 반응에 화가 나기도 한다. 하지만 어차피 아무리 설명해도 알 수 없는 일이다. 게다가 육아를 해보지 않은 사람의 경우에는 더더욱. 나 역시 결혼 전에는 육아휴직 하는 선배들이 부러웠다. 육아휴직 기간이 얼마나 달콤할지 기다려졌다. 하지만 내가 실제로 경험하는 육아휴직은 전혀 달콤하지 않았다.

육아의 세계와 집안일의 세계

육아휴직을 하고 나는 두 세계에 살고 있다. 하나는 육아의 세계, 다른 하나는 집안일의 세계다. 어느 한 세계에만 속해서 제 몫을 하기에도 항상 벅차다.

눈 뜨자마자 육아의 세계로 뛰어든다. 엄마 껌딱지인 아이들은 언제나 나를 졸졸 따라다닌다. 아이들은 뭐든지 엄마와 함께 하고 싶어 한다. 나는 온종일 책을 수도 없이 많이 읽어주고, 역할 놀이와 만들기, 그리기, 블록 놀이와 자동차 놀이를 끝없이 해준다. 두 아이 모두 엄마를 독차지하고 싶어 해서 두 아이에게 각각 사랑을 쏟아부어줄 시간도 필요하다.

그렇게 아이들과 놀아주기만 하면 좋겠는데 이렇게 놀다 보면 집은 난장판이 된다. 온종일 엉덩이 한 번 붙이고 앉지 못한 채 집 안일의 세계도 왔다 갔다 해야 한다. 두 아이에게 밥 세 끼, 간식 세 번 먹이고 치우다 보면 하루가 정말 금방 간다. 남편 퇴근 시간에 맞춰 식사도 챙겨야 한다. 빨래나 설거지는 하루라도 밀리면 금세 산처럼 쌓인다.

우리 아이들은 낮잠을 자는 것을 유독 싫어한다. 자라는 말만 해도 짜증을 낸다. 자리에 눕히면 일어나고, 안아주면 발버둥을 친다. 불을 끄고 암막 커튼을 쳐도, 오전 내내 밖에서 뛰어놀아도 자지 않으려 한다. 그래서 나는 잠깐도 쉬지 못하고 온종일 육아의 세계에 머물러 있어야만 한다. 피곤해서 짜증이 가득한 아이들의 비위를 맞춰가며 말이다.

간혹 낮잠을 자도 두 아이의 타이밍은 기가 막힌다. 한 아이가 자면 다른 아이는 자지 않는다. 그리고 낮잠을 자지 않은 아이는 일찍 밤잠에 들지만, 낮잠을 잔 아이는 밤늦게까지 놀아달라고 버틴다. 아, 생각만 해도 피곤하다. 그렇게 두 아이의 잠 릴레이 속에서 나는 한시도 쉬지 못하고 늘 초과에 초과를 더한 육아 근무를 해야만 한다.

아이들의 잠 이야기는 여기에서 끝이 아니다. 두 아이는 18개월이 될 때까지 '통잠'이라는 걸 자본 적이 없다. 밤마다 늘 여러 번씩 깼다. 둘째 아이는 돌 전까지 한 시간에 한 번씩 깼다. 먹여도, 안고 달래도 소용없이 울어댔다. 병원에서 검사란 검사를 다 해봐도 문제는 없었다. 그냥 잠을 잘 자지 못하는 아이였다. 계속 깨는 아이 옆에서 나는 밤새워 보초를 서야 했다. 자도 자도 피곤했다. 그런데도 어김없이 아침은 왔고, 또 홀로 두 아이를 돌봐야 했다.

그 어떤 일을 할 때보다 바쁘고, 육체적으로도, 정신적으로도 피곤했다. 그 어떤 일보다 고민도 많이 하고 열정적으로 임했다. 영혼에서부터 나의 온 사랑을 다 끌어내 아이들에게 퍼부었다. 수시로 마주하는 어려운 선택과 결정에 신중하려 하고, 결정에 모든 책임을 졌다. 그 가운데 순간순간 외롭고 답답하고 기가 빨렸다.

그런데 그만큼의 보상도, 칭찬도 하나 없었다. 이렇게 열심히 일하는데 육아하는 동안 상여금은 고사하고 월급도 받지 못했다. 매일 12시간 이상 일하는데도 초과근무 수당 한푼 못 받았다. 그뿐인가. 밤에 자다가도 수시로 나를 부르는 아이들, 이렇게 밤샘 근무를 해도 누구 하나 알아주거나 누구 하나 보상해주지 않았다.

뼈 빠지게, 영혼 탈탈 털리도록 종일 일을 해도 받는 것 하나 없었다. 하지만 아이들의 오줌도, 똥도, 구토도, 잠투정도, 짜증도 다 내 손으로 받아내야 했다.

하지만 나는 육아하는 이 시간을 포기하지 않았다. 그 이유는, 돈으로는 환산하지 못할 큰 가치가 이 시간에 있기 때문이다. 그렇다고 이 시간을 위해 돈을 포기하라는 말은 아니다. 엄마가 돈을 벌든 벌지 않든 관계없이 누구나 육아하는 시간의 의미를 찾아야 한다는 것이다. 엄마 스스로가 그것을 찾지 못하면 금세 지치고 만다. 그런 육아는 오래가지 못한다. 아이들을 일 년, 이 년 키우고 말 것 아니지 않은가? 그렇다면 엄마가 먼저 육아의 의미를 발견해야 한다. 그것은 누가 알려주는 것이 아니다. 스스로 자신의 삶과 아이와의 관계 속에서 찾아내야 한다. 산삼을 캐내듯이, 다이아몬드를 채굴하듯이 말이다.

육아하는 시간의 의미

내가 찾은 육아하는 시간의 의미는 두 가지가 있다.

☼ 첫 번째, 육아하는 시간은 나를 발견하는 시간이다

육아하는 시간은 참으로 처절하게 나의 민낯을 그대로 볼 수 있는 시간이다. 화장은커녕 로션조차 바를 여유 없이, 며칠 동안 머리도 감지 못하고 꼬질꼬질하게 지내다가 거울을 보면 깜짝 놀란다. 하지만 이런 겉모습뿐만 아니라 진짜 내가 어떤 사람인지, 나의 내면이 어떠한지 여실히 드러나는 시간이 바로 육아하는 시간이다. 내가 얼마나 나 중심적인 이기적인 사람인지, 게으른 사람인지, 욱하는 사람인지, 배려하지 못하는 사람인지, 욕심이 많은 사람인지, 화를 잘 내는 사람인지, 속 좁은 사람인지, 비교와 평가가 몸에 밴 사람인지 그대로 볼 수 있게 된다. 아이와 함께 하다 보면 벌거숭이가 된 것처럼 나의 내면이 고스란히 드러난다.

특히 어린아이를 키울 때는 나의 것들을 포기하고 아이를 위해 헌신해야 할 때가 많다. 내가 하고 싶은 것뿐 아니라 기본적 욕구인 먹는 것, 싸는 것, 씻는 것마저 아이를 위해 포기해야 한다. 정말 하기 싫은 일도, 귀찮은 일도 아이를 위해서라면 해야만 한다. 아이가 점점 커가면서는 아이와 감정적으로, 때론 말로 줄다리기를 한다. 끝없는 포기, 그리고 밀당과 싸움을 반복하면서 아이보다 못한 나를 발견하게 된다.

처음 이런 내 모습을 발견했을 때는 그저 헛웃음이 나왔다. 그냥 '이건 진짜 내 모습이 아닐 거야. 난 원래 이렇지 않아. 지금 너무 힘들어서 그래. 아이 때문이야' 하며 넘기고 싶었다. 하지만 그런 내 모습은 불쑥불쑥 내 앞에 나타나서 나를 괴롭혔다. 여전히 작고 연약하며 불완전한 나의 모습을 마주하게 되었다.

오랜 시간 사회생활을 하면서 나는 나와 다른 모습의 가면을 쓰고 살았다. 그리고 그게 나라고 착각하고 있었다. 하지만 육아를 하며 조금 더 객관적인 눈으로, 조금 더 깊이 있게 나 자신을 바라볼 수 있게 되었다. 그리고 진짜 나를 찾을 수 있었다.

나는 나의 다양하고 변화무쌍하며, 상상치도 못했던 어둡고 지저분한 내면을 바라보게 되었다. 그리고 그 모습까지도 나 자신으로 받아들이기로 했다. 그랬더니 마음이 편해지기 시작했다. 그리고 말이나 행동, 마음도 조금씩 바꾸어갈 힘이 생겼다.

엄마이지만 먼저 나로서, 나 자신을 찾는 시간은 꼭 필요하다. 그래야 나도, 아이도 온전히 사랑할 수 있게 된다. 육아하는 시간은 나를 찾아가는 최적의 시간이다.

☼ **두 번째, 육아 경험은 나의 미래를 바꾸는 위대한 자산이다**

《명심보감》〈성심편省心篇〉에는 다음과 같은 글귀가 있다.

> 높은 낭떠러지를 보지 않고서
> 어찌 굴러떨어지는 근심을 알 것이고,
> 깊은 연못에 가지 않고서
> 어찌 빠져 죽는 근심을 알 수 있을 것이며,
> 큰 바다를 보지 않고서
> 어찌 세찬 바람과 험한 물결의 근심을 알 것인가?

아무리 이야기를 많이 듣고, 공부하고, 머릿속으로 철저하게 시뮬레이션을 돌려봐도 소용없다. 직접 해본 경험은 그 어떤 것과도 비교할 수 없는 큰 힘을 지닌다.

육아하는 시간 동안, 나는 참 많은 것을 경험했다. 높은 낭떠러지에서 나락으로 떨어지는 듯한 감정의 변화를, 임신과 출산으로 고무줄과도 같은 육체의 변화를 경험했다. 깊은 연못에 빠진 듯이 깊고도 깊은 고뇌와 우울, 답답함과 외로움을 느꼈다. 큰 바다의 바람과 물결처럼 휘몰아치는 아이의 짜증과 보챔을 온몸으로 받아냈다. 그리고 집안일의 물결 속에서 허우적거리기도 했다.

하지만 육아하는 시간 동안 이와 같은 경험을 하면서, 나는 단단해졌다. 삶을 대하는 용기가 생겼고, 나만의 철학이 생겼다. 나와 다른 사람을 사랑하는 방법을 배웠다. 헌신과 배려를 배웠다. 또한 아이와 놀면서, 나는 매우 창의적인 사람, 삶을 즐길 줄 아는 사람이 되었다. 오래 참고 기다릴 수도 있게 되었다.

그래서 나는 앞으로 그 어떤 힘든 일, 귀찮은 일, 어려운 일, 다른 사람이 알아주지 않는 일, 성과가 보이지 않는 일도 겁내지 않고 거뜬히 해낼 자신이 있다. 그리고 그 누구라도 마음 다해 사랑하고 섬기며 함께 지낼 자신이 있다. 육아하면서 다 경험해보았기 때문이다. 그 경험을 통해 이미 단단해졌기 때문이다. 그래서 그 어떤 일도 두렵지 않다. 이것은 고된 육아의 경험이 내게 준 귀한 선물이다.

육아는 참 고되고 힘든 일이다. 하지만 육아의 시간은 돈으로는 살 수 없는 큰 가치를 갖는다. 지금 당장 눈앞에 보이는 것, 손에 잡히는 것이 아무것도 없다고 느껴질지라도, 언젠가 이 시간의 열매는 엄마와 아이의 삶에 분명히 드러날 것이다. 육아하는 시간의 의미를 찾아보자. 월급보다, 승진보다 더 큰 그 무언가를 발견하게 될 것이다.

육아하는 지금 이 시간이 당신에게는 어떤 의미가 있는가?

5

남편은 항상 내 편이다

　명절을 맞아 온 가족이 모인 자리, 시댁 식구들은 거실에서 화기애애하게 이야기를 나누고 있다. 한편 며느리는 홀로 주방에서 일을 한다. 갑자기 며느리는 하던 일을 멈추고 시댁 식구들을 바라본다. 그리고 뜬금없는 말을 하기 시작한다.

　"사부인, 저도 제 딸 보고 싶어요. 사부인도 명절에 딸 보면 반가우시죠? 제 딸도 보내주셔야죠. 시누이 상까지 다 봐주고 보내시니 우리 지영이는 얼마나 서운하겠어요?"

> 며느리의 말에 시댁 식구들은 모두 깜짝 놀란다. 남편은 아내 지영을 데리고 황급히 자리를 떠난다.

영화 〈82년생 김지영〉의 한 장면이다. 이 영화에서 주인공 김지영은 출산 후 일을 그만두고 육아를 하는 전업주부다. 그녀는 육아를 하며 심한 우울증을 겪는다. 그로 인해 이처럼 다른 인물로 빙의하는 모습까지 보이게 된다.

우울증을 부르는 육아 스트레스

보건복지부는 보건소에서 시행한 산후 우울 선별검사에서 고위험군 판정을 받은 산모의 현황을 발표했다. 그 자료에 따르면 산후 우울증 고위험군 판정 산모 수는 2015년 3,201명, 2016년 5,810명, 2017년 8,291명, 2018년 8,747명으로 해마다 증가하는 추세다. 통계청에서 제시하는 출생아 수는 2015년에는 43만 100명, 2016년에는 39만 9,000명, 2017년에는 35만 명, 2018년에는 31만 9,000명이다. 이렇게 출생아가 줄어드는데도 산후 우울증을 경험하는 산모의 수는 지속적으로 증가하고 있다. 또한 이 산후 우울증 현황은 보건소에 직접 방문한 산모에 한한 것임을 고려

할 때, 실제로 산후 우울증을 경험하는 산모는 훨씬 많은 것으로 예측된다.

이처럼 많은 산모가 산후 우울증을 경험한다. 하지만 출산 이후만이 아니라 아이를 키우면서 육아 우울증을 경험하는 엄마도 많다. 육아 우울증에 대한 정확한 통계 자료는 아직 없다. 하지만 많은 엄마들은 육아를 하면서 다양한 어려움과 육아 스트레스를 경험한다. 그리고 이를 잘 해소하지 못하는 경우에는 우울증을 경험할 수 있다.

"아니야. 아니야."
"아니야. 아니라고."

첫째와 둘째가 '아니야' 돌림노래를 불러댔다. 둘은 서로 '아니야'라고 소리를 지르며 싸웠다. 어렸을 때는 시도 때도 없이 울어대더니 이제는 '아니야' 병이라니. 우는 소리가 그렇게도 듣기 싫었는데, 계속해서 '아니야'라고 하는 말을 듣고 있자니 더욱 화가 났다. 아이들의 모습을 보고 있으면 나의 감정은 롤러코스터를 탄 것처럼 요동쳤다. 돌 지나면 괜찮을 줄 알았는데, 두 돌 지나면 좀 편할 줄 알았는데 웬걸. 육아의 난이도와 피로도는 여전했다.

늘 똑같이 하던 육아이고 집안일인데 모든 것이 힘들게만 느껴졌다. 갑자기 아무것도 하고 싶지 않았다. 아이들의 삶에 밀려 나의 삶은 모두 지워진 것만 같았다.

'나의 삶은 있을까? 내가 할 수 있는 일이 과연 있을까? 언제까지 이렇게 살아야 할까?'

답답한 물음표만이 내 안에 가득했다. 우울했다. 그때 남편이 나에게 다가왔다.

"힘들지? 이번 토요일에 나갔다 와. 하고 싶은 거 하고 와. 하룻밤 자고 와도 괜찮아. 애들은 내가 볼 테니까 걱정하지 말고."

남편은 나에게 특별 휴가를 주었다. 아이를 낳고 나니 나만의 시간을 갖는다는 것은 쉬운 일이 아니었다. 언제나 내 삶에는 아이들이 그림자처럼 따라다녔다. 그래서인지 갑자기 생긴 나 혼자만의 시간에 무얼 해야 할지 엄두가 나지 않았다. 누굴 만나야 할지도 잘 떠오르지 않았다. 특별한 휴가에 무엇을 할지 며칠 동안 고민하다가 뮤지컬을 보기로 마음먹었다. 이왕 볼 거면 비싸더라도 좋은 자리에서 보라는 남편의 말에 큰맘 먹고 VIP석을 예매했다.

특별 휴가 전날부터 설레는 마음에 잠이 오질 않았다. 몇 년 만의 문화생활인지! 몇 년 만에 보내는 나만을 위한, 나 혼자만의 시간인지! 남편의 배려 덕분에 그날 나는 너무 아름답고 황홀한 시간을 보냈다. 뮤지컬을 보고 맛있는 밥을 먹고 돌아오는 길, 나의 발걸음은 날개를 단 듯 가벼웠다. 그리고 그간의 우울함과 답답함이 모두 날아가는 것 같았다.

최고의 파트너

결혼 만족도에 대한 연구를 살펴보면, 우리나라뿐만 아니라 전 세계적으로 U 밴드 곡선을 나타낸다. 결혼 초에는 부부 모두 아주 높은 만족도를 보인다. 하지만 자녀를 출산하면서 낭떠러지로 떨어지듯 만족도가 떨어지게 된다. 자녀를 출산함과 동시에 부모로서의 의무와 책임이 커지기 때문이다. 그뿐만 아니라 육아는 부부 모두의 정신적, 육체적, 물질적 에너지를 쏟아부어야 하는 어려운 일이기 때문이다.

아이를 낳고 남편과 단둘이 집 밖에 나갈 기회가 거의 없었다. 그래서 남편과 오붓하게 데이트하고 싶다고 이야기하면 지인들은 하나같이 이렇게 말했다.

"둘이 아직도 많이 사랑하나 봐. 남편이랑 데이트? 오, 나는 전혀 하고 싶지 않은데."

우리 부부가 특별하거나 사랑이 넘치는 것은 아니다. 하지만 우리는 서로 대화하고 공감하기 위해 노력했다. 우리는 아이를 키우면서 정말 많이 대화했다. 시시콜콜한 것까지 함께 대화로 결정했다. 수많은 밤을 아이 문제로 같이 고민했다. 같은 책을 읽고 생각을 나누며 삶의 방향을 맞추어갔다. 그 시간이 서로를 더욱 돈독하게 해주었다. 전쟁터에서 함께 한 군인들 사이에 전우애가 생기듯이, 우리는 함께 육아하며 더욱 끈끈한 동지애가 생겼다. 우리 부부만 있을 때보다 아이가 생기면서 고민할 것도 많고, 결정해야 할 것도 많았다. 몸도, 마음도 지칠 때가 많았다. 하지만 그렇게 힘들고 어려운 일을 함께하면서 우리는 더욱 가까워지게 되었다.

아이가 네 살이 되어 다시 어린이집에 보내려고 했다. 보내기 몇 달 전부터, 입소한 후에도 매일같이 나는 고민만 하고 있었다. 지난해에 두 달간 어린이집에 보냈다가 퇴소한 터라 지금 다시 보내는 것이 맞는지, 나의 잘못된 선택이 아이를 힘들게 하지는 않을지 두려웠다. 나도 일을 하고 복직을 해야 하니 보내야 하긴 했다. 하지만 아이를 보고 있자니 아직 어리기만 한 것 같아 혼란스럽고 불안한 마음이 가득했다. 매일같이 가슴이 터질 듯 답답하고 힘들었다.

아이의 어린이집 문제, 매일 똑같은 걱정과 고민을 몇 달째 남편에게 쏟아내고 있었다. 나 같아도 똑같은 이야기를 매일같이 들으면 지겹고 힘들 것 같았다. 하지만 남편은 묵묵히 내 이야기를 들어주었다. 그런데도 나는 남편이 내 답답하고 힘든 마음을 다 이해해주지는 못하는 것 같아 서운했다. 그러던 어느 날 저녁 남편이 아이에게 이야기했다.

"소유야, 엄마가 소유한테 많이 고맙고 미안하대. 엄마가 소유를 정말 많이 사랑하나 봐. 엄마가 소유를 위해서 정말 많이 고민해. 엄마한테 뽀뽀해줘."

아무것도 모르는 아이는 그저 해맑게 나에게 다가와 뽀뽀를 해주었다. 그때 아이의 얼굴 뒤로 남편의 얼굴이 보였다. 남편의 눈시울이 빨개져 있었다. 그렇게 나와 남편은 아이를 안고 함께 울었다. 힘들어서. 아니 고마워서. 감사해서. 사랑해서.

남편이 위로랍시고 아무리 멋진 말을 해준다 해도 그런 감동을 느끼지는 못했을 것이다. 하지만 남편의 눈물을 보는 순간 그동안 막혀 있던 답답한 마음이 뻥! 뚫리는 것 같았다. 그 터질 것만 같고 조마조마하던 마음이 아이를 향한 사랑이었다는 것을 알게 되었다. 아직 다듬어지지는 않았지만, 처음이라 서툴고 어리숙하지만 내가 아이를 사랑하고 있다는 것을 알게 되었다. 그리고 나만 바보같이 울고 있는 줄 알았는데 바로 옆에서 남편이 함께 울어주고 있었다. 같이 울어주는 것, 그보다 큰 위로와 공감은 없었다. '우리 모두 이렇게 아이를 사랑하고 있구나. 그리고 남편이 이렇게 나를 깊이 사랑하고 있구나' 하는 생각이 들었다. 그러자 힘겹게 붙들고 있던 고민거리들이 더 이상 문제가 되지 않았다.

나 역시 남편을 향한 고마운 마음을 담아 편지를 썼다. 마음을 담아 꾹꾹 눌러쓴 편지를 보고, 남편은 그간 끝없이 나의 고민을 들어주며 느끼던 어려움도 다 잊었다고 한다. 이렇게 서로 마음을 나누고 함께 하면서 우리는 더욱 단단해질 수 있었다.

남편은 항상 내 편이다. 우리 부부가 사이가 좋아서 그런 거라고? 아니다. 함께 충분히 대화를 나누며 같이 육아에 동참하다 보면 자연스레 남편과 나는 한 팀이 된다.

오늘도 나 혼자 독박 육아한 것 같아서 피곤하고 억울하다고? 육아 스트레스로 지치고 힘들다고? 그렇다면 남편과 함께 시간을 정해 둘만의 대화 시간을 가져보자. 아이들을 재우고 난 뒤 단 10분 만이어도 충분하다. 서로의 눈을 마주 보며 힘들고 지친 마음을 위로해주는 시간을 통해 부부는 다시 끈끈해질 것이다. 대화하기 부끄럽고 어색하다면 편지에 마음을 담아 전해보는 것도 좋은 방법이다. 서로의 마음을 더 깊이 이해하고 공감할 수 있을 것이다.

이렇게 남편과 함께 마음을 나누는 시간을 가져보자. 언제나 나의 편에서 든든하게 우뚝 서 있는 남편을 발견하게 될 것이다.

6

엄마로만
살지 마라

"요즘 입을 옷이 하나도 없어. 다 입던 원피스고 치마인데 왜 이렇게 짧아 보이는지 모르겠어. 애 낳고 나니 입던 옷들을 다 못 입겠더라고."

"어머, 너도 그래? 나만 그런 줄 알았는데. 애 낳고 이제 살도 다 빠졌는데 왜 입던 옷들이 다 어색한 거니? 짧은 치마는 부끄러워서 입지도 못하겠더라."

옷장을 아무리 뒤져도 입을 만한 옷이 없다. 분명 옷으로 꽉 찬 옷장인데 말이다. 짧은 미니스커트, 하늘하늘한 원피스, 한겨울에도 핏을 살려주는 코트. 모두 예전에는 나를 예쁘게 꾸며주던 옷들이다. 하지만 이제는 불편하고 갑갑해서 더는 입을 수 없는 옷이 되어버렸다. 내 옷인데, 더 이상 내 옷이 아니다.

엄마라는 이름의 삶

'엄마'

나와는 거리가 먼 이름이라고 생각했는데, 어느새 나와 내 친구의 이름이 되어 있었다. 잘 맞던 옷이 어색하고 불편하게 느껴져 더는 입을 수 없듯이 예전 나의 삶은 기억조차 나지 않을 정도로 멀어져 있다. 그리고 지금 나는 엄마라는 새로운 이름의 삶을 살고 있다.

"생일 축하해! 오늘 생일인데 남편이 좋은 거 해줬어? 가족들이랑 같이 생일 보내니까 좋겠다."

"고마워요, 언니. 저는 오늘 남편한테 애들 데리고 밖에 나가달라고 했어요. 생일 선물로요. 그래서 저 지금 집에 혼자 있어요. 얼마나 좋은지 몰라요!"

"응? 그게 선물이라고? 진짜?"

"그럼요. 오래전부터 이렇게 해달라고 했어요. 이게 진짜 선물이죠. 애들 키우다 보니까 이런 시간이 얼마나 소중한데요."

나보다 먼저 결혼해서 아이를 키우고 있는 후배와 통화를 했다.

그때 나는 아직 아이가 없던 터라, 남편이 아이들을 데리고 나가줘서 좋다고 말하는 후배의 말이 이해되지 않았다.

그런데 나도 아이를 낳고 키우다 보니 그때 그 후배의 말이 떠올랐다. 후배의 마음이 절절하게 와닿았다. 나 또한 혼자만의 시간이 간절히 필요했다. 대단한 것을 기대하지도 않았다. 그저 한 시간만이라도 조용히 잠을 자고 싶었다.

아이를 낳고 집에만 있다 보니 인생이 다 끝난 것만 같았다. 아이들은 하루가 다르게 예쁘게 피어나는 꽃과 같은데, 나는 이제 다 시들어버린 풀처럼 느껴졌다. 지나가다 거울에 비친 내 모습을 보면 한숨이 나왔다. 사람들도 많이 못 만나고 일도 하지 못하다 보니 점점 더 내 안에 갇히고 함몰되는 마음이 들었다. 온종일 엄마로만 사는 삶은 너무 답답하고 힘들었다.

엄마의 변신은 무죄

엄마로만 살기에 나는 젊다. 내 인생은 아직 창창하다. 하고 싶은 일도, 할 수 있는 일도 많다. 그래서 나는 더는 엄마로만 살지 않기로 했다. 나는 엄마가 되었지만, 여전히 나다. 남편의 아내이기도 하고, 부모님의 딸이기도 하다. 지금은 휴직 중이지만 교사이고, 늘 공부하는 학생이다. 그래서 매일 옷을 갈아입듯, 여러 역할을 잘 바꾸어가며 살기로 했다. 그 무엇보다 엄마의 옷에서 나의 옷으로 갈아입기 위해 최선을 다하기로 마음먹었다.

공자는 《논어》에서 "산을 만드는 데 한 삼태기를 이루지 못하고 그치는 것이 바로 나다. 평지에 한 삼태기 흙만 쏟았더라도 계속해 나아가는 것도 바로 나다"라고 했다. 한 삼태기의 흙만 더 부으면 산이 완성되는데 그만두는 것도, 산이 되려면 끝이 보이지 않지만 아무것도 없는 평지에 계속 흙을 나르는 것도 자기 자신이라는 것이다. 모든 일은 나 자신에게 달려 있다.

나는 나의 삶을 다시 찾기로 했다. 그런데 그것은 그 누구도 대신 해줄 수 없었다. 오직 나만이 할 수 있고, 내가 해야만 하는 일이었다. 그래서 할 수 있는 작은 것부터 시작해보기로 했다. 이때 사임당의 삶은 나의 길 찾기에 좋은 나침반이 되어주었다.

나에게 집중할 수 있는 시간 찾기

사임당은 일곱 명의 아이들을 키우고 집안일을 하는 와중에도 매일 책을 읽었다. 새벽에 일찍 일어나 책을 읽다가 좋은 문장을 발견하면 옮겨 적었다. 그리고 아이들이 일어나기 전에 집안 곳곳에 붙여놓았다.

아이 둘을 키우는 것도 벅차고 힘든 일이라고 생각했다. 그런데 사임당은 일곱 명의 아이를 키우면서도 책을 읽었다니! 놀라웠다. 나도 아이를 키우면서 무언가를 할 수 있다는 생각이 들었다. 나는 먼저 나에게 집중할 수 있는 시간을 찾아보았다. 아이들을 어린이집에도 보내지 않고 종일 붙어 있는 터라 내 시간을 찾기란 정말 어려웠다. 아이들은 한시도 나를 가만히 내버려두지 않았다. 결국 내가 찾은 유일한 시간은 아이들이 자는 시간이었다. 아이들이 곤히 잠이 들면 조용히 일어나 책상 앞에 앉았다. 나도 피곤해서 잠깐 잠이 들 때도 있었다. 그래도 벌떡 일어나 이 시간을 사수하려고 노력했다. 이때만큼은 아이들 생각은 내려놓았다. 쌓인 집안일도 잠시 뒤로 미뤄두었다. 이때가 유일하게 엄마에서 나로 변신할 수 있는 시간이기 때문이었다.

나를 나답게 할 수 있는 일 찾기

사임당은 시·서·화에 능한 당대 최고의 화가이자 예술가였다. 그녀는 시를 짓고 그림을 그리는 일을 게을리하지 않았다. 놀랍게도 지금까지 전하는 사임당의 작품 대부분은 결혼 후 자녀들을 낳고 기르는 기간에 완성되었다. 출산과 육아라는 이유로 일곱 살 때부터 시작한 그림을 손에서 놓지 않았다.

두 번째로 나를 나답게 할 수 있는 일을 찾아보았다. 육아하느라, 휴직 중이라 아무것도 할 수 없다는 생각을 내 머릿속에서 내쫓았다. 그리고 아이를 키우면서도, 집에 있으면서도 내가 할 수 있는 일을 찾아보았다. 내가 하고 싶은 일, 좋아하는 일이 무엇인지 생각해보았다. 계속 공부를 하고 싶었다. 책을 읽고, 글을 쓰고 싶었다.

아이들이 잠든 시간, 나는 잠시 엄마에서 나로 변신했다. 이 시간만큼은 나를 위해, 내가 하고 싶은 일을 했다. 짧은 시간이지만 매 순간 집중하고 몰입했다. 그렇게 나는 아이들을 키우면서 논문을 쓰고 박사학위 과정을 마칠 수 있었다. 그리고 지금의 이 책 또한 쓸 수 있었다.

나의 삶을 찾는 것의 의미 찾기

늘 공부하고 자기 일에 열정적인 엄마 사임당의 모습은 자녀들에게 큰 귀감이 되었다. 아들인 율곡은 학문에 있어 자신의 스승은 어머니뿐이라고 말했다. 또한 맏딸 매창은 '작은 사임당'이라고 불릴 정도로 사임당의 깊은 학문과 예술적 재능을 이어받았다. 다른 자녀들 역시 사임당의 예술적 재능과 인격, 학문, 덕행을 이어받아 훌륭하게 계승했다.

마지막으로 나의 삶을 찾는 것의 의미를 생각해보았다. 나를 찾기 위해, 엄마로만 살지 않기 위해 나를 위한 시간을 만들었다. 이 시간을 통해 발전하고 성장하는 나 자신을 발견하며 만족감과 성취감을 느낄 수 있었다. 육아하면서 느낀 답답함과 우울함, 스트레스를 잊고 몰입을 통한 즐거움을 경험할 수 있었다.

그런데 나를 위한 시간은 오직 나만을 위한 시간이 아니었다. 아이들은 잠에서 깨었을 때 책을 읽거나 글을 쓰고 있는 엄마의 모습을 보고 조용히 옆에 앉아 책을 읽었다. 아이들은 엄마의 모습을 보며 그대로 닮아갔다. 나를 위해 시작했지만, 나의 변화가 아이들의 삶의 변화로 이어졌다. 나와 함께 아이들은 성장해갔다. 그리고 앞으로도 우리는 함께 성장해나갈 것이다.

"은지는 자기를 자꾸 '누나'라고 하더라고요. 자기 이름은 말하지 않고 누나라고만 해요. 이제 그냥 자기가 누나인 줄 아나 봐요. 그 모습을 보니까 너무 안쓰럽더라고요."

어느 날 지인이 한 이야기다. 동생이 생기자 자신의 이름이 아닌 '누나'라는 이름으로 사는 아이. 이야기만 들어도 왠지 마음이 짠하고 안쓰럽게 느껴졌다.

그런데 그 이야기를 들으니 나의 모습이 떠올랐다. 언제부터인가 나를 소개할 때 "소유 엄마예요"라고 말하는 것이 익숙해졌다. 자신을 누나라고 하는 아이만 안쓰러워할 것이 아니었다. 소유 엄마로만 사는 나의 삶도 애잔했다.

물론 나는 소유 엄마가 맞다. 하지만 엄마이기 이전에 나, '원초롱'이다. 내가 나로서의 삶을 살 때에야 비로소 누군가의 엄마로서도 잘 살 수 있다. 그래서 엄마가 된 지금, '나' 찾기, '나'로 살기는 더 중요하다.

사임당은 어린 나이에 뜻을 세우고 직접 당호를 '사임당師任堂'이라고 지었다. 조선시대 여성은 대부분 이름이 없었기에 보통 친정의 지명을 따서 '아무개 댁'이라고 불렸다. 왕비조차 인성왕후 박씨, 인순왕후 심씨 등 성으로만 불리던 때였다. 게다가 여자가 호를 갖는다는 것은 매운 드문 일이었다. 하지만 그녀는 강릉댁이나 북평댁이라 불리지 않고, 사임당이라는 이름으로 지금까지 기억되고 있다. 아내이자 엄마이지만 나 자신으로 살기 위해, 나 자신을 찾기 위해 끊임없이 고군분투한 결과다.

잊지 말자.
우리는 모두 엄마이기 이전에 나다! 나의 삶을 찾자.
엄마로만 살지 말고, 나로 살자.

어린이집 대신 완벽한 엄마 품 놀이터

1판 1쇄 인쇄 2022년 4월 25일
1판 1쇄 발행 2022년 5월 5일

지은이 원초롱
발행인 김형준

편집장 황남상
마케팅 김수정
디자인 섬세한 곰 김미성

발행처 체인지업북스
출판등록 2021년 1월 5일 제2021-000003호
주소 서울특별시 은평구 수색로 217-1, 410호
전화 02-6956-8977
팩스 02-6499-8977
이메일 change-up20@naver.com
홈페이지 www.changeuplibro.com

ⓒ 원초롱, 2022

ISBN 979-11-91378-20-7 13590

이 책의 내용은 저작권법에 따라 보호받는 저작물이므로,
전부 또는 일부 내용을 재사용하려면 저작권자와 체인지업북스의 서면동의를 받아야 합니다.

잘못된 책은 구입처에서 바꿔드립니다.
책값은 뒤표지에 있습니다.

체인지업북스는 내 삶을 변화시키는 책을 펴냅니다.